映画は子どもをどう描いてきたか

映画は子どもをどう描いてきたか

佐藤忠男

岩波書店

はじめに

この本は私が新聞や雑誌に書いた映画についての批評や論文の中から、子どもや若者の描き方についてとくに興味を持って論じているものを集めたものである。このテーマでは、私はもうずっと以前に『映画子ども論』（一九六五年、東洋館出版社）という評論集を出したことがある。まだ思索が熟していなかったせいか、たいして反響はなかったが、私には執着があって、書き続けずにはいられなかった。

日本映画とアメリカ映画についての批評がどうしても多くなったが、数えてみると世界の二七の国と地域の映画と、他に一国の本について書いている。だから児童観や教育観の国際比較という、あまり類書のない本になっているかも知れない。

映画というメディアの重要な特色は、訴えたいメッセージがあれば容易に国境を超えて世界に知らせることができるところにある。以前はそれを特権として活用できたのはアメリカとヨーロッパの若干の国々に限られていたのだが、近年急速に、世界のどこかでも見るべき価値のある映画は作られていると知られるようになって、映画祭などで活発な交流がなされるようになってきた。とはいえ、それを身近に集めて実際に見るのはまだ容易ではないが、いずれ誰でも見ることが当たり前になると思う。だから見た者が記録を残しておくことは大切である。

この本に書いた作品の大部分は日本ですでに公開されているが、なかには少数、映画祭などで上映されただけの作品もある。そのうちにはしかるべきアーカイブに保存されたものもある。こういうささやかな本でも書いておくと保存される機会は高くなるのである。

私は世界の百何十かの国々、あるいは言語の映画を見てきた。そのうち、どの作品がどの作品より芸術的に高いとか低いとか、娯楽として洗練されているとか、いないとかを判定するという、一般に批評家に求められていることもさることながら、どの時代にどこの映画に、どんなことが描かれていたということを書きとめておくことに興味を持つようになった。思想史でも社会学でもない、人情史などという学問分野が果たして成り立つかどうかは知らないが、いつの頃からか私は人情史のメモとして映画批評を書いてきたような気がする。いや、最初から、そうだったのかも知れない。

いまは日本映画大学で映画史を講義しているが、こういう映画による世界文化の比較研究ということを学問の一分野にできないか考えている。長い目で見れば世界の文化は統合の道を進むであろうし、映画はその先頭を進んでいると思うからである。その統合が人類にとって極力納得のゆくものになるために。

目　次

挿画＝成瀬政博　装丁＝成瀬　慧

本書は二〇一六年までの原稿をもとにした。作品名のあとの（　）内は製作年または公開年、製作国（日本の場合は省略）、監督名を、登場人物のあとの（　）内は役者を示す。外国語読みは慣例に従った。

第1章　映画の中の親と子

海外の映画から

世界各国の映画を広く見てゆくと、世界じゅうどこだって人情に変わりはないなあ、と思うことと、これはずいぶん違うなあ、国により、民族により、かなり考え方の基準が違うみたいだなあと思うことがある。親と子のあり方、なんてことは、かなり国による違いが目立つことのひとつである。

もちろん、映画というのは現実をそのまま反映しているわけではないから、映画に描かれた違いをそのまま現実の違いと受け取るわけにはゆかないけれども、ある程度、こう考えるのが常識、あるいはそう考えるべきだ、という方向みたいなものは映し出していると思う。

たとえばアメリカ映画で、クラレンス・ブラウン監督「仔鹿物語」(一九四六)という名作がある。開拓時代の農家の話だが、子どもが親を殺された仔鹿をかわいそうだと思って拾って育てる。はじめは可愛いのだが成長すると近所の畑などを荒らすようになって始末におえなくなる。そこで父親が息子に、自分でこの鹿を殺すようにと命じる。息子はそんなことはできないといって反抗する。しかし父親はあくまで息子に殺させようとする。日本ではこんなストーリーは想像もできない。どうしても殺さなければならないのなら父親が自分でこっそり殺す、というようなストーリーになるだろう。子どもにはそんな恐ろしいことはさせたくないというのが日本人の子どもについての考え方の常識で、そうしないと観客は怒るだろう。しかしこの映画では父親は、子どもを子ども扱いしない。人生には恐ろしいことでも自分のやったことは自分で責任をとって始末しなければならない場合がある。それをやれてこそ一人前の男というものだ。お前ももう一人前になっていい年齢だ、だから自分でやれ、とまだ小学生くらいの子どもに言うわけだ。

子どもをなるべく早くから大人扱いすること。責任をとらせること。これがアメリカ流の考え方で、たまたま「仔鹿物語」にその典型的な例が表れているのだ。こういう物語のパターンはアメリカ映画にたくさんある。

もっとも、大人扱いして責任をとらせるということは、ただ厳しくしろというのとは違う。むしろただ厳しいだけという教育では、子どもを親の命令にただ忠実なだけで自分の判断というものを持たない権威主義的な人間にしてしまうだろう、という警戒心も強く持っているようだ。

「攻撃」(一九五六、ロバート・アルドリッチ)という、第二次大戦のヨーロッパ戦線を扱ったアメリカの戦争映画があるが、その中でひとりの中隊長がやたらと滅茶苦茶な攻撃命令を出して部下を犬死させる。部下の小隊長が必死に任務を果たして生還して、この中隊長をとっちめる。すると大の男のこの中隊長が泣きながら、俺は子どものとき父親から、男らしい男になれと言われてすごく厳格に育てられた、この父親のために手柄をたてないと故郷に帰れない、とそう言うのである。アメリカでは男が泣くということをすごく軽蔑するので、この場面で中隊長が泣きじゃくりながらそう弁解するのは、この男は父親の権威主義的な育て方ですっかりスポイルされてしまったどうしようもなくダメな奴だという表現になる。

だから「仔鹿物語」なんかでも、父親はただ厳しいというのではなくて、責任ある大人ならこうしなければならないのだ、ということを言うわけだ。

オットー・プレミンジャー監督「野望の系列」（一九六二）というアメリカ映画にその点で興味深い例がある。ヘンリー・フォンダが演じるこの映画の主人公はアメリカの政府高官で次期国務長官候補だ。あるとき、家に政治家仲間から電話がかかってきて、まだ中学生くらいの息子が電話をとり継ぐ。すると父親は「お父さんは留守だと言いなさい」と言う。息子はそう電話に答えたうえで、父親に「なぜ嘘を言うの？」と質問する。すると父親はこう言う。「いまお父さんは微妙な立場にあって、人と話せない。しかし話すことができないとも言えない。いま電話をかけてきた人は私のそういう立場を分かっている人だ。だから嘘をついて居留守を使っているということもちゃんと分かったはずで、それで彼は納得するんだ。どうしてそんなやりとりをしなければならないかということは非常に複雑で、いま説明できない。いずれ君がもっと大きくなってから話し合おう」。正確にこのとおりではないが、だいたいそんな意味のことを言う。

このやりとりにはびっくりした。日本映画だったら、「子どもは黙ってろ！」とか「子どもには分からないことだ」ぐらいですませてしまうのではないか。せいぜい子どもの前で嘘をついちゃったことで父親が困ってしまって、その悩み方で子どももなんとなく父親の立場を理解して、暗黙のうちに分かり合う、ぐらいのところまで描けたら、親子の問題がなかなか微妙に描けているとほめられることになる。

このアメリカ映画でも、父親は息子はまだ子どもだから説明しがたいことがあるという立場だけれども、それでもできるだけきちんと理性的に説明しようとする。つまりなるべく子ども扱いしないで一人前の大人に対するような態度で話し合おうとするわけだ。日本人の考え方だと、子どもはなるべく子どもの純真な世界にとどめておいて、大人の汚れた世界からは隔離しておきたいという態度になると思う。

まあ、アメリカの父親がみんなそんなふうに理想的であるということもないだろう。これは理想像というものだ。もっと横暴ですぐ息子をぶん殴るような父親も現実には多いと思う。そういう現実に対しては、息子がなにくそとがんばって、いずれ父親を実力で打倒して乗り越えてゆくということを期待するのがアメリカ映画の常道である。

ハワード・ホークス監督「赤い河」(一九四六)という西部劇の名作にその典型的な例がある。やはり開拓地の話だが、婚約者を先住民に殺された男が、やはり同じときに両親を殺された幼い男の子を引き取って養子にして、一緒に大牧場で牛を飼い、やがてまとめて北のほうへ運ぶために、カウボーイたちを雇って旅に出る。

ところが親父は暴君タイプで横暴で、カウボーイたちはとてもついてゆけなくなる。やむを得ず息子はカウボーイたちと一緒になって父親を追放し、自分たちだけで旅をつづけて目的地に到達する。そこへ追放された親父が追いついてきて、みんなの前で父と息子の一対一の殴り合いになる。

父親はジョン・ウェイン、アメリカ映画史上いちばん、強そうな男を演じつづけたスターである。息子はモンゴメリー・クリフト。知的でやさしい線の細い美男スターである。

普通なら勝負にならない。実際親父にばんばん殴られる。しかし息子もよくがんばってついに親父を殴り倒す。

ジョン・ウェインの親父は信じられない不思議なことが起こったというような顔で立ち上がるが、急に愉快でたまらないというように笑い出して息子を抱きしめる。これでこそ俺の息子だ、というわけだ。これも日本映画では想像しがたい表現である。

息子は親父を乗り越えてゆくべきだ。もし父親が暴君なら実力を蓄えて打倒すればいい。そうしないで暴君的な父親に屈従しているような息子は、さっき言った「攻撃」の中隊長のようにスポイルされた人間になってしまう。それがアメリカ的な考え方なんだろう。

「自転車泥棒」

外国映画ではイタリア映画が日本に近い。「自転車泥棒」(一九四八、ヴィットリオ・デ・シーカ)という有名な映画があるが、これなんかその代表的なものだろう。第二次大戦直後の荒廃した時代の話である。失業していた父親がやっと自転車でポスターを貼って歩くという仕事を得て、幼い息子を連れて仕事を始める。ところがその自転車を盗まれてしまう。父親は息子を連れてローマの街じゅうをさがして歩くが、ダメである。絶望した父親がこんどは他人の自転車を盗もうとして捕まる。そして群衆にこづきまわされる。息子が父親に駆け寄っていくと、自転車を盗まれた人が、この子が泣いているのを見てかわいそうだと思って許してくれる。群衆は散っていって、父親と息子だけが残される。父親はとてもみっともない行為を幼い息子に見られてしまったわけで、情けなくて涙を流す。すると息子は、そっと手をさしのべて父親の手を握る。お父さんがどんなにつらい思いをしたか、ぼくがいちばんよく知っているよ、とは言わないが、そんな気持ちでいることが痛いほど伝わってきて、観客を泣かせたものだ。

イタリア映画ではこれなどがひとつの原型になっていて、他にも似たような作品をいくつもあげることができる。有名な作品では「鉄道員」(一九五六、ピエトロ・ジェルミ)もそうだ。子どもが親の弱点をよく見ていて、それに反抗したり軽蔑したりするのではなくて同情する。たぶん息子はそれで一人前になるのだろう。日本映画と共通している。

孤独に耐える子ども

ただしヨーロッパ映画が一般にイタリア映画に似ているかといえばぜんぜん違う。ラテン系の国々、スペインとかポルトガルとかルーマニアといった国々にはある程度共通性があるのではないかという気がするが、軽々しくは言えない。イギリス、フランス、ドイツなどの映画ははっきり違う。これらの国々の映画の親と子の葛藤の扱い方はどちらかといえばアメリカ映画のそれに近く、親と子は鋭く対立することが多いが、子が親を乗り越えるというようなことはあまり強調しない。子どもはあまりベタベタ可愛がられるべきではない。厳しく躾けられて孤独に耐え、大人に頼らない自立した人間になることが期待される、とでも言うべきか。

イギリスとフランスの映画には、大人にかまわれないで孤独に耐え、大人びてゆく子どもがよく描かれる。
フランス映画では「にんじん」(一九三二、ジュリアン・デュヴィヴィエ)「大人は判ってくれない」(一九五九、フランソワ・トリュフォー)などにその原型があると思うし、イギリス映画では「サミー南へ行く」(一九六三、アレクサンダー・マッケンドリック)というのがその代表的な例だと思う。この「サミー南へ行く」というのは、スエズ戦争のときの話で、味方のイギリス軍の飛行機のエジプト爆撃で両親を失った男の子が、南アフリカ共和国にいる親戚のところまで、ひとりでアフリカ縦断の旅をするという冒険物語である。この映画は始まるとすぐ両親が死んでしまうので、この少年が両親からどんな育てられ方をしたかはあまり分からない。ただこの冒険旅行の間、少年が母親を思い出して涙ぐむというような場面がひとつもないことは注目すべきところだ。日本映画だったらきっと、山の彼方にやさしいお母さんの姿が浮かんで「がんばってね」と言ったり、少年は「お母さーん!」と叫んだりするだろう。そういう場面がないと日本のお母さんたちは満足しないんじゃないか。しかし、かつて世界じゅうで植民地を支配したイギリスとしては、現地の人民に抵抗されたからといって、そのたびにうろたえたり悲しんだりなどしていられないだろう。

日本では

アメリカは貧乏人の子でも努力すれば出世できる自由があるということを国の誇りとして、その誇りを共通の理想にして多民族が団結している国である。親は移民で下積みでも、息子や孫は親を乗り越えて出世してゆくということが国の誇りでもあるので、親が子を鍛え、子はその親を乗り越えてゆくという考え方が映画でも尊重される。しかしフランスやイギリスは、アメリカみたいに階層移動が容易な国ではなくて、貧乏人は容易に出世できないけれども、でも、民主主義とか人権とか個人の尊重という思想はずっと古くからしっかり根づいているので、貧乏人も誇りは高い。

親がもし、たとえ貧乏でもそれなりに生活をエンジョイできればそれでいいと思っていれば、子どもを無理して出世させようともしない。親には親の生活があるから子どものことなど必要以上にはかまっていられない。フランスなどはそういう傾向が強い。そういう親の態度が行きすぎて、子どもが極端な孤独と無理解な制約の中に置かれる悲劇を描いたのがフランス映画の「にんじん」や「大人は判ってくれない」である。子どもはほうっておかれてつらいので、一日も早く自分も大人になって自由に生活をエンジョイしたいと願う傾向があって、フランスの子どもは大人びるという説もある。

日本では逆に、子どもの世界こそ純真無垢な楽園で、できることなら子どもはいつまでも子どもの世界に置いておきたいものだという考え方が強烈だ。子どもの世界を美化する反面、大人の世界は当然、汚くてみじめだと思う傾向も強くて、多くの親たちが自分の人生に自信がなく、子どもたちにもっとマシな人生を送ってほしいと思って受験競争に拍車をかけているのかもしれない。しかし親が自分の人生に自信がなければ子どもだって自信のある大人にはなりにくいのではないか。

映画の中のダダッ子たち

ドイツの映画監督ヴィム・ヴェンダースに「東京画」（一九八五）という作品がある。彼は日本の小津安二郎監督の映画が大好きで、小津を崇拝していた。それで東京へ来るチャンスがあったとき、かつて小津が繰り返し描いてやまなかった東京がいまどうなっているか、自分でカメラを通じて確かめてみようと思い、一六ミリ・カメラを持って東京を撮ってまわった。結論的に言えば、彼が見た騒がしい東京はかつて小津が見せてくれた静かなおちついた東京とはぜんぜん別のものだった、ということになるが、なかでひとつ、あ、これは小津の映画でおなじみの情景だと呟いて彼が喜んで撮った場面がある。なんとそれは、どこかの駅の地下道で、子どもがダダをこねて歩くのを拒否していて、母親がその手を引っぱりながらなだめたりすかしたりしているというところだった。

「東京画」

そう言えば小津の映画には子どもが親に反抗しつつダダをこねるという場面はよくあった。「麦秋」(一九五一)では、日頃おもちゃの鉄道の線路を買ってほしいと父親にねだっていた小学生の息子が、ある日、父親がそれらしい紙包みを持って帰ったので、てっきりそうだと思って紙包みを破ってみると、それは食パンなのである。息子はがっかりして父親に文句を言いながら食パンを蹴とばす。父親がそれをとがめて叱ると、それからひとしきり息子はダダをこねる。「お早よう」(一九五九)でもやはり、小・中学生の兄弟が父親にテレビを買ってほしいとねだっていて、それがくどくてうるさいから「黙れ!」と父親が言うと、じゃあ口を利かないと、二人で沈黙をつづけて親たちを困らせる。「東京物語」(一九五三)では、老いた両親が上京してきて開業医の長男夫婦の家にしばらく滞在することになる。そこで長男夫婦はやはり中学生の息子の部屋を老夫婦の寝室にあてることにして、息子の勉強机を廊下に出してしまう。学校から帰ってきてそれを知った中学生の息子は怒ってひとしきりダダをこねる。

いずれも子どもの暗黙の期待を親が何気なく裏切るというところから生じる、ちょっとした抗議である。単純にワガママとして叱るのが当然の場合もあり、子どもの言い分にもう少しきちんと対応したほうがよかったと思われる場合もある。いずれにしろ日本人にとってはこれは日常よく見かけるもので珍しいことではない。たいていは原因はたあいのないもので、時間をかけてなだめたりすかしたりで解決する。それは親と子にとって困ったことというより、むしろなつかしい思い出でさえもある。しかし小津作品でいちどだけ、果たしてこれはなつかしい思い出に昇華できるかどうか分からない深刻なダダこねが描かれたことがある。「大人の見る絵本　生れてはみたけれど」(一九三二)である。

こんな物語である。

東京の会社に通勤している父親が小学生の息子二人を指揮して郊外の住宅地にトラックで引越してくるところから話は始まる。じつはこのあたりに会社の専務さんのお宅があるので、なにかとお宅にお邪魔しておべっかを使うのに都合がいいというのが父親の心づもりなのである。しかし息子たちはそんなことは知らない。早速この近辺の子どもたちのガキ大将と勢力争いになり、酒屋の小僧を買収してそいつをとっちめ、兄ちゃんがガキ大将の覇権を握る。ガキ大将の特権は、遊び仲間の子どもたちの誰に対しても、「えいっ!」と気合いをかけていいということで、気合いをかけられた子は直ちにその場で転ばねばならず、ガキ大将からもういちど「えいっ!」と気合いをかけられるまで立ち上がってはいけないのである。じつはそのグループの中には専務のお坊っちゃんもいるのだが、兄弟はそんなことは知らないし、お坊っちゃんもガキ大将の命令には従順で、ひとしきり、面白おかしい子どもたちの勢力争いと遊びの世界が描かれる。
ある日、このお坊っちゃんの家、つまり専務さんの家でホームムービーの上映会があり、近所の子どもたちはみんなで押しかける。昭和七年当時のホームムービーはお金持ちの道楽だった。この夜の上映会も兄弟の父親をはじめ社員が七、八人招待されて、しきりと恐縮しながら専務さんの作品を拝見している。

「大人の見る絵本 生れてはみたけれど」

上映のクライマックスは、会社の休み時間の社員のくつろぎ方のあれこれを撮ったものである。なかでひときわ異彩をはなっているのは兄弟の父親である。日頃は勤厳な父親が、なんと会社で専務さんの前では臆面もなく百面相などして道化としてふるまっているのだ。それまでみんなと一緒に楽しんで上映を見ていた兄弟はびっくりする。そして屈辱感にまみれて早々と家に帰る。
家に帰っても、憤りはおさまらない。居ても立ってもいられなくて文字どおり地団太を踏む。映画的な演出として面白いのは、兄の怒りのしぐさを弟がいちいち繰り返すことである。小津作品では同じしぐさ、同じ姿勢、同じような会話の繰り返しが一定の快い形式とリズムを形作ってゆくことがよく知られているが、それがくっきりとした特長として鮮やかに目立つようになるのは初期のこの作品のこの場面あたりからで、これが深刻なこの場のシチュエーションを快いユーモアでやわらげている。

やがて父親が帰ってくる。専務さんのお宅での卑屈さとはうって変わった、いつもの勤厳なお父さんである。お父さんは息子たちの不機嫌な態度をいぶかって、やさしくいろいろ聞く。お兄ちゃんは怒りをこめて父に抗議する。なぜあんな道化たことをして専務さんの機嫌をとるのか、と。父親は痛いところをつかれて少しあわてるが、きちんと理性的に弁明する。自分は専務さんから給料を貰っている立場なのだ、ということを。息子は「給料なんか貰わなければいい」と言い、「それではご飯も食えなくなるのだぞ」と言われると、売り言葉に買い言葉で「ご飯なんか食べなくてもいい」と言ってしまう。そして翌朝は兄弟でハンガー・ストライキを決行する。

これはもう、ダダこねの範囲を超えた、子どもながらに筋の通った壮烈な抗議行動である。でも本当はハラが減って、とくに幼い弟は母親の用意したおにぎりなどに、つい手が出そうになるというような喜劇的なギャグが巧みに挿入されていて笑わせ、問題の深刻さをやわらげる。そのへんの子どもたちの弱さを両親は慎重に見守って、いい頃合いで兄弟をなだめておにぎりで朝食をとらせ、学校へ送ってゆく。親としては息子たちの深刻な抗議をダダこねの範囲に丸め込むことにやっと成功してホッとしてというところだ。

ところがすぐ次にまた危機が待っている。父と子たちで学校に向かうと、そのほほえましい情景の向こうの鉄道の踏切りのところに、専務さんの運転手つきの自家用車が停まっているのだ。専務さんはこっちに向かってやさしく微笑して、一緒に乗って行かないかと声をかけてくれる。いつもなら深々と頭を下げて喜んで乗せていただくところである。そのために引越してきたようなものなのだから。しかし昨夜の息子たちの涙ながらの抗議がある。お父さんはなぜあんなに専務さんに卑屈なのだ、将来自分たちも専務さんのところのお坊っちゃんに頭を下げて生きてゆくことになるのか、そんなことは嫌だ、とはっきり言われたばかりなのだ。父親の権威を保つためには、ここはひとつ……と父親は思いなやむ。

ここで意外なことに、息子たちは父親に、「車に乗せてもらったほうがいいよ」と、こっそり言うのである。あんなに泣いて地団太踏んで抗議していたのに、じつはもう、父親の情けない立場を理解していたのである。

さあ、ではあの深刻な抗議はなんだったのか。所詮これは、人間としての誇りをこめての抗議というような高いレベルの思想的確執ではなく、頃合いを見て妥協することを相互に心得ているやさしいダダこねにすぎなかったのか。

そう思わせておいて最後にもうひとつ、見事な場面がある。専務さんと兄弟のお父さんを乗せた車が去ったあと、そこまで一緒に来ていた専務のお坊っちゃんと兄弟は三人一緒に学校に向かう。そこで子どもたちは、前に遊び仲間のグループのみんなと話題にしていた「誰の父さんがいちばん偉いか」という話題を繰り返す。みんなで互いに自分のお父さんこそ偉いと言い合っていたものなのだ。

お坊っちゃんは当然のことのように、自分のお父さんこそ……と言いかけるが、すぐ兄弟に遠慮して、「君んとこのお父さんこそ」と言い直す。なんといっても兄弟は近所のグループではガキ大将なのだから。しかし昨夜の深刻な問答を経て考えるところのあった兄弟の兄のほうは、「いや、本当は僕のお父さんより君のお父さんのほうが偉いんだ」と分別くさく言う。しかしそのあと、兄弟は「えいっ！」と坊っちゃんに気合いをかけるのである。きまりどおりお坊っちゃんがしぶしぶその場に転がると、兄弟はそのまま学校に行ってしまう。気合いをかけて転がしたら、すぐもういちど気合いをかけ直してそれを解除するというのが仲間うちの約束ごとなのだが、あえてそうしないところが子どもながらの意地で、少々意地悪をしたのである。「そりゃないよ、約束が違うよ」と、たぶん坊っちゃんは呟いて立ち上がり、ガキ大将の兄弟を追うところでこの映画は終わる。

兄弟はここでは、君のお父さんのほうが僕たちの父さんより会社では偉いことは分かった。しかしいまはまだ、俺たちのほうが君の大将だということを忘れるな——冗談だけど——というメッセージで物語をしめくくるわけだ。これはたんに子どもらしい意地を示しただけかもしれないし、父の立場は理解しても、自分たちは決して卑屈な大人にはならないという決意の表明かもしれない。同じギャグが、たあいのない笑いから重大な意思表示としてのオチに活用されている。こうしてドラマの運びが形式上でも一糸乱れぬ整然たるものになり、格調の高いものになる。そこで、子どもの抗議をただなだめすかすためのダダこねという習俗から、小津は見事にドラマを引き出し、そこに日本人の自己確認の機会を見出したのである。それはフロイトの精神分析学が言うように、父親の権威に抵抗して自我を確立するというのではなく、むしろ父親のダメさかげんを知って絶望するところからこそ、所詮は弱者同士である人間という存在の理解に達するという道筋である。

ダダをこねるということは、日本人にとっては日常よく見かけるもので珍しいことではないが、このなんでもない眺めに芸術的な表現を与えたのはたしかに小津であった。そして、ヴェンダースが、あ、小津的な情景がここにあった、と言って小躍りするようにしてそれを撮っているのを見たとき、私は、あ、そうだ、ダダをこねるというのはきわめて特徴的に日本的な子どもの行動形式だったんだ、と改めて思い知らされたのである。

ダダをこねるというのは、甘えの端的な表現だと言えよう。土居健郎の『甘えの構造』が説くように、甘えが日本で特徴的に発達した現象であり、欧米とくにドイツ、イギリス、フランスあたりではこれを厳しく排斥する傾向があるとすれば、ドイツ人のヴェンダースが日本の小津作品にその最も見事な表現を発見したというのは、むべなるかなと言わねばならない。ヨーロッパでもイタリアあたりにゆくとけっこう子どもの甘えを容認する傾向があるんじゃないかと映画では見えるし、アジアはまた別であろう。

ところで、ヨーロッパ人、とくにドイツ人あたりは子どもに厳しく、ダダをこねることを許さないというが、そのドイツ人のヴェンダースが小津のこの種の場面に似た現実の日本の親子の行動を見て喜んだということは、やっぱり日本人はあんなヘンなことをするんだなあ、あんなことを許したら子どもはスポイルされるに違いない、と軽蔑ないしは奇異な印象を持ったということだろうか。そうではないであろう。自分たちの文化にはないものだが、これはこれで濃密な愛情のあり方として面白いという親近感を持ったということであろう。映画にはこうして、異なった文化をその内面的な味わいを通じて理解させる力があるのだ。小津の映画ではいつもそうであるが、子どもたちはダダをこねながら、いつしか親を理解している。「生れてはみたけれど」の息子たちは、執拗なレジスタンスの末に、家庭では立派そうにしていても会社では卑屈にならざるを得ない父親の立場というものをおぼろげながらに理解する。「出来ごころ」(一九三三)の父親は、いつも朝帰りばかりしていて、そのことで息子が近所の子たちにからかわれてつらい思いをしていることを知らない。ある日また例によって朝帰りすると、息子がいつになく執拗なダダをこね始め、ついには父親を両手で叩きつづける。あっけにとられながら父親は息子の幼い苦悩の意外な深さを知る。ダダはたんなる甘えである以上に、幼い者が自分の思いどおりにはならない社会を理解してゆくうえでの折々のショックを最も親しい者に叩きつける行為でもあり、そのショックと苦悩を温かく受け止めてもらえるという切ない喜びの表現でもあるのだ。だからダダをこねても許される日本人がみんなスポイルされた大人になるわけではなく、むしろそれは、深く堅固な安心感をさえ培うことになるのかもしれない、と言ってみたいのだが、さぁどうだろう。

ダダをこねるといえば、そう、その最も強烈な表現のひとつが、新藤兼人監督の「落葉樹」(一九八六)にあった。これは七〇歳台も半ばに達した作家の自伝というかたちの物語で、主人公の小学生は新藤兼人自身の子どもの頃の姿と見ていい。大正時代の広島の郊外の農村の話で、主人公の家はある程度豊かな地主である。しかし、父親が借金の証文にハンを押したことから財産を失って、いまは借金に追われている。ある日、少年は母親に連れられてお祭りに行くのだが、そこで買ってほしいものを母親が買ってくれないので、地団太踏んでダダをこねる。そこで場面はとつぜん現代になる。老いた作家は冬の高原の別荘で、あのときのことを思い出してアッと思い当たる。あのとき母親は、借金取りに追われていて、いつも買ってくれる程度のものさえ買い与えてくれることができなかったのだ。たまらなくなって老作家は高原に向かって叫ぶ。「お母さーん!」と。

この老作家を演じていたのは小林桂樹で、決して下手ではなかったのだが、老人がいきなり大声で「お母さーん！」と言うのが唐突で、感動したというよりはびっくりしたものである。だからまあ、あまり成功した表現だったとは言えないかもしれない。しかし、この場面で私は直ちに、同じ新藤兼人監督がもっと若い頃に作った「母」（一九六三）という映画を連想した。不治の難病の子をかかえて生活に悪戦苦闘する母親の物語なのであるが、この母親の弟が、幼い頃、この姉にダダをこねたときの思い出を語るのである。小学生の弟が、ある日なぜか学校へ行きたくなくて、姉と一緒に登校する途中、繰り返し繰り返し、足を振って下駄を田んぼにほうり込む。すると姉は、そのたびに田んぼに入っていって下駄を拾ってきてやって登校をうながすのである。このエピソードが新藤兼人自身の経験にもとづくものなのかどうかは分からないが、彼はよく、その映画やエッセイで、幼い日の母と姉たちへの感謝の思い出を語る人なので、少なくとも実際の母や姉への思い出から発想されたものであることは間違いないであろう。そしてそこでは、幼い頃の彼のダダを悲しい表情で許してくれた母や姉への思いが、ほとんど甘美なまでの至福の経験として表現されていた。あるいはまた、あんないい母や姉に、あのとき、あんなつらい思いをさせて申しわけなかったという気持ちが、ほとんど彼の原罪意識のように心の深いところに定着し、

「落葉樹」

人生を支える力になっているとさえ言いたいかのようでさえあった。

「落葉樹」にはもうひとつ、強く印象に残る場面がある。母親が幼い息子と一緒に風呂に入っていて、ふっと立ち上がった息子の可愛いオチンチンが目の前に来たとき、にっこり笑って軽くチュッと口づけをしてやるのである。ただそれだけの一瞬だが、自分のすべてが母親によって祝福されているという息子の至福の感情がほとばしるいい場面であり、このイメージと、その母にダダをこねて困らせたというイメージとがセットになって組み合わされることで、この映画のモラルは非常に深いものになる。限りなく甘くすべてを受け容れて祝福してくれる母親に、しかし息子はダダをこねる限度を自覚しなければならなくなるということであり、そこに大げさに言えば日本人のモラル形成の基本があるということである。

もっとも、こういうスキンシップの極致のような母子関係だけを日本人的であるとすると考え方がせまくなる恐れがある。日本人といっても多様である。新藤兼人は自分が農民の出身であるということをその映画でもエッセイなどでも繰り返し強調する人である。その作品に表れた母性重視、スキンシップ重視の傾向は、日本的というよりも農民的なマインドと結びついているものかもしれない。

新藤兼人と対蹠的に、自分が士族の出身であり、それらしい育てられ方をしたものであるということを自伝に書いている映画監督に黒澤明がいる。かつて日本社会で甘えを悪いこととして明確に否定していたのは侍である。そして黒澤明は侍を主人公にした時代劇をよく作るだけでなく、現代劇でも侍のように責任感や使命感の旺盛な人物をよく描く。新藤兼人が老いて「落葉樹」を作って幼時をふり返ったように、黒澤明にも、八〇歳になって幼時を回顧した「夢」(一九九〇)がある。この「夢」の最初のエピソードに一軒の家が現れるが、その玄関の表札には「黒澤」と書かれている。だからそこに登場する幼い男の子は黒澤明自身の幼時期と見なしていい。大正時代のはじめ頃だろうか。倍賞美津子が母親で、家の前で忙しそうに立ち働いているが、子どもを甘やかす風情はなく、ダダをこねられる余地もあまりなさそうである。この母は、なにかと厳しく子どもに命令するのである。

この映画は八つの小さい物語から出来ている。いずれも最初に「こんな夢をみた」という字幕があり、この映画の作者、つまり黒澤明が見た夢であるというかたちになっている。夢にしてはイメージが鮮明すぎるし、夢らしいあいまいさや、わけの分からなさがあまりなくて、むしろ理がかちすぎている物語もいくつかある。実際に見た夢というより、むしろ、こんな夢を見たい、ということかもしれない。つまりは幻想、ファンタジーである。そして、幻想として圧倒的に素晴らしいのは第一話と第二話である。

「夢」

第一話は、狐の嫁入りの幻想である。五歳ぐらいの男の子が、日照りなのに雨が降っている日に、杉の林の中に入ってゆく。するとたちこめていたもやが少しづつ晴れてきて、その向こうから江戸時代ふうの花嫁行列がしずしずとやってくる。姿は人間だがよく見るとみんな狐の顔をしている。人間がメイキャップと身ぶりで狐の感じを出しているのだが、これが単純なのにじつに無邪気でいいし、杉の樹々の堂々とした風情にもうっとりしてしまう。この情景を見たあと、人間が見てはいけないものを見たのだからあやまりに行かなければいけないと母親に言われて、五歳の「私」は草花の咲き乱れる野原を通って山に向かってゆく。このしめくくりのワン・シーンでもう、まいったまいった。なんという天真爛漫な景色だろう。本物の景色と、特撮と照明と、手作りの草花の飾りとで描きあげた、これはまた見事なカメラによる童画である。夢見心地になって童心に返った気持ちになる。

第二話では「私」は小学生ぐらいの少年である。古い品のいいたたずまいの家で姉たちが桃の節句の行事をやっている。ここでも、この日本建築の家屋そのものがまず素敵だ。妖精の現れそうな暗さと神秘感。昔の家は不便だけどよかったなあ。次いで家の裏の桃畑。そこに土堤があって雛段のようになっており、人間の扮したお雛様たちが現れて、少年の家がそこにあった桃の木をみんな切ってしまったと非難する。少年が泣きながら木が切られたことの残念さを訴えると、お雛様たちがかわいそうに思って舞ってくれる。この舞いのまたおっとりとして優雅なこと、うららかでのどかなこと。これももう、理屈ぬきに口をあんぐりとして見とれるばかりである。

この二つのエピソードが表現しているものはなにか。自然を大切にしよう、という直接的なメッセージはさておいても、他にまだ、微妙なものが残るように思う。それは自分の帰属すべき場を見たいということではないだろうか。狐にあやまってこいというわけの分からないことを言う母親。しかし少年は疑うことなくそれに従って、危険に満ちているかもしれない不思議な美しい風景の中に分け入っていく。あるいは姉たちが管理しているお雛様たち。そこには一種の霊気が宿っていて、幼い者を非難したり祝福したりしてくれる。しかしそこにあるのは、幼くしてきちんと威儀を正して向かい合わねばならない威厳のあるものばかりで、無条件に甘えさせてくれるものは見出し難い。

侍の家系を誇りとし、自らを律することに厳しい侍の偉大さを賛美する映画のかずかずで世界の映画史に名をとどめる黒澤明は、先祖に本居宣長のいる伊勢の町人の名門の血筋である小津安二郎や、生涯自分は農家の出身であると強調してやまなかった新藤兼人のように、親に甘えること、ダダをこねることの甘美さを描くことはなかった。ただ、侍の人格的な立派さは描いたが、主君に対する忠義という封建思想の根本は絶対に肯定しなかった近代人としての黒澤明は、晩年、自分が想像で作りあげた理想の侍たちの、その人格力量を傾けつくす対象を見失った。黒澤明の侍たちは「七人の侍」（一九五四）では百姓のために戦い、「用心棒」（一九六一）では宿場町の町人たちのために悪漢どもと戦ったが、それらは歴史的事実の裏付けの乏しい空想の産物でしかない。本物の侍たちに近い「影武者」（一九八〇）や「乱」（一九八五）では、侍たちはただ意味なく戦い意味なく死んでゆくばかりである。甘えることと、ダダをこねることを知らずに育った侍の末路はかくの如しである。

その後、最晩年の黒澤明の映画は、「夢」にしろ、「八月の狂詩曲《ラプソディー》」（一九九〇）にしろ、自分を甘えさせてくれる甘美なもの、かぎりなくやさしいものの追求に集中する。しかしそれはついに確かなものとしては見えてこないのである。そして遺作となった「まあだだよ」（一九九三）は、多くの弟子たちに敬愛される師匠が、とことんその弟子たちに甘えのかぎりをつくし、品よくダダをこねつくすという壮大な幻想であった。

泣き虫たち

昭和のはじめ頃に民俗学者の柳田国男はエッセイの中で、近頃子どもが泣かなくなった、なぜだろう？　と問いかけた。

その頃、子どもだった私の経験で言えば、当時だって私など泣き虫と言われてよく泣いていたもので、周囲の子どもも泣き虫が少なくなかった。いまでは泣いている子どもをめったに見かけない。歌舞伎では立派な侍が号泣したりするから、ずっと昔は大人も泣いたのが、いつの頃から泣くのはみっともないことだと言われるようになって泣くことが減り、今日にいたったのだろう。

私の子どもの頃にもいじめはあったが、小学生はもちろん、中学生ぐらいになっても、いじめられたほうが悔し泣きに泣きだすと、それでいじめはストップ、というのが子どもの社会の暗黙のルールだったと思う。

いまではどうだろう。いじめられても平気なフリをしてニヤニヤ笑っていたりして、じつは腹の中は煮えくりかえっており、あるときとつぜん、キレてたいへんなことになる。自殺にさえもなる、というような場合が多いのではなかろうか。

柳田国男は、大人はよく子どもに、泣いていないでちゃんと理由を言いなさいと言うが、子どもは口では説明できないからこそ泣くのではないか、その気持ちを大事にする必要があるのではないかと微妙な指摘をした。

いまにして私は柳田国男の着眼の鋭さに脱帽である。泣くのは力でも口でも対抗できない相手に弱者が抵抗の気持ちを表明する手段だったのだ。

年上の子にいじめられたとき、親から叱られて半分納得しているけれども、少しは自分にも言い分があると思うのにそれがうまく言えないとき、幼い私は盛大に泣いた。泣くのは恥ずかしいと承知していたけれども、泣けばいじめも説教も終わりになったし、とりあえずは相手の不当さに納得してはいないというこちらの意思表示もすんで、案外さっぱりした気分になれたように思う。

子どもが安心して泣けるというのも、じつはなくしてはいけない大事な生活文化だったのだ。

子どもの泣き方が印象に強くて忘れ難い映画の名場面がある。小津安二郎監督の無声時代の傑作のひとつ、「出来ごころ」（一九三三）である。坂本武の父親と、突貫小僧の息子という親子が東京の下町で暮らしている。父親は職人で、自分では女にモテるいい男だと自惚れている。それで金が入ると飲み屋に居つづけて何日も帰らない。そんな親父を近所の悪ガキたちがバカにして息子をからかう。息子は口惜しいがじっと我慢している。ある日、ふっと父親が帰ってくる。すると、しばらく父親をじっと見つめていた息子がとつぜん、両手を大きく振って父親を叩く。父親はびっくりして息子の手をはらいのけるが、息子はおいおいと大声をあげて泣きながら（無声映画だから声は聞えないが）武者ぶりつくようにして父親を叩きつづける。父親は唖然としているが、やがて自分を待ちつづけていた息子のつらい気持ちに気づいて抵抗をやめ、情けない顔をして叩かれるままになっている。息子はいつまでもいつまでも泣きながら父親を叩きつづける。

この場面は小津安二郎が晩年、自分の全作品についてのインタビューを受けたとき、あの場面だけはフィルムが残っていたらもういちど見てみたいな、と言っていたほどで、小津自身にとっても会心の出来だったようだ。さいわいこの映画はきれいに残っていて、いまではＤＶＤで容易に見ることができる。セリフであれこれ言わなくても、ただ子どもの泣き顔と父親を叩きつづける動作だけで、その切ない心のうちが痛切に分かる映画的な表現であった。

映画の中のダメ親父たち

時代劇を別とすると、日本映画にはなぜか、ダメな父親が描かれることが多く、立派な父親が描かれることは少ない。もちろんこれは、がいしてそういう傾向があるということであって、みんなそうだということではない。たとえば小津安二郎の「父ありき」(一九四二)などは父親というものの鑑《かがみ》とも言うべき立派な模範的な人物を描いた傑作だったし、「晩春」(一九四九)の父親なども、とくべつ偉いというわけではないが、子どもが心から敬愛できる素晴らしい父親だった。小津安二郎は笠智衆《りゅうちしゅう》を使ってこうした一連のすぐれた父たちの像を作り出した点において、日本映画史上、きわだった存在である。しかしその小津安二郎にしても、たとえば「浮草物語」(一九三四)とそのリメークの「浮草」(一九五九)では、田舎に愛人とその女性に生ませたまだ正式には認知していない息子がいて、ときどき巡業がてら会いに行く旅役者の座長とか、「小早川家の秋」(一九六一)では、昔の妾とヨリを戻し、家をぬけ出して彼女の家に行ってぽっくり死んでしまう老人などを楽しそうに描いていた。あまり父親として立派とは言えない人物たちだが、坂本武や中村鴈治郎などのお気に入りの俳優たちが演じると、ダメ男なりに粋になるのだ。しかし溝口健二などは、「浪華悲歌《エレジー》」(一九三六)で、娘が妾になって稼いでくれた金で公金横領の告訴をまぬがれながら、その娘が本当にうちのめされているときにはちっとも頼りにならない卑屈な父親を描いたのをはじめ、「西鶴一代女」(一九五二)の娘を喰いものにしている父親など、生涯にわたってじつにじつに卑劣で悪らつでさえもある父親を描きつづけた。「新・平家物語」（一九五五）における平清盛の父など、立派な父親が描かれるのはまったく溝口作品らしからぬ例外の場合だった。黒澤明の映画は、処女作の「姿三四郎」（一九四三）以来、堂々たる父親的な人物が未熟な若い連中を厳しく指導し鍛えあげるというストーリーが多く、そこが家父長制的だとよく言われる。しかし、堂々たる父親というイメージで登場する人物たちというのはほとんど、師匠とか先輩、上司という立場の人々で、それが、弟子、後輩、部下を指導するときに自信に満ちているのである。本当の肉親の親子関係を描く場合には、むしろそうはならないのである。たとえば「生きる」（一九五二）では、癌であと半年しか生きられないと知った父親は、息子にまずそのことを話そうとするが、息子夫婦のじつに親不孝で無責任なお喋りを偶然聞いてしまうと、もうなにも言えなくなってしまう。この父親は残り少ない生命を有意義に生きるために最大の努力をして、すぐれた人間としてその人生を全うするが、しかし、息子にはもうなにも期待しないし、息子もまた、苦悩する父親を少しも理解しないままである。「生きものの記録」（一九五五）では父と子たちの断絶はさらに深刻なものになる。町工場の経営者である父親は、核実験で地球が汚染されることを心配して、比較的安全だと思えるブラジルへ、全家族と全財産を

「生きものの記録」

引き連れて移住しようと計画する。それに反対する子たちは、父親が勝手に財産を処分できないよう、父親は発狂したのだとして準禁治産の訴えを裁判所に出す。それで本当に父親は発狂してしまう。黒澤明が実の父と子を描くとこうなることが多いのである。この父親たちはそれぞれ自分の信念を持っているが、その信念で息子を指導することはおろか、自分の考えを息子に伝えることさえできないことがある。ダメな父親とは言えないが、息子たちとの間の信頼関係は成り立っていない。

木下恵介は子どもたちにやさしい、よい父親を繰り返し描いた。「喜びも悲しみも幾歳月」(一九五七)で佐田啓二が演じた父、「この子を残して」(一九八三)で加藤剛が演じた父などがその模範的な例である。しかし木下恵介作品ではがいして母親のほうがずっと存在感が大きく、父親はむしろ、子たちに対する母親の教育の仕方を温かくじっと見守っているという感じで登場する場合が多い。成瀬巳喜男も「おかあさん」(一九五二)で子たちに素晴らしい指導力を発揮する母親像を作り出したが、そこでは父親は、ただあくまで好人物としてそこにいるだけの、影の薄い存在だった。「はたらく一家」(一九三九)、「山の音」(一九五四)、「杏っ子」(一九五八)、「鰯雲」(一九五八)など、成瀬巳喜男には父親の苦労を描いた作品が少なからずあるが、いずれも、子どもたちとの関係が思うようにうまくゆかず、どうしていいか分からなくなって暗然としてしまうというような場面に生彩のある映画だった。

より若い世代の、今村昌平や大島渚などの作品になると、もはや立派な父親がそこに登場するなどということはほとんど考えられなくなってしまう。逆に権威のない憐れな父親ならいくらでも登場する。今村昌平の「にっぽん昆虫記」(一九六三)の知的障害のある父親や、「赤い殺意」(一九六四)の、はじめは空いばりしているが、やがて女房の尻にすっかり敷かれてしまう父親がそうであるし、大島渚作品では、「少年」(一九六九)の幼い子どもに当たり屋をやらせて稼いでいる悪らつな父親などがその典型的な例である。今村昌平作品では南西諸島のどこかの古代的な村を扱った「神々の深き欲望」(一九六八)に、一家の家長として君臨しているジャアジャアと呼ばれる老人が登場する。嵐寛寿郎の演じたこの人物は、死後、家族の前に神秘的な幻となって現れるほど権威があるのだが、この老人が実の娘に近親相姦で子どもを生ませていたことから一家は村で差別されるようになっている。つまり、大きな権威が災厄をもたらしているわけだ。大島渚の「儀式」(一九七一)にも、日本の政界の黒幕である封建的大家族の家長が登場して一家に強大な権威をふるっているが、これまた、こんな権威的な家父長を打倒することができないからこの一家の運命は暗い、というふうに否定的な存在である。

そうしてさらに若い世代の代表選手と目される森田芳光は、その代表作「家族ゲーム」(一九八三)で、本人はいばって説教なんかしたりするけれども息子たちにはぜんぜん権威を認められていない父親を描き出している。

時代劇

かつて時代劇が日本映画の半ばを占めていた頃、時代劇では父親は封建的身分秩序に乗っかっていばっているのが当たり前だった。父親には大いに権威があることにきまっており、実際にはたいした人格的迫力をともなわない父親でも、その形式どおりにいばっていれば家族はその権威を認めて従うことになっていた。時代劇では、大河内伝次郎、阪東妻三郎、長谷川一夫、片岡千恵蔵、市川右太衛門、嵐寛寿郎、勝新太郎、市川雷蔵、萬屋錦之介といった俳優たちが、封建的家父長というものの風格を模範的に見せてきたものである。態度は重厚で、威厳があり、確信のある喋り方をする。そして、時代劇がそうであるぶんだけ、あとの半分の現代劇では、男はむしろ、権威のない状態を示すことでファンに喜ばれてきたのである。岡田時彦、上原謙、佐分利信《さぶりしん》、佐野周二、池部良、佐田啓二、高倉健といった俳優たちは、前記の時代劇スターたちに匹敵する人気のあった現代劇スターだが、彼らは、佐分利信と高倉健に時代劇スターに共通する面があることを別とすれば、ほぼ、態度は重厚ではなく、威厳を示すべき場合にはむしろテレてみせる。確信のない、迷いを正直に表す喋り方をするほうが魅力的になる。そして時代劇スターたちが年をとれば権威的なキャラクターのまま父親役を演じたように、現代劇スターたちも、年輪を重ねると、それらの特徴をそのまま生かして父親役を演じた。こうして、時代劇の威厳のある父親たちとは対照的に、現代劇では父親はあまりいばらず、子どもの教育は母親にまかせ、自分は傍でおろおろしているといった態度が普通になった。木下恵介が中年以後の佐田啓二に演じさせた父親像がその典形的な例だと言えるであろう。そして、そうした現代劇の父親の一般的な傾向のうえに、さらに前述したような大監督たちによる、残存する封建的父親への攻撃やら、子たちに対する指導力を失った父親の悲哀やら、なんの権威も実力もないのにただいばっているだけの父親への批判やら、さらには、ダメな父親をダメななりに子たちが許し、受け容れるといったさまざまな表現がつけ加えられる。こうして時代劇には立派な父親が、現代劇にはダメな父親が描かれるという、おおよその傾向、あるいは役割分担が成立したのである。

事実、封建時代には日本の父親は封建的だったわけだし、近代以後、そうした封建的父親像は繰り返し批判されてきた。さらに第二次大戦後には封建的父親像は積極的に打倒された。従って時代劇と現代劇のこの違いはそれを忠実に反映していたのだと言える。しかし、封建性が打倒されたはずの第二次大戦以後も、時代劇が日本映画の半数近くも作られるという状態はほぼ二〇年はつづいたし、テレビではその後もかなり盛んである。時代劇の人気は必ずしも封建的な気分が盛り込んであるところからだけ生じるものではないが、封建的な堂々たる権威を持った父親像というものが、時代劇の魅力の有力な一部だったとは言えよう。そして人々は、時代劇ではタテマエとしてのそうあるべき立派な父親の姿を見て感心し、現代劇では、しかしいまの現実はこうなのだという、権威のない父親の姿を見ることでホンネを確認してバランスをとってきたのかもしれない。

一九六〇年代に、映画では時代劇が作られる作品の半ばを占めるという時代は終わった。しかし時代劇の立ち廻りと封建的人間像の魅力はやくざ映画に引き継がれた。やくざ映画の主人公は妻子を持たずに放浪している男が多いので、父と子の関係というものはそこにはあまり表れない。というより、その主人公たちはむしろ、本当の親たちがあまり頼もしい人たちではなかったからこそ、小さいときからグレて、より頼りになりそうな代わりの親、すなわち親分を求めてやくざになってしまったのだろうと想像できる。

ちょうど日本が高度経済成長の真只中にあった一九六三年から七三年に、時代劇にとって代わるやくざ映画のブームが起こった。やくざ映画の人気はさまざまな要素に支えられていたから、それを簡略化して示すわけにもゆかないが、あるいはその理由のひとつはこうも考えられる。現代劇映画の中で頼りないダメな父親像が一般化してゆく大きな流れに対して、もはやなんの現実味もなくなった時代劇の立派な父親像ではそれに拮抗してバランスを維持する力にはならなくなる。頼もしさの極致のような親分と、そのために命をかけて行動する子分の物語というのが、反動的に代替物として噴き出してきたのかもしれない。しかもそれが時代錯誤な夢でしかないことは観客のほうも百も承知だったので、ひとしきりの流行でぱったりやんでしまった。

「男はつらいよ」

山田洋次監督の「男はつらいよ」シリーズは、一九六九年、やくざ映画ブームの絶頂期から始まったものである。

主人公の車寅次郎は、父親が、お前は俺が酔っぱらってヘベレケのときに芸者に生ませた子だから生まれつき頭が悪い、というような愚かなことを言う父親失格の男だった。だから寅次郎は少年時代にグレて家をとび出してテキ屋になった。テキ屋はバクチ打ちではないが、半ばやくざと見なされる。なぜなら、親分を絶対的な権威者として、その命令の下では命を賭けた喧嘩も恐れないというような考え方を伝統的に誇りにしてきたからである。テキ屋の寅さんを主人公にしている点で、「男はつらいよ」シリーズも半ばやくざ映画である。寅さん自身、自分が遊び人であることを認めているし、葛飾柴又のとらやの人々は、彼がなんとか正業についてくれることを望んでいる。

しかし実のところ、このシリーズでは、テキ屋稼業のやくざ的な側面はほとんど省略されている。ちらりとそれが表面に出てくるのは、第五作「望郷篇」(一九七〇)で、昔、寅が世話になっていた政吉親分というのが、若い頃には相当に凶暴な男だったらしいエピソードが出てくるあたりぐらいのものである。もちろん「男はつらいよ」シリーズは、誰もそれをやくざ映画だとは言わないように正統的なやくざ映画とは決定的に違っている。そのひとつは、正統派やくざ映画では、子分たちはすべからく、自分をとことん異常なまでに親分に同一化してゆくのだが、寅さんはそうではないのである。この「望郷篇」では、彼はむしろ、親分に棄てられた女の生んだ息子がその凶暴だった父に抱いている憎悪に共感し、感動することができる。彼自身、父親には反発しているが、芸者だったまだ見ぬ母には強く憧れていて、第二作「続・男はつらいよ」（一九六九）では、その母に会いにゆく。寅次郎は、男らしく権威のある父親や親分に自分を同一化させようとはしない。彼はいつも、そういう父親や親分から虐待された女性や子どもの側に立つ。そこが正統派やくざ映画と違うところだといま指摘したばかりだが、じつは昭和初期に股旅ものの原型を作り、流行を生み出した「沓掛時次郎」や「瞼の母」など、長谷川伸の股旅ものというのがそもそもそういうものであったことは、ここで思い出しておいてもいいであろう。

「男はつらいよ お帰り 寅さん」1969年に第1作が劇場公開されてから50周年を迎え、1997年の「男はつらいよ 寅次郎ハイビスカスの花 特別篇」以来、2019年に22年ぶりに製作された。

正統派やくざ映画の本拠が一九五〇年代に封建的時代劇の黄金時代を作り出した東映京都撮影所だったのに対して、寅さんのシリーズを生んだ松竹大船撮影所は、一九二〇年代以来、女性映画王国であり、そこでは映画の中の男の役割といえば、なによりまず、女性の味方になるということだった。その伝統が、やくざ映画全盛期にその傾向を取り込んだような作品を作っても、こういうふうになるのだった。

寅次郎はどの作品でも必ず失恋する。まあ、たいていの場合は高望みだからで、そこが滑稽だと柴又の人たちも観客の私たちも面白がって笑うのだが、じつは、もうひと押し彼が積極的だったらなんとかなった、と思える場合でも、彼はいよいよとなるとあっさり身をひいてしまう。そこで私はふっと思う。彼が結婚してしまったら永遠の失恋男というストーリーの定型が崩れてシリーズが終わりになってしまい、いまやこのシリーズがひとつの人気で持っていると言ってもいい松竹が危機にさらされるという世知辛い現実の理由もさることながら、本当は彼は、ただ女性に対してやさしい男でありたいという夢だけが胸にいっぱいあって、夫になる自信も、さらにそれ以上に、父親になる自信もないからなのではなかろうかと。それは表面は喜劇だが、男らしい男、頼もしい男、立派な男というもののパロディを買って出た男の悲劇でもあるのである。

渥美清の話術

映画「男はつらいよ」シリーズの寅さんやその他で不滅の名演技を残した渥美清に、生前、私はインタビューをしたことがある。ひとつ、どうしても聞きたいことがあったからである。

それは彼の演技のキメ手であるテキ屋の啖呵《たんか》など、あの天才的なお喋りの話術を、いつどうして身につけたのかということだった。ただ若い頃にテキ屋の友達から学んだというだけにしては芸に格調と愛と品のよさがある。

快く会ってくれた彼がその質問に答えて語ってくれたのは意外なことだった。一見タフな外見にもかかわらず彼は子どもの頃から病弱で、関節炎や小児腎臓疾患やらで学校も長期欠席が多かった。昭和一〇年代の頃である。それで病床でラジオばかり聞いていた。

同世代の私にはよく分かる。当時のラジオは有名な徳川夢声の「宮本武蔵」の朗読をはじめ、話芸の名手の黄金時代で、みんなその名人芸に酔ったものである。

子どもの頃の渥美清はそれらを聞いては感心すると、看病してくれている母親にまねして聞かせたものだったという。母親は熱心に聞いていちいちうなずいてくれ、ときには一〇分もたってからまた「うーん」とうなずいた。と、あの渥美清がその口調をまねて私に聞かせてくれた。

長期欠席がつづいたので学校の成績はよくなかったが、だからといって教室でお荷物扱いされたわけではない。お話のうまい子としてはよく知られていて、たまに登校すると、雨で運動場が使えないときなど、先生が今日は田所君（渥美の本名）のお話を聞く時間にしよう、と言い、本当にそうしてみんなで楽しんだ。

手のあいていたよそのクラスの先生まで聞きにきてくれたそうで、さぞ誇らしい気持ちだったであろう。それが彼には人生の肯定にもとづく愛嬌と自信になったのではないか。

その話を聞いていて、なんていい学校だろう、なんていい先生だろうと私も心が熱くなった。教育とはこれだと思う。

「はたらく一家」（一九三九年、監督成瀬巳喜男）

日本の現代劇映画の大いなる伝統とも言うべきダメなお父さんたちは、では本当にダメな人間なのかというと、そうも言えないのではないだろうか。なぜなら一見ダメ親父と思える人物たちの、なんとも言えないなつかしさということもまた、日本映画は力をこめて描いてきているからである。いや、力などこめず、さりげなく描きつづけてきたと言うべきか。その代表的な例として、日中戦争も泥沼の時期と言っていい昭和一四年、一九三九年に成瀬巳喜男監督が作った東宝作品「はたらく一家」をあげたい。

原作は昭和初期に労働者出身の作家として注目された徳永直《とくながすなお》である。印刷工場の職工だった彼は、工場のストライキを労働者たちをヒーローとして描くことに珍しく成功した『太陽のない街』で評判になったが、まもなく軍国主義の時代になって政府から弾圧されると、マルクス主義を捨てると警察に約束して、つまり転向して小説を書きつづけた。当時そういう小説は転向小説と呼ばれたが、この映画の原作になった『八年制』という小説はその転向小説である。義務教育が六年制から八年制になったことをとりあげて、これはいいことなんだろうが、貧乏人にとっては子どもが職場に出て稼いだ金を家に入れてくれる時期が二年間遅れるということであって、ちょっとつらいのです、という愚痴を初老の貧しい印刷工が呟くという内容である。勇ましいプロレタリア的な政治批判はもう言わないが、せめて愚痴ぐらいは言わせてほしい、というところに、転向してもともと左翼という自分のあり方を見定めたような小説であった。当時、左翼から転向して右翼になってしまう作家もいたので、徳永直のこの行き方は左翼に理解のある読者や編集者たちの間ではまあまあ受け容れられたものだった。

成瀬巳喜男は当時、愚痴っぽいタッチでは並ぶ者のいない中堅の映画監督だった。ただ愚痴といえばそれを発する主体はうだつの上がらない安サラリーマンとか、流しの芸人といった人々で、それではあんまり退嬰《たいえい》的だと軽んじられる傾向があった。戦争中の軍国主義的気運の中では、もっと建設的な映画を作るべきだと政府筋などから気合いをかけられる傾向もあり、成瀬としては自分の路線のあり方を考えたであろうし、同じように庶民の愚痴ではあっても、貧乏と苛酷な労働に耐えてきた労働者のそれなら、まだしも建設的であり得ると考えたのかもしれない。

この映画「はたらく一家」にとりあげられているのは、初老の印刷工の父親(徳川夢声)を家長とする一一人の家族である。老いた父母、妻、働いている長男と次男と三男。まだ幼い小学生の子ども三人に幼児がひとり。大家族だが昔はこのくらいは珍しくなかった。このうち給料収入があるのは父と三人の息子だが、息子たちはまだ一〇代だから給料といってもたいしたことはない。それで四人の収入を合わせても一一人の家計をまかなうのは容易でない。

「はたらく一家」

この一家の日常が淡々と描かれる。貧乏を詩的な映像にすることにかけては、先輩の小津安二郎を別にすれば成瀬にかなう者はいない。東京の場末の生活がじつにこまやかな情感をたたえて描かれる。

工場で働いている長男はじつはいま、密かに考えていることがある。働きながら夜間の学校に行って技術を学び、工員から技師になることである。そのため通学しやすい事務所の給仕に転職することを計画している。ただ、そのためには家を出て自活する必要があり、家に給料を入れることはできなくなる。それでいいか、とやはり働いている弟二人に相談しているのである。家の中で話し合うと父親に反対される恐れがあるので、近所のミルクホールでこそこそと話し合っている。

父親はその気配を察しているが、長男にあきらめさせる元気もない。勉強のできる長男が進学したいというのは本来いいことで、昼間の学校にあげてやれない自分のダメさを嘆くしかない。しかし現に老人たちや幼い子どもたちの大家族を養うには一〇代の息子たちの給料も必要なのである。それに、長男が自立して家を出たら、次男や三男もあとを追うだろう。そうなったらわが家はどうなる。

そう思うと父親は居ても立ってもいられなくて、息子たちが話し合っているはずのミルクホールの前まで行くのだが、怖くて店の中には入れない。それで店の前を行ったり来たりする。成瀬巳喜男は撮影の休憩時間にはいつも台本を開いて、このセリフはいらない、このセリフも無いほうがいい、と言って台本のセリフを削ってばかりいる監督だったとよく言われるが、セリフのない、沈黙のたたずまいだけで言わんとするところを暗示することができる名人だった。その意味ではこの徳川夢声の父親がミルクホールの前を行ったり来たりする場面など、成瀬作品の最も成瀬らしい名場面だった。

結局親子は話し合わないわけにはゆかない。それで家族は長男の小学校の先生を迎えて話し合うが、父親は自分のダメさかげんが情けなくなって暴れて、「いいから出て行け、あとは麦粥すすってもやってゆく!」と、やれそうにないことをどなるしかない。

驚くべきことにこの映画は長男が進学するのかやめるのか結論ナシで終わるのである。まだ上映開始から一時間ちょっとで、一時間三〇分が普通だった当時としても時間はたっぷり余っているというのに、まるで作者自身が途方に暮れたかのようにとつぜん終わりになる。

ちょっとしか出ていない小学校の先生役の大日方伝《おびなたでん》を別にすると、出演者の中でいちばん有名な俳優は徳川夢声であるし、ストーリーも彼を中心にして進行するので、ストーリーが結論ナシで終わるのはこの父親のダメさ加減のせいであるという印象になる。まったく息子も説得できないダメ親父である。しかし、ではだからといって観客が彼をバカにするかといえばそんなことはない。家族みんなのことをいちばん心配している善良な人間であることは疑いようがないのだから。

長男だってそのことを重々承知して悩んでいる。困っている。ダメな父親をバカになんかしていない。早くももう、親の苦労が分かっている。そう、日本の庶民の世界では、若者は権力者としての父をフロイト的に打倒して大人になるのではなく、父親の、あるいはそれ以上に母親の苦労が分かったときに大人になるのだ。その意味では、途方に暮れている親父の憐れさを息子たちが認めたとき、ドラマはもう終わっているのだ。あとは蛇足なのだ。進学するにしろ、しないにしろ。

映画に描かれた母

かつて一括して「母もの」と呼ばれる映画が盛んに作られて、人気のあった時代があった。日本が経済的に豊かになる以前のことである。大正期頃のいわゆる新派悲劇では、芸者だった母親が、産んだ子と名乗り合うことができないといった、封建的な身分意識や義理にからんだ物語が多かった。子どもの幸せのために、貧しい産みの母は金持ちの育ての母に子を託して身をひく、といったたぐいの話である。昔はそれだけ身分というものが重んじられていたもので、貧しくても親子が一緒にいられればそれだけで幸福ではないか、という考え方は、ごく近代の新しい思想なのである。

一九三〇年代頃になると、さすがにそんな話は古くさくなるが、代わりによく作られたものに、継母《まま はは》と継子《ままこ》が、義理の間柄であることに悩んだ末に、互いの愛を信じ合えるようになるというものがある。戦争中の作品で、小糸のぶ原作、田坂具隆監督、滝花久子、風見章子主演の「母子草」(一九四二)が有名だ。実母だと信じていた母が義理の関係だったと知って、悩みながら兵士として戦争に行った息子が負傷して失明して帰ってくると、母はいつのまにか点字を学んで待っていてくれる。どこまでも広く深く、子たちを受け容れるのが母の愛なのだ。私が子どもの頃に見て、いちばん泣いた作品のひとつである。

戦後、とくに一九五〇年代には、三益愛子主演の「母もの」が大人気だった。新派悲劇系の古い話が多かったが、母親が子どものために自分を犠牲にして苦労しぬくという話が手を変え品を変えて語られ、女性客だけでなく、若い男性の観客にもファンが少なくなかったものである。

新派悲劇の尾を引いた、わざとらしいストーリーの作品だけでなく、庶民の母親の苦労というものを現実的にきちんと描いたまじめな傑作も日本映画には少なからずあった。

私の第一のおすすめは、まず水木洋子脚本、成瀬巳喜男監督、田中絹代主演の一九五二年の「おかあさん」。これは貧しい下町のクリーニング店のおかあさんの、なんの気取りもない奮闘記である。自己犠牲などという恨めしげな気持ちなどではなく、本当に一生懸命働いて子どもを育てることが好きな、やさしい日本の母。どんなに厳しい状況の中でもほほえみを忘れることがなく、愛嬌があってきれいで、とっても素敵。

同じ年、同じ成瀬作品でもう一本「稲妻」(一九五二)という傑作がある。これも浦辺粂子の演じた母親がまた素晴らしい出来だった。東京の下町の路地裏で暮らしている一家の母親で、もうみんな成人している四人の子どもの父親がみんな違う。事情はよく分からないが、なんとなく若い頃から人がよすぎたという感じ。そのせいか、上の娘二人と息子ひとりも、人間関係にけじめがなく、だらしない。この子たちの起こすトラブルに、母親はウロウロしながら走りまわっている。末の娘(高峰秀子)はこんな家のあり方が嫌で、実家をとび出して自活する。ある日、心配した母が訪ねてくると、末娘ははじめて、この母への長年たまった不満や恨みを言いたいだけ言ってしまう。しかし、それで母が泣き出すと、末娘もなんとなくおかしくなって、二人は仲直り。無知でダメな母だけれど、やっぱりこれが誰よりもなつかしいかあちゃんなのである。どんなに不満があってもゆるがない温かい絆。これが母親と子たちの関係の土台であり、すべてかもしれない。

「おかあさん」

一九六二年の市川崑監督、山本富士子主演の「私は二歳」は、小児科医松田道雄による同名のベストセラー育児書の映画化だが、これはじつに楽しい映画だった。幼児の生理心理が理解できなくて、ちょっとしたことでテンテコまいする親たちのことを、幼児のほうでおかしがって、エピソードごとに子どもの立場からの批評的なコメント

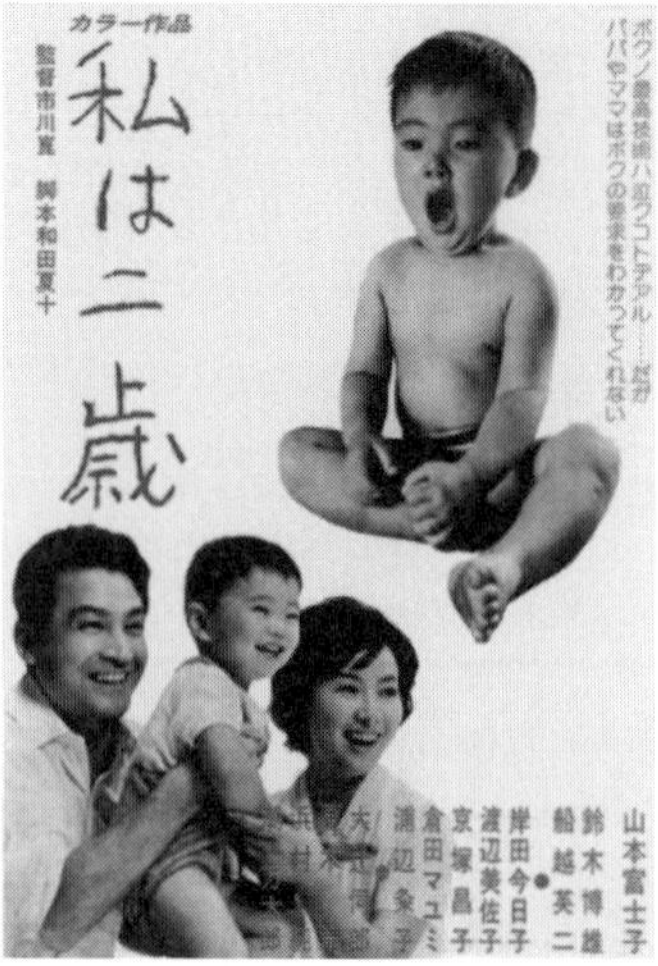

「私は二歳」

を加えるという面白い語り口になっている。親にあまり権威がなくて、子どものほうでも、親たちを大きな友達みたいに感じているらしい。そこが今日的で新しい。

スウェーデンの巨匠イングマール・ベルイマンの「秋のソナタ」(一九七八)は、ひとりの強烈なエゴイストの母親を中心にして展開するドラマである。イングリッド・バーグマンの演じるその初老の女性は、国際的に活躍しているピアニストで、若い頃から家庭をほうり出して外国を巡って、ほとんど帰ってこない。夫はすでに亡くなり、残された娘二人。長女は結婚して障害のある妹を引き取って面倒を見ている。寝たきりで重い言語障害もあるこの妹にやさしい声をかけてもらうために、長女(リヴ・ウルマン)は母に手紙を書いてスウェーデンの田舎の静かな家に帰ってきてもらう。こうして久しぶりの再会の数日が格調正しい室内劇ふうに描かれる。母は娘たちをほうっておいたことに罪の意識を持ち、娘たちに恨まれていないかとおどおどしており、次女の障害の介護も怖くてできない。そして形ばかりの再会をにこやかにすませたのち、逃げるように早々と去ってゆく。次の演奏旅行を一緒にする愛人と会って、ほっとした、なんて言っている始末。長女は母に来てもらったことを後悔して、いっそう重い心を抱きながら、しかし、これでもう母に期待することもよそうというような、いっそサバサバした表情にもなっている。

母親は自分を犠牲にしても子につくすものということがほとんど常識であるわれわれの社会の中では、この強烈に自己中心的な母親の言動は良識を逆撫でされて衝撃的である。この母親が決して悪女ふうでなく、むしろ天真爛漫であり、全体のドラマ運びが非常に上品であるところがニクイ。しかも、こんな自己中心性は父親の場合はあまりとがめられず、母親だとなぜ衝撃的なのか、というまじめな皮肉がそこにくっきりと浮かび上がる。

最近のアメリカ映画では、両親の離婚に悩む子どもたちの物語が多い。母親の自我の主張と子どもの安心とをどう両立させるかという問題が、そこにくっきりと出てくる。「クレイマー、クレイマー」(一九七九)などがそうだ。

「秋のソナタ」

日本映画では相米慎二監督の「お引越し」(一九九三)が、同じ主題でまじめに考えさせられる秀作だった。安易な妥協をせず、自分をしっかり貫く道を選ぶ母親を桜田淳子が演じていた。

ベルイマンと父

スウェーデンの巨匠イングマール・ベルイマンは、昔からよく、これが自分の最後の作品だと言いながら新作を発表する映画監督だった。本当にはそれは、これが最後のつもりで全力をつくす、という意味だったようで、そう言いながらまた新作を出したものである。一九八五年の「ファニーとアレクサンデル」のときもそう言ったが、きっと次

「日曜日のピュ」

の作品もあるだろうと、私など信じたくなかったものである。しかしこれは本当に本当だったのか、その後、自作のシナリオ「愛の風景」をデンマークのビレ・アウグストに監督させているし、やはり自伝的な作品であるシナリオ「日曜日のピュ」を息子のダニエル・ベルイマンに監督させた。ベルイマンももう年だからか。とはいってもまだ七六歳、黒澤明監督よりはずっと若いのに。

　できれば「愛の風景」（一九九二）も「日曜日のピュ」（一九九二）も、ベルイマン自身の演出で見たかった。なんといってもあのカミソリの刃のような切れ味は真似手がない。しかし監督自身としては自分自身を切り裂くような作品に関しては、もう少し温かい他人の目がほしくなったのかもしれない。

「日曜日のピュ」も描かれているのは、主として八歳のときの自分と、両親、とくに父親との関係である。ベルイマンの父親が牧師であり、あまりに厳しい人物であったために、この父親に対する反抗と、ひいては父親が体現していたキリスト教に対する懐疑が彼の生涯のテーマになったことは、以前からよく知られていたし、彼の自伝にも述べられていた。よほど冷たい人物だったのかと私などは想像していたが、「愛の風景」に描かれた若い頃のベルイマンの両親は案外に理想家肌でよい人たちである。人間誰しも欠点はあるということを勘定に入れれば、これで生涯の反抗の対象になるとは不思議だった。

「日曜日のピュ」には、幼年期のベルイマンにとって父はどういう人物だったかということが描かれる。幼いベルイマンを自転車で森の彼方にピクニックに連れて行ってくれたりして、世間並みとしてはむしろよき父であろう。ただカンシャク持ちでときどき子どもをひどくぶつし、妻と夜中に激しく言い合っていたりする。幼いベルイマンが、そういう父をひどく恐れていたことが分かる。

さらに晩年の父が、すでに亡くなっている妻の日記を読んで、自分との結婚を「生涯の不覚」と記していることにショックを受け、悔恨にさいなまれるというエピソードがあって痛切である。これですぐに思い出すのはベルイマンの代表作のひとつである「野いちご」(一九五七)だ。功成り名とげた老人が、若い頃の失敗した結婚生活の記憶にいつも責めさいなまれているという映画で、人生にはこういう責め苦もあるのかと、心にじかに迫ってくる傑作であった。

第2章　かつての時代

「おしん」（二〇一三年、監督冨樫森）

一九八三年にＮＨＫの朝の連続テレビ小説で放送され、平均視聴率五二・六％という、ドラマ番組としては空前の視聴率をあげた作品の映画化である。明治三四年、日露戦争前に山形県の寒村の農家に生まれたおしんが、七歳で口減らしのために町の商家に奉公に出されてから、さまざまなつらい経験で辛抱を貫いて、昭和の現代には立派に成功者になっている。しかし、いつもまごころをこめて苦境を打開してきた自分の生き方に比べると、子や孫たちの生き方には疑問を感じることが少なくなく、辛抱が大切という自分の信条はますます大切に思える。――と、そんな思いに貫かれた脚本家橋田寿賀子の訴えは、おりから高度経済成長の絶頂期の庶民の心を動かし、いい反省の機会とも思われたものであった。

ただ、主として知識層には、これは貧乏人に辛抱を押しつける古い教訓調の物語にすぎないという反発もあって、国民的議論を巻き起こしそうな気分さえも感じられたものである。しかし、それ以上に重大だったのは、これが日本の国際交流基金の手によって各国語版が作られて世界のテレビ局に送られ、放送されると、アジアのいたるところで日本に劣らない、むしろ日本以上の視聴率をあげて爆発的な人気番組になったことである。

アジアの一般大衆は、この番組ではじめて、日本も、この放送の七〇年ぐらい前には現在の自分たちと同じような貧困に耐えていたのだと知ったからである。だから自分たちも、これからがんばればもっと早くいまの日本の生活に追いつけるだろう、という希望を持つようになったのである。中国で、タイで、ベトナムで、インドネシアで、インドで、トルコで、エジプトで、アジアから中近東のいたるところのテレビで記録的高視聴率をあげ、そしていま、これらの国々の経済が大きな躍進をとげつつある。

興味深いことにはこれらアジアと中近東から外れたヨーロッパやアメリカでは、日本でも一部の人々が言ったように、古くさいお涙ちょうだいの通俗作品にすぎないと見られたようで格別の反応があるわけではない。それだけにいっそう、「おしん」に熱狂した地域のアジア的共感というものの重要さが分かるように思われる。

前置きが長くなったが、冨樫森監督による映画「おしん」は、アジアの大衆文化史上に画期的な、この連続テレビドラマの放送三〇周年を記念して作られたものである。内容的には原作ドラマの前半、おしんの少女時代、女中奉公時代を扱っている。寒村の農家の少女で七歳ともなれば、親もとを離れて町の商家に女中奉公に行くのは当然のことだった時代だ。テレビドラマでも最初の山場として評判になった、雪の川をいかだで下ってゆくという、厳しい人生を予感させる名場面をこの映画も美しく再現している。

町の奉公先では骨身を惜しまずけんめいに働くが、心ない先輩たちから盗みの疑いをかけられたおしんは、憤慨してこの家をとび出し、郷里の家に帰ろうとして、山の中で隠れて暮らしている脱走兵に助けられ、彼から文字と反戦思想を教えられる。次には彼女は、ものの分かった大奥様がやさしい心くばりを見せてくれる別の大店《おおだな》の家の下働きに雇われ、周囲の理解を得てますますよく働き、また本も読むという日々に入っていく。

　おしんを演じるのは二五〇〇人のオーディションで選ばれた浜田ここね。どんな苦労にもすすんで取り組んでがんばる昔の少女をけんめいに演じている。ただし、大人の命令に忠実なだけというのではなく、あくまでも正しいことは正しいと主張する毅然とした姿がいい。人権思想などまだまだ乏しかったはずの昔にこんな立派な子どもがいただろうか、というような疑問も浮かばないわけではないが、見ていて、こういう子どもはいた、と信じたくなる。それだけ好感の持てる力演である。

「おしん」

　優秀な子どもが進学できずにつらい奉公の中で自分の進路を模索するという物語は、山本有三の小説『路傍の石』とも共通するが、われわれの父祖を理解するのにこういう物語は繰り返し違った題材で語り直されなければならないと思う。あの時代の児童労働はこういう苛烈なものだったのだ。ただ、この労働から解放されて、もっぱら進学競争ゲームばかりしかできない、いまの子どもが文句なしに幸せなのかどうかは分からない。少なくとも「おしん」の子ども時代はいまの子たちよりも大人びている。大人になるということはどういうことかを教えてくれる大人も周囲にたくさんいた。この映画は原作ドラマ同様、こういう昔の子どもの社会と大人とのかかわり方をじっくり見せてくれる。それはいまのアジアや中近東の社会とも共通するものだったのだと思われる。

「煉瓦女工」(一九四〇年、監督千葉泰樹)

黒澤明監督の夫人はかつて矢口陽子という芸名で女優だった。代表作は黒澤明が戦争末期に作った「一番美しく」(一九四四)で、レンズ工場で兵器としてのレンズ磨きにけんめいに働く女子挺身隊の班長の役だった。この映画のあと黒澤明と結婚して女優をやめたが、彼女がまだ一〇代で主演した一九四〇年の千葉泰樹監督の「煉瓦女工」はさいわいフィルムも残っていて、映画史的に重要な作品だと思う。

というのは、これは当時内務省の検閲で上映禁止になった映画だからである。戦前の検閲の厳しさはよく知られているが、しかし作るほうもそれを承知で許可される範囲を考えてやっていたので、部分的なカットはやたらと命じられたが、作品が丸ごと上映禁止になった例はあまりない。

ではどんな過激な思想が表現されていたかというと、ただ当時の東京にあったスラム街の物語であるというだけで、社会の好ましくない面を扱った不健全な作品だと断定され、部分的なカットではすまされないことになったのだった。

スラム街なので大部分の登場人物は最下層の人たちである。だから、なかには貧乏にうちひしがれている者もいるが、健気に働いている主人公の少女をはじめ、健全な人物が主でなぜ不健全なのか分からない。滝沢修が廃品回収業の在日朝鮮人を演じているが、日本人とは仲よくやっているという描き方である。彼はいつもニコニコしており、検閲当局が神経を尖らせていた差別問題なども影もない。いったいどこが、上映禁止という苛烈な処分を受けるほど検閲官を刺激したのだろう。

主人公の少女が夜間小学校に通っている場面などは、当局は気に入らなかったかもしれない。このスラム街では、子どもたちの多くは工場に行ったり子守りをしたりして昼間は働いているので小学校にも行けない。そこでせめて読み書きソロバンぐらいは学ばせるために小学校は夜間のクラスを開いていて、そこにもう小学生という年齢はとっくに超えているはずの矢口陽子扮する主人公の少女も通っている。信欣三が教師を演じているが、みんながなるべく楽しく学べるようにという工夫で、楽しいお話などをしている。そして、それがなかなかいい場面になっていて忘れ難い。

当時、小学校の授業を夜間にやることなど、文部省は認めていないだろう。教師たちが自発的にやっていたのではなかろうか。戦後の夜間中学だって、制度的にはあり得ないものを、生徒たちの要望に応えた有志の教師たちが融通を利かしてやったのであって、やがて世論の支持も得て公認されるようになったのである。夜間小学校などを描くのはあるいは役所のメンツにかかわることだったのかもしれない。

この映画は敗戦の翌年早々、検閲制度の廃止にともなって公開されたが、まだ映画ジャーナリズムも復興していない時期だったので、以上のような問題点もまともに検討されず、評価もされないで忘れられてしまった。しかしこの映画は、かつての日本にもあったスラム街というものの生活のありようをまともにいまに伝えているだけでも貴重だと思う。

いま若い人たちは、いわゆる第三世界に旅をしてスラム街に驚き嫌悪さえするが、かつては日本にも同じような街があちこちにあったのだということは知っておいていい。そして、そこにも人間的なぬくもりのある人々がいるという描き方をした映画が上映禁止になることがあったということも。

「蜂の巣の子供たち」(一九四八年、監督清水宏)

太平洋戦争の敗戦直前から戦後の数年間、日本の大都市には多くの浮浪児がいた。空襲で家族を失った子どもたちが、地下道や廃屋に住みつき、靴みがきその他の仕事をやったり、物乞いをしたり、時にはかっぱらいなどもやって生活していたのである。もちろん学校へは行かない。彼らを収容する施設はあったが、食糧の乏しさや拘束される不自由さを嫌って脱走する者が多かった。

清水宏監督は敗戦直前に松竹をやめてフリーになっていたが、子どもが好きで、偶然知り合った何人かの浮浪児を引き取って育てていた。金持ちだった彼は、やはり当時失業していた松竹蒲田撮影所の先輩監督である大久保忠素を自宅に住まわせ、彼に子どもたちの家庭教師のような仕事を与えた。そして、この子どもたちを使って映画を作ることを考え、蜂の巣プロダクションを設立した。その同人は清水、大久保のほかは、カメラマンの古山三郎と、戦前にアニメーション映画のプロダクションで働いた経験を持つ助監督の関澤新一だけがプロの映画人であり、あとは素人ばかりである。知り合いだった熱海駅の駅員を二人、鉄道をやめさせて主演の俳優にしたり、カメラの助手にしたりした。オーディションをして多くの人間の中から厳選するというのではなく、清水宏の好みのタイプの範囲内で顔見知りの人々の中から適当に選んで出演者をきめた。清水宏が面倒を見ていた子どもたちは全員出演したが、彼らはまた、照明助手としてレフを持ったり機材を運んだりした。子どもたちはカメラの前で演技するのを面倒くさがり、レフを持つほうに回りたがったそうである。

この映画には、企画の趣旨に賛同した和歌山県の山林地主が出資し、機材をトラックに積んで移動しながら撮影が行なわれた。オール・ロケーション、オール素人の配役による撮影であり、スタッフも監督と助監督ひとり、カメラマンひとり以外は全部素人である。

ストーリーは下関から始まる。戦地から復員してきた青年・島村(島村俊作)は、下関の駅でぼんやりしていた。もともと孤児だった彼には帰る家もない。浮浪児たちが入ってくる列車にとりすがってなにかにありつこうとしている。しかし復員列車にはさしたる獲物もなく、彼らは失望する。引揚者の若い女・弓子(夏木雅子)が、やはり駅の構内にぼんやりしている。どこへも行くあてがないのである。彼らはなんとなく知り合う。島村は浮浪児たちを、自分が少年時代を過ごした施設の「みかへりの塔」へ連れて行こうと思い立つ。弓子は最後の頼みの知人を訪ねてみると言って去って行くが、島村と子どもたちは東の方へ歩き出す。子どもたちははじめは三人だが、旅をつづけるにつれて次第に増えて八人になる。この子どもたちにかっぱらいなどをやらせてピンハネをしていた一本足の暴れん坊がいた。叔父貴

「蜂の巣の子供たち」

(御庄正一)という男である。彼は自分の収入源を奪われたと怒って彼らを追ってくる。こうして、下関から国道ぞいの旅が始まる。

島村は行く先々で仕事をさがし、子どもたちと一緒に働く。子どもたちも働くことを覚える。広島では、原爆の廃墟の中で偶然、下関で別れた弓子に再会する。彼女は広島出身なのである。さらに旅はつづき、島村は子どもたちにタバコもやめさせる。

ある山の中の伐採作業に雇われたとき、義坊という弱い子が病気になる。義坊はどうしても海を見たいという。豊という子が義坊を背負って必死に山を登る。しかし、やっと山の頂上にたどりついたとき、義坊はもう死んでいる。

一行が神戸を通り過ぎるとき、また弓子に出合う。彼女は叔父貴のもとで夜の女に堕ちようとしていた。島村は子どもたちと一緒に彼女を仲間に入れ、みんなで「みかへりの塔」へ行く。

このストーリーは、浮浪児という深刻な社会問題を扱っているにしてはひどく空想的である。当時、復員兵は自分が帰ろうとするところまで無料で列車に乗ることができたが、この島村はなぜかのんびり歩いて行こうとする。なにをやっても食える豊かな時代ではないし、すすんでヒッピーになろうとする若者などは当時はどこにもいなかったのである。みんな食うことに必死だったので、子どもたちが集団で、かっぱらいもやらずに旅ができるのも不思議である。子どもたちを使って、かっぱらいをさせていたやくざのような男が、島村に叩きのめされるとたちまち心を入れ替えて、非行少年の更生施設である「みかへりの塔」まで一緒についてくるというのも、まるでおとぎ話である。

しかし、清水宏にとってはそういうリアリズムの観点から生じるような種類の問題はいっさいどうでもいいことであったらしい。清水宏はただ、さわやかな風景が撮りたかったのであり、快い風景の中を無心に嬉々として歩く子どもたちの姿を撮りたかったのであり、無邪気な童心を通じて見ることによって戦争で荒廃した国土がほのぼのと温かく潤って見えてくる様子を見たかったのであろう。そして、そういう意味においてこの映画はまれに見る傑作となっている。

清水宏は無造作に選んだ素人俳優たちに決して名演技を求めないし、いいポーズをとることも求めない。彼らはいかにも素人らしく、ぎこちなく動き、台詞を棒読みする。清水宏に言わせれば、選ばれた美男美女がいい格好をして、つかえることもなく流暢に喋る劇映画の約束事のほうが不自然きわまるものなのである。彼は俳優がシナリオを読んで自分の役を研究してくることさえも好まなかった。玄人はもちろん、素人でも、シナリオを読めば自分の役が次のシーンではどうなるかということが分かってしまう。すると、どうしても次の場面のことをあらかじめ計算に入れた演技になってしまう。つまり、いまの瞬間をまったく平常な気持ちで演じられなくなる。それが嫌なのだと言っていたという。だから俳優がそうした計算の入った演技をすると、その場で即興的に台詞を変えて、その計算を壊してしまうということさえもした。その結果、登場人物たちは演技意識を極力けずり落とされて、そこに何気なく立っているということになり、演技以前の本人の生地だけが撮られることになる。そして、それが清水宏の指定したカメラ・ポジションによる風景とよくマッチすることになるのである。風景の詩人としての清水宏の資質を人間が邪魔をしてはいけないのである。

とはいえ清水宏は、決して絶景かな絶景かなと言いたくなるような、いわゆるいい風景を撮ろうとはしなかった。とくに凝った構図をねらうわけでもなく、素敵な雲がおあつらえどおりの位置に現れるまで何時間でも待つといったこともしなかった。風景はすべて、好ましい印象のものではあるが、ありふれたものだった。ただ、通りすがりの何気ない印象の中から、ごく自然にいい気分になれる部分と瞬間をキャッチするのに鋭い感覚を持っていた。また、出合った風物に合わせて即興的に演出することにおいて天才的であった。その場の風景に最もよくマッチする行きずりに知り合った人を出演させ、その人に合わせてストーリーを作り、台詞を作ることがしばしばあった。

気に入った風景の中では、こまかい芝居をやるよりも、人物を延々と歩かせたり走らせたりして長い長い移動撮影をやった。豊が病気の義坊を背負って山を登る場面は、そうした長い長い移動が深い感銘を盛りあげた一例である。山の尾根を行く子どもたちを、もう一方の尾根の上下する道から移動で撮るということは、十分な機材とベテランぞろいのスタッフをもってしても技術的に困難をきわめるが、こういうねらいどころでは、清水宏は高度な映画技巧を強行した。

「父 パードレ・パドローネ」(一九七七年、イタリア、監督パオロ・タビアーニ、ビットリオ・タビアーニ)

一般に先進国に分類されている西欧諸国にさえ、地域によっては第三世界と変わりのない貧困があり、貧しい子どもたちがいる。タビアーニ兄弟のこの映画は、一九三八年にイタリアのサルディーニア島の貧しい羊飼いの家に生まれた男の自伝の映画化であるが、彼は小学校にもろくに行かせてもらえず、幼いときから羊飼いの仕事をやらされたために読み書きができない。それで羊飼いの仕事がダメになってドイツに出稼ぎに行こうとしても必要な書類をそろえることもできず、食うために軍隊に入っても無線通信技術の訓練を受けるのに死ぬほどつらい思いをしなければならなくなる。しかしそこで彼は発奮し、軍隊内で戦友から読み書きを習い、独学し、ついには除隊してからも父親の反対を押しきって大学に進学することを決心する。クライマックスで、子どもの頃から父親に殴られてばかりいた彼が、ついに父親に力づくで反抗して家を出て行くところがある。こうして本土の大学を出て言語学者となった彼は、いまは故郷サルディーニアに帰って、農業と牧畜をやりながら著作活動をしているそうである。

　羊飼いといえば、われわれには田園牧歌的な生活というものの原点であるようなのんびりしたイメージがあるが、実際には、まだ六歳にもならないうちから山の中の見張り小屋にひとりで残され、何カ月もそこで暮らし、深夜でも異変に気づくカンを養い、羊泥棒たちから羊を守るという、たいへんな労働なのである。そしてただただ父親に殴られながら必要な訓練を受ける。原作によれば、こうした子どもにとっては最初のひと冬を生きのびられるかどうかが問題であるという。こんな苛烈な状況が、西欧先進国のひとつに数えられるイタリアの大きな島にさえもあり、そこでは、いまやいわゆる先進工業社会では時代遅れのテーマとなったところの、封建的父親の暴力的な権威主義支配に対する反抗というテーマが、じつに生き生きとした映画的表現を生み出す力になっているのである。

「父 パードレ・パドローネ」

　父親に殴られまいとして見張り小屋のまわりを

けんめいに逃げまわる子どもの姿は憐れだが、同時に、この子が、少しも卑屈ないじけたところがなく、自立した羊飼いの一家の主としての父親の誇りの高さを見事に受け継ぎながら、その封建性を否定してゆくところが感動的であった。映画的な表現の純粋さという点でも第一級の傑作である。

「最初の人間」（二〇一一年、フランス・イタリア・アルジェリア、監督ジャンニ・アメリオ）

フランスの作家アルベール・カミュの自伝的な遺作の小説を、イタリアのジャンニ・アメリオ監督が映画化した作品である。見てとても感動した。なにしろカミュといえばノーベル文学賞作家である。有名な『異邦人』はなにはともあれ読むべき作品だと思って若い頃に読んでいるが、じつはなにを言わんとしているのかさっぱり分からなかったという記憶がある。だからなんとなく理屈っぽくてとっつきにくい作家だと思って敬遠してきたのだが、この映画を見てびっくりした。この映画で見ると彼の少年時代はまるで『路傍の石』の吾一少年である。よく分かるどころか共感に次ぐ共感だった。

この作品の主人公はジャックという名前である。彼はフランス領だった時代のアルジェリアに生まれた。彼の父親は第一次大戦で戦死しており、彼はアルジェのフランス人居住区に生まれて育ったが、その生活は赤貧洗うが如きものだった。植民地での宗主国系の人間といえば、現地の人々をこき使っていばって暮らしているというイメージがなんとなくあるが、ここに描かれているのは、母が聴覚障害者で、祖母と母と叔父の大人三人がみんな読み書きのできない最下層の貧民という、かつての植民地の貧民街の暮らしである。

この一家では小学校に通っている子どものジャックだけが読み書きができた。学校の先生が彼の優秀さを愛して奨学金の手続きをしてくれたので、いま彼はジャーナリストから有名な作家になっているが、彼の心はこの貧民街の暮らしに根ざしている。それがどんなものであるかを、この映画はたんねんに描いている。そこが素晴らしい。

小学校を出たら働いて母を助けるつもりだった彼を、母は自分の苦労はいとわず進学させてくれた。祖母はヘンに気位の高い人で、なにかと罰を与えられるので幼いジャックは閉口するが、どこかムキになって生きている人だ。その気位の高さから彼はなにか貴重なものを学んだのかもしれない。少年のジャックはただ黙々と苦労に耐えている母をこの貧民街に残し、自分だけ進学してこの地を離れてフランスに行くのはさぞ心残りだったに違いない。

ノーベル文学賞 アルベール・カミュ、
自伝的遺作、遂に映画化!
最初の人間
追憶の大地、追憶の家族。
私という人間を作った、
すべての愛するものたちよ。

「最初の人間」

いまは第二次大戦が終わって、アルジェリアで独立戦争が起こり、フランスはこれを手離すかどうかが国論を二分している時期。有名な作家になった彼は独立問題に意見を求められてアルジェに帰ってくる。アルジェリア人をよく理解している彼は、アルジェリア人は独立してフランスと平和に共存してゆけると発言するが、そうするとフランスの分離反対派から猛烈な反発を受ける。過激派同士のテロと弾圧の続発の中で、彼は同じアルジェに住みつづける母の安全だけが心配になる。そしてついに、対立する両派から激しくつきあげられて彼はこの問題については発言をやめることにする。それでまた両方から批判される。

そんな彼に、子どもの頃に学校でガキ大将だったアルジェリア人が会いたいと言ってくる。ジャックは幼い頃に彼にいじめられたこともあるが、いまはなつかしい。フランス人は入らないように警告されているアルジェリア人地域に入って行って彼に会う。じつは息子が独立運動の闘士になってテロリストとして捕えられているが、昔いじめたジャックに有名人としての顔を利かして助けてほしい、というのである。ジャックはやってみると約束する。しかしこれは果たしてうまくゆくだろうか。街に出ると爆弾テロであたりは騒然としている状況なのである。

これは半世紀も前のアルジェリア独立戦争のときに、激しく抗争する両派に同じように親身になれる境遇にあったひとりの知識人の悩みを描いた映画だが、ほとんど同じような状況と出来事と悩みはいまも北アフリカから中近東一帯にはいっぱいあるのではないか。

原作者のアルベール・カミュ自身と言っていいかもしれない主人公は、父が入植したあたりを訪ねて、開拓者だった父をしのぶ。「最初の人間」という題は、開拓者としてその土地に最初にやってきた父やその仲間たちを思ってつけたものであろう。最初の人間はこんな民族抗争を予想していたかどうか。もっと純粋に荒地に文明をもたらすつもりだったのではないか。祖母も母も叔父も、自分も、そういう本当にナイーブな「最初の人間」でありたいと思ってきたのに……というのは一観客としての私の解釈であり、感想である。

「黄色いからす」（一九五七年、監督五所平之助）

ブラジルのサンパウロは日系移民の多い土地柄のため、一九五〇年代から七〇年代まで、日本映画の専門館が最盛期には五館もあって、同時期の日本映画がたいてい上映されていた。他の外国では国際映画祭などで評価を得た一部の芸術作品しか上映されないのに、ここだけはチャンバラもホームドラマもやっていたのである。しかもポルトガル語の字幕入りで上映していたために日系人以外にも多くの熱烈なファンが出来た。

そこで国際的にはあまり知られていない作品でありながら、ここでは大ヒットしてロングランになり、のちのちまで日系人以外の一般の映画ファンの間でも語り草となるような作品もあった。なかでもこの「黄色いからす」がそうで、たいへんな評判だったと現地で聞いた。

戦後、長期にわたって中国に抑留されていてやっと帰国した父親（伊藤雄之助）と、この父親になかなかなじめない小学生の息子（設楽幸嗣）の心の葛藤を扱ったホームドラマである。父親は復帰した会社では昇進に遅れをとってあせっており、息子にはつい、いらいらした態度をとるし、母親（淡島千景）も新しく赤ちゃんが出来たりして、以前のように息子と二人きりの緊密な関係は保てない。そんな生活環境の変化を通じて、なぜか息子は黒と黄色だけの絵を描くようになる。黒いカラスを黄色で描き、まわりを黒で塗りつぶしたりするのである。学校の先生（久我美子）はそこに情緒不安定のしるしを見て心配し、なにかと家庭に注意をうながす。

ある日、息子は父親と衝突して家をとび出すが、親しくしている隣のおばさん（田中絹代）の温かい気くばりや両親の反省もあって、やっと息子も両親の愛情を信じられるようになる。そして風景画などもたくさんの色を使って描けるようになる。

五所平之助監督は弱い人や平凡な人の善意を生涯自分の主題として映画を作りつづけた人であり、善良な人が自信をなくしたりいじけたりしながら、身近な人の励ましで元気を取り戻すという物語に秀作が多かった。

「大阪の宿」（一九五四）や「煙突の見える場所」（一九五三）がその意味で代表作であり、そのやさしい人間味豊かなタッチは「黄色いからす」にも発揮されていて、サンパウロでの評判もうなずける。淡島千景の母親の心配ぶり、田中絹代のおばさんの愛情などはとくに印象的だった。

ところでこの映画の「黄色」の意味について生前に五所監督が私に語ってくれたことがあった。五所さんは大店の主人だった父親の庶子だったが、幼い頃に父の嫡子が亡くなり、跡とり息子として父親の家に迎えられることになった。そのためのお披露目の儀式があって父親の家に行くと、まず親戚の人から、今後は別宅（妾宅）に残っている実母をお母さんとは呼ばないように、と言われた。五所さんが悲しくなってそこに並べてあったカツ丼を蹴とばし、庭を見ると一面に黄色い花が咲いていた。だから以後、私はカツ丼を食べないし、黄色は私の色なんです、ということであった。

そんな黄色へのこだわりがこの作品にとってプラスだったかどうかは微妙なところだ。色彩心理学などなしでもこのストーリーは十分に成り立つからである。しかし無視するように言われた実母のために悲しんだ幼い心は、薄幸の女性や苦労のみ多い女性への強い共感に結晶して、確実に五所平之助を、かわいそうな人々への共感の映画の巨匠にしたのだった。

第3章　戦争の時代

「二十四の瞳」（一九五四年、監督木下恵介）

昭和のはじめ、瀬戸内海の小豆島の岬の小学校の分教場に大石先生という新卒のおなご先生が赴任してきて、一二名の新入生の受け持ちになった。以後、先生が本校に移ってからもずっと、教え子たちとは心の通い合う本当の師弟関係がつづいた。しかし軍国主義が学校教育を支配する時代になると大石先生は心にもない教育はしないために教師をやめた。そして次々に戦場に行く教え子たちを悲しく見送った。戦後、夫を戦場で失った大石先生はまた岬の分教場で教えることになった。そして戦死した教え子たちを想って涙にくれるのだった。

この映画が一九五四年に大ヒットしたときから、高峰秀子の演じた架空の人物である大石先生は日本の教師の理想像と見られるようになった。実際彼女は、子どもたちと心から喜怒哀楽を共にすることができる資質と能力において卓越しており、それだけで教師として最高であると言うことができる。

しかし彼女は、平和を愛する心を持ちながら、教え子を戦場に送ることを止められはしなかったし、平和思想を教えることもできなかった。ただ、軍国主義教育をやるくらいなら教師をやめるほうがマシだと考えて辞職しただけである。だから彼女は教え子が戦場へ行くのを悲しく見送るだけである。

だからこの映画はひたすらセンチメンタルなだけである。反戦映画としてはごく微温的で限界があると言わざるを得ない。ただ、大部分が戦争に反対しなかった日本人は、この程度の反戦的な気分なら自分も持っていたような気がする、と思ってこの映画を見て大いに泣いた。老若男女、知識人から大衆まで、思想的立場もあまり関係なく、大石先生の戦争を悲しむ心に共感したのである。その意味でこれは、第二次大戦後の日本人の反戦平和的な気分を大きく統合し、そのシンボルともなった映画だった。

この映画は外国では感傷的でありすぎるとしてあまり評価されていない。ただ中国では公開されて一九五〇年代の最も有名な日本映画となった。のちに中国映画の巨匠となるシャ・シンなど、この映画に感動して一冊びっしりノートをとって研究したという。あの戦争で鬼のように思えた日本人もじつは密かに泣いていたのだというということが、中国人には衝撃的であったようだ。

「二十四の瞳」

「少年期」（一九五一年、監督木下恵介）

教師と生徒のつきあい方をテーマにした映画で、私が最も感動したもののひとつに、波多野勤子原作、木下恵介脚本監督の「少年期」がある。原作は当時ベストセラーになっていたもので、心理学者である母親が息子と交わした往復書簡集であった。愛情あふるる文章として評判になる一方、同じ家に住みながら手紙のやりとりをするなんてヘンな母子だ、という皮肉な書評もあったことをおぼえている。たしかに変わった母子かもしれないが、われわれは親しい間柄であればあるほど情緒的な話し合いしかできず、きちんとした筋道だった話をやりにくいという心理的な傾きを持っているので、ふだん面と向かって口に出しては言わないような内省的なことを手紙にしてやりとりすることもいいことかもしれない。

木下監督は、母と子が手紙で互いの考えを述べ合うという原作の形式は無視して、この原作からひとつのストーリーを作りあげた。家族の愛情を、しっとりとしたスキンシップ的な感触で描くことを得意としていた木下監督としては、やはり手紙のやりとりというのはよそよそしすぎたのであろう。

これは第二次大戦中の少年の気持ちを描いたものである。空襲がひどくなってきている時期の東京の山の手の住宅街から、大学教授の一家が信州の田舎に疎開することになる。しかし中学生の長男だけは学校があるので東京に残ることになる。この少年を演じた石浜朗は、このあと松竹の二枚目スターになるが、この映画のオーディションで木下監督がまったくの素人から採用した主役だった。育ちのよさそうな優等生ふうの雰囲気を持っているが、ひどくなよなよとしていて、いつまでたってもお母さんの甘えっ子という感じでもある。あの軍国主義時代には、中学生などはみんな学校では小さな兵隊のように気合いのかかったふるまいを要求されていたので、こういうなよなよしたタイプは学校では居心地が悪かった。なにを隠そう、私自身がそういうタイプだったからよく分かるのである。じつは私がこの映画をかくべつ好きなのも、同病相憐れむような気持ちが作用していたからかもしれない。

案の定、少年は、学校では軍事教練などでさんざんしぼられる。少年が好きだった若い文学好きな教師は召集され戦場に行ってしまう。少年は疎開している母から、空襲警報が出たらすぐお母さんのところへ来なさいと言われているので、空襲というとすぐ駅へかけつけ、満員電車で信州へ行く。当時の感覚からするとかなり意気地なしである。しかし周囲からどう見られようと、この戦争の中では母と子の愛情をなにより大事にしようという母親の信念はゆるがない。そこには単純にわが子が可愛いという以上に、軍国教育なんかより、いつ空襲で死ぬか分からない肉親の結びつきを一刻一刻確かめつつ生きることのほうがずっと価値があるという、戦争に批判的な知的な母親の理性的な判断が含まれている。

「少年期」の主人公は、どうせ空襲のたびに学校を休んで田舎へかけつけるのなら、いっそ一緒に疎開してしまったほうがいいということになって、田舎の中学へ転校する。

この田舎の中学校で、少年は同級生からさんざん意地悪をされる。東京から来たなよなよした秀才タイプに対する田舎の粗暴な少年たちの反感というのは、これもまた、田舎者の私にはよく理解できるところだ。田舎者としてはスマートな都会の人に対する劣等感を晴らすために、多数をたのんで粗暴なほうが男らしいという無意味な主張を思い知らせたくなるわけだ。

少年は、同級生の策略にひっかかって、知らずに教師のアダ名を大声で言ってしまい、こんどはその教師から意地悪をされる。スケートの練習で、スケートなんかできない彼がいつまでも練習をやらされるのである。少年も意地になって、ひとりでいつまでも口惜し涙をかみしめながら転びつづける。

この場面で私は少年飛行兵の頃の経験を思い出す。あの頃、勝ち抜き相撲の代わりに負け抜き相撲というのがあって、負けた者は勝つまで次々と新しい相手と取り組まなければならないという相撲をよくやらされた。二度、三度と負けがつづいて疲れるとあとはもう果てしなく負けつづけて、まるでなぶり者にされてしまう。弱かった私は、よくそうしてなぶりものにされた。ひどい時代だった。もっとも、あれは必ずしも時代のせいではなく、誰かをなぶりものにすることによって秩序が保たれるという、容易に変わらない日本の社会の体質のようなものがあるのかもしれない。

「少年期」の母親は、なぶりものにされている息子を見て、教師のところへ行って誤解を解いてもらう。数日後、少年が例によって硬派の乱暴者たちにいじめられているところに、その先生が通りかかり、少年を助けてくれる。少年と先生と、一緒に田舎道を歩きながら、はじめてうちとけた話をする。先生は少年が自分のアダ名を言ったことから誤解していたことを暗にわび、教師といっても買い出しなどに歩いてみじめなものだという生活を率直にさらけ出す。

この先生を演じたのは俳優ではなく助監督だった二本松嘉瑞《にほんまつかずい》だがじつに名演で、凡庸で権威もない、しかし自分の狭量さを恥じることのできる正直な人柄の教師をいい味で見せていた。熱血先生もいいが、生徒の前で自分を恥じることのできる先生のほうがもっといい。木下恵介はこういう思いやりや気遣いを描くのが本当に上手な監督で、こうして仲直りした教師と少年が互いにテレながら野道を歩いてゆく場面のよさといったらなかった。

後年私は、この場面を改めて鮮明に思い出す機会があった。福岡で行なわれたアジアフォーカス福岡映画祭でアモール・パーレーカル監督のインド映画「青いマンゴー」(一九九九)を見たからである。

「青いマンゴー」

この作品では、まだ小学生の女の子が、母親が亡くなったために田舎の叔母さんに引き取られて、そこの小学校に通うようになる。教師はひとりだけで校舎らしい校舎もないような学校である。この先生はこの都会からの転校生が詩の朗読などが得意であることを知って喜んで、自分で教科書を朗読して聞かせて同じように朗読しなさいと言う。ところがあいにく先生は少々吃音であるうえになまりがひどいのだ。少女は先生の吃音となまりまで、そっくりまねして朗読してしまう。べつにからかったつもりではなく、子どもらしい無邪気さでついそうなってしまったのだ。生徒たちはどっと笑うし、先生も一瞬、本当につらそうで悲しそうな表情になる。少女もしまったと思う。

あとで先生は少女に放課後ちょっと残るように言う。それで叱られるのだとばかり思っておどおどして残っている少女に、先生はしみじみと自分を語る。自分のなまりは母親ゆずりだ。母親は貧しく学問もなかった。しかし自分にとって母のなまりはかけがえのないものであって恥ずかしいとは思わない。人は自分にとって大切なものを持つべきだし、それを誇りにしよう。君はいい文章が書けるから、どんどん書きなさい。そんな意味のことを真情あふるる吃音でとつとつと言う。生徒に教えるというより精一杯自分を正直に語るのである。一見気弱そうなこの先生が、このとき本当に素敵な人に見える。そして、あ、同じように生徒に対しても恥じらいを持って自分を正直に示すことのできるいい先生を木下恵介の映画で見たなぁ、と限りなくなつかしく思い出したのである。

映画「少年期」で田村秋子が演じた母はほとんど過保護のように見え、少年も母に甘えきって、困った問題はなんでも母に解決してもらって自分ではなにもできないように見えるが、私だってあの年頃には似たようなものだった。

小学校高等科の夏、遠泳の練習グループに入れられて、溺れるんじゃないかという恐怖にとりつかれ、それでも自分ではこのグループから外してくださいとはとても教師に言えず、母に頼みに行ってもらったことがある。また小学校を出て鉄工場の鋲打ち場に勤め、その騒音に辟易してやめたときも、自分でやめさせてもらうことができなくて、母に手続きをとりに行ってもらった。私は小学校を出て以来、ずっと給料を貰う生活をつづけ、若くして自立して努力を重ねてきた。人一倍自立心の旺盛なしっかりした少年だったように見られることが多いが、少年時代はやっぱり、困ったことがあるとすぐ母親の後ろに隠れてしまう甘えん坊にすぎなかった。

「少年期」の少年もこんなふうに頼りない甘えっ子であり、地元連隊の連隊長の息子の軍国少年にいじめられたりして、軍国主義思想の影響はとっぷりと受ける。自分たちが一日も早く戦場に行って戦わなければ祖国は敗れるのではないか、という危機感に襲われるのである。

ある日、連隊が演習の途中、少年たちの疎開している村に分宿し、翌朝早く整列して出発してゆく。少年は早起きしてそれを見送る。兵隊たちが小隊ごとに整列してラッパを吹いて行進してゆく様子を、少年が畑のわきでただ黙って見送っているだけという情景が延々と映し出され、やがて少年が涙ぐんでくるところまで見せていたが、この少年はあの頃の俺とまったく同じだ、と私も涙ぐんだ。

「少年時代」（一九九〇年、監督篠田正浩）

太平洋戦争末期に、東京から富山県の田舎に疎開していった小学校五年生の少年と、彼を受け容れた小学校のクラスの少年たちとの物語である。当時、田舎に親戚がない大都会の子たちは教師に引率されて集団で田舎に行き、食糧不足などで悲惨な経験をした場合が多かったのだが、さいわいこの物語で東京から富山県の村に行く進二という少年は、祖母と伯父夫婦の家が豊かそうな農家で食糧には困らなかったし、大人たちはみんな心の温かい人たちで、多くの学童疎開経験者たちのように愛に飢えて耐え難いほどの郷愁に悩まされるということもなくてすんだ。その点でこれは、戦争を回顧していながら意外に悲惨さのない、むしろ子どもらしい元気のよさと明るさとにあふれた楽しい映画である。ではこれは、ただ面白いだけの映画かというととんでもない。見ていてじつに面白く楽しいが、同時にひどく深刻な映画でもあるのだ。容易に一致し難いこの両方の要素が矛盾なくあっさり両立している点が素晴らしいし、たいしたものである。傑作である。

進二は食糧にも愛にも飢えなかった。ある意味ではむしろあり余る愛を得た。それで困った。なにしろ東京の良家の子で利発な優等生タイプである。田舎の子たちから見るとまぶしいばかりの存在なのである。新たに同級生になった田舎の子たちは彼のことが気になってならない。まるでETでも迎えるかのように、「東京もんが来たぞ！」とどよめくようにして迎えるあたりからして面白い。はたせるかな、この東京もんは田舎の子があまり読んでいない雑誌の『少年倶楽部』とその系統の小説に精通していて、聞けば『快傑黒頭巾』でも『怪人二十面相』でも、こたえられないほど面白い話をどんどん話して聞かせてくれるのだ。もっとも、この東京もんとしては、文明を遠く離れて未開の地にやってきたような気持ちで、この得体の知れない未開人どもの機嫌を損ねたらひとたまりもなくいじめ地獄につき落とされるであろうことを百も承知で、必死になってサービスに努めているのである。そしてサービスは申し分ないはずなのに、それでかえってうまくゆかない。

じつはこのクラスに武というガキ大将でもあり級長でもあるすごい少年がいて、彼が進二のサービスを独占しようとするのだ。進二としてはみんなに公平にサービスしたいと思うし、ガキ大将にだけゴマをするなんてエリート・インテリ少年としてのプライドが許さないのだが、そうすると腕力抜群の武から無茶苦茶にいじめられる。武は必ずしも東京もんに劣等感や反感を持っているために進二をいじめるわけではないらしい。井の中の蛙かもしれないが、彼は彼なりにガキ大将兼級長として絶大な自信を持っていて、当然のことのように独裁者としてふるまい、独裁者として進二を最愛の側近にしようとするのだ。だから思うようにならないといじめるが、むしろそれは常軌を逸した愛なのだ。あるとき進二が、東京からの荷物を受け取るために町に行く。その町には武や進二たちの小学校を敵視する子どもたちがいるなんてことは知らない。進二が町に行ったことを知った武が、悪漢どもの群れから弱い恋人を救おうとするヒーロー

「少年時代」

のように、勇躍して自転車で町へかけつける場面、そして進二を救出した武が写真店に行って進二と一緒に記念写真を撮る場面は素晴らしい。進二にとっては有難迷惑な愛であっても、これはたしかに一種の愛なのだ。

しばらく欠席していた副級長の須藤という少年が学校に出てくるようになって、事態は大きく転換する。地主の息子で一見虚弱でひかえめにふるまっている須藤は、じつは密かにクラスの連中を手なづけていって機を見てクーデターを起こし、武に集団でリンチを加えて一気にボスの座を奪う。須藤を新たなボスとして認めないと自分に危険が及ぶと分かっている進二は、須藤にうながされてみんなの前で武を殴る。他の同級生は独裁者を打倒できて快哉を叫んでいるが、進二にとってはボスが変わったからといって、新しいボスの命令で前のボスを殴るということの節操のなさ、恥ずかしさは耐え難いものがあるだろう。

これは子どもの世界の話だが、ほとんど大人社会の政治の縮図である。ただ、大人たちがやるとずっと醜くみっともないことが、子どもの世界の話であるためにむしろ一種の清潔さと凛々しさを感じさせる素晴らしいドラマになっているのである。みんなに殴られてボスの座を奪われた武は、傷だらけになって足を引きずりながら、理由は親にも教師にも言わず、黙々と学校に通う。クラスではいじめの対象にされてしまうが、進二が裏切ってすまないという気持ちで声をかけると、武は「俺はかわいそうじゃない！」と言って断固同情を拒否する。敗れても王者、みっともない真似だけはできないという、いさぎよいサムライの心境らしい。

身の安全のために武の保護を受け、またすぐ、同じように身の安全のために須藤に従って武を裏切らなければならなかった進二は、その能力によって実力者に雇われ、実力者の交替によって自分の立場も変えてゆく知識人テクノクラートの原型のような存在である。強い奴が勝つ、知恵と組織力のある奴がさらに勝つという単純な法則で動いていた素朴な社会に、ひょいと、ずっと洗練された高度の情報を持った奴が入り込んできたために、それなりに単純に安定していた社会に波乱が生じ、高度の情報を持った奴を奪い合うというかたちで動乱が加速された。そう見るとこの映画は、可愛い無邪気な罪のない子どもたちの物語でありながら、その範囲を超えてあの戦争の意外な側面を意外な角度から明らかにした政治的な物語として新鮮な輝きをおびてくる。

あの戦争は日本の社会の秩序を大きく変えた。軍部独裁の体制が打倒されて民主主義になったのだが、この民主主義というのが、理念としての美しさに実質がともなってはいなかった。武が軍部独裁みたいな少年だとすると、クラスの総意を結集してこれを打倒した須藤は民主主義ということになるのだが、これが民主的リーダーという理想主義的なさわやかさなんてどこにもない陰謀家ないしは権謀術数家タイプで、新しい体制では自由や平等など実現されず、こんどは須藤をボスとする新たな独裁体制になってしまう。このクラス革命ないしクーデターは、日本の戦後改革を待たず、敗戦さえも待たずに早々と実現したわけだが、なんとまた鮮やかに戦後の日本の改革の基本的な枠組みを先取りしていることか。このクラス革命に知識人である進二は苦悩しながら、結局はただうまく立ち廻って自分の安全を確保しただけである。そう、大多数の日本の知識人がそうであったように。と、まあ、この物語は通常の子どもの物語の範囲を超えて大人の社会の模型になっている。

もっとも、子どもの世界が大人の世界の模型になっているというだけなら、ただ面白いと思うだけで感動はしないだろう。ところがこの映画には感動させられる。武の進二に対する愛が強烈で、それが大人の世界の覇権争奪にも似た物語に一種の清潔さを与えているからである。藤田哲也という子役の演じる進二は、いかにも都会の知的な家庭の子らしくさわやかな理知的なタイプで、ひなびた田舎に現れたらみんなの憧憬の視線を集めずにはおかないであろうと思われる美しさを持っている。クラスのみんなにとっては彼が現れたことによってカルチャー・ショックが生じたのだ。たいていの田舎の少年たちはしかし、東京もんはやっぱり俺たちとは違う、と思ってただ面白い話を聞かせてもらって喜ぶだけであるが、級長としての誇りを持っている武はそれだけではおさまらないのだ。武が進二に執着するのは、たんに進二が美少年であり、自分が豪傑タイプで似合いだというだけでなく、進二には田舎にはない文化が身についており、進二は文化そのもの、あるいは文化の表象であるからであろう。武は進二を独占することで文化をわがものにしたいのであり、それがほとんど同性愛みたいな感情に一気に結晶してしまったのだろう。つねに警戒と距離を置いた気くばりを忘れない進二の態度にいらいらして、それが武を錯乱させている風情もある。武を演じる堀岡裕二が素晴らしい。武骨でプライドがあって見事な風格を持っている。凛としていて悪気がなく、独裁者ぶりは幼いヒロイズムの過剰な発露であり、進二に対するいじめも過剰な愛から来るものであることが鮮やかに分かるから、彼が挫折から雄々しく立ち直って幼いヒロイズムや錯乱気味の友情を克服し、素晴らしい青年に成長してくれることを期待しないではいられない。だから、戦争が終わって進二の母親が東京から迎えに来て彼があたふたと東京に帰ることになったとき、他の少年たちに疎外されて駅には見送りに来られなかった武が、走る列車を追って来て高く手を振るとき、これはいかにもありきたりな定石のエンドだと思いながら、見事にその起承転結がツボにはまったことにまったく満足してしまうのである。柏原兵三の小説とそれを漫画化した藤子不二雄Aのよい原作、山田太一の脚本、篠田正浩の演出、鈴木達夫の撮影、木村威夫の美術、その他、どの点でも入念で、秀作だと思う。

「母《かあ》べえ」（二〇〇七年、監督山田洋次）

これはすぐれた映画を数多く作ってきた山田洋次監督の作品の中でも最高の傑作だと思う。親しみやすいホームドラマであるが、本当に心を打たれるし、泣きながら笑える。

描かれているのは主に昭和一五年から一七年にかけての東京のどこかの住宅地での野上という一家の暮らしであり、それにいくからの後日譚がそえられている。

あなたがいたから、
すべてを愛せる。
母《かあ》べえ
監督 山田洋次　主演 吉永小百合
「母べえ」

野上家――そう、原作者は野上照代。黒澤明監督のスタッフの一員として長年監督を補佐したことで映画界ではよく知られた人である。この物語は彼女がまだ小学生だった頃に彼女の家で起こったことなのである。この家ではお父さんを父《とう》べえと呼び、お母さんを母べえ、長女を初べえ、次女を照べえと呼んで、和気あいあいと暮らしていた。家も二間だけの小さいものだし、文字どおり肩を寄せ合うような庶民的な暮らしである。そのなごやかさがじつにこまやかに楽しく描けていることがこの映画のいちばんいいところである。

ただこの一家が他の家とちょっと違っていたのは、ドイツ文学者である父べえが当時の政府の批判を書いて警察に連れて行かれてしまうことである。日中戦争が泥沼化し、やがて自滅的な太平洋戦争に突入してゆく時期である。父べえは信念をもって戦争反対の主張を貫き、そのために拘置所から帰してもらえない。だから残された母べえは二人の子どもをかかえて日々の暮らしに悪戦苦闘しなければならない。

というと、よくある立派な母親の子育ての賛歌のようであり、まさにそのとおりでもあるのだが、この映画が素晴らしいのは、その範囲をさらに大きく超えて、かつての日本社会に広くあった人情によるつながりを描いていることである。

父べえの教え子のひとりに山崎君、通称を山ちゃんという青年がいて、恩師の逮捕を聞いて早速かけつけ、男手のなくなったこの家族のために、なにかと献身的に働いてくれるし、父べえの妹も助けに来てくれる。ここまではまあ身内の協力だが、面白いのは近所の炭屋の親父さんで隣組の会長をしている人が、なにかと親切にしてくれて、母べえに小学校の代用教員の仕事まで世話してくれることである。この親父さん、べつに山ちゃんのように父べえの思想に傾倒しているわけではなく、ふだんはアメリカやイギリスと戦争しなきゃあダメだみたいなことを言っている、ごくごく普通の庶民なのだが、普通の庶民の人情としてこれだけのことはやってくれるわけだ。

他にも、ちょっとだけ出てくる人に人情をよくわきまえた人が少なくない。父べえの恩師の偉い学者は訪ねていった母べえに冷たい態度をとって母べえを憤慨させるが、居合わせたその奥さんは、なにかと気を遣って、一緒に行った幼い照べえにわざわざ貴重なカステラを土産に持たせてくれる。田舎で警察署長をしていた母べえの父親は娘婿が思想犯だというのであわてふためいて母べえにつらく当たるが、その父の再婚相手がやはり人がよくて、一緒にいる照べえの心が傷つかないように気を遣ってくれる。

さらに親族の間で持て余し者になっている奈良のおじさんという人がやってきてしばらく図々しく居候をきめこんで、その下品な言動で純情な初べえを困らせるのだが、この厄介者にもいいところがある。街角で軍国主義の尖兵となった怖いおばさんたちが、ちょっとおしゃれな服装をしている若い女性の通行人などに「ぜいたくはよしましょう」と言ってさんざんいびっていると、奈良のおじさんは困っている若い女性たちを助けて、この怖いおばさんたちを痛烈にやっつける。

母べえの吉永小百合が彼女のいちばんいいところを見せているだけでなく、父べえの坂東三津五郎、山ちゃんの浅野忠信、おばさんの檀れい、初べえの志田未来、照べえの佐藤未来など、みんないいし、いま述べた奈良のおじさんの笑福亭鶴瓶、母べえの父親の中村梅之助とそのつれあいの左時枝などがまた、要所要所で腕によりをかけた演技で切なくも面白く笑わせてくる。あの暗い時代をわれわれはこういう人情で生きた。暗さの中にあった小さな希望のかずかずが生きた具体的なかたちで表現されている。これは滅多にないことだ。

「少年Ｈ」（二〇一三年、監督降旗康男）

「少年Ｈ」は、日本映画の中でも私が最も強い感銘を受けた作品である。その理由ははっきりしている。日中戦争から太平洋戦争にいたるあの戦争の時代に、国民の大多数が心に深い不安を抱きながらも軍国主義に従っていたなかにあって、その大きな流れにはっきりと正しい批判を持ち、迫害されて困っている外国人に親切にしてあげていた人がいたという驚きと喜びである。しかもそれが洋服の仕立屋さんというごく普通の庶民で、子どもにも自分の考え方をきちんと語り、それで軍国熱に浮かされている周囲の人たちと不用意に争わないですますにはどうしたらいいだろうかということまで、正直に話し合っていたということである。

私は昭和五年の生まれである。つまり少年Hと同じ年齢だ。育った環境もまあ似たようなものだった。しかし私の知り得た範囲には、当時「少年H」で水谷豊が演じたこの父親のような、まっとうな精神を毅然として保っている大人は見当たらなかった。だから「少年H」は違うんじゃないか、というのではない。もしそんな人が当時の日本にまったくいなかったとしたらこの世は闇で救いようがない。きっといたに違いないが、とくに反戦活動をしたというわけではないから、自分ではあえて言わなかっただけなのであろう。そういう、いたはずだけれど見えなかった人にやっと会えたのだ。だからもう私は本当に嬉しい。

この映画を見たあとで、原作者の妹尾河童さんと電話で話し合う機会があった。そこで私は、自伝とはいえ一応は小説というかたちをとっている原作が、どこまで事実なのか聞いた。そしてこれはほぼ事実であり、とくに水谷豊の演じたお父さんの妹尾盛夫など、姿かたちから人柄の印象までよく似ていると聞くことができて、本当によかったと思う。やはりこういう人は実際にいたのである。

場所は外国人の多い神戸である。お父さんはその外国人たちから仕事を頼まれることの多い洋服の仕立屋さんだった。それで頼まれて、ヨーロッパから逃げてきたユダヤ人たちに親切にしてあげないわけにはゆかないようなこともあった。だからお父さんには外国人に対する偏見がなく、排外的な軍国主義に惑わされないように子どもたちを導くことができた。でも、もともとお父さん自身の人柄がよかったのだということを、水谷豊はじつに自然に表現している。

妻が熱心なクリスチャンだったことが、お父さんの人道的な行動の大きな支えになっている。ただ伊藤蘭の演じるこのお母さんが、宗教上の信念によるものとはいえ、あまりに楽天的にふるまうところに、お父さんが時流に気を遣ってちょっとハラハラしている風情でもあるあたりが、当時の世相をよく反映させた芸のこまかいところである。

こういう家庭環境で主人公の少年Ｈは明るくのびのびと育っている。Ｈは肇の頭文字でセーターにそう刺繍されている。演じるのは吉岡竜輝。素直な演技である。少し明るすぎるかもしれない。その明るく自由主義的なところが、やたらと暗かった当時の学校ではなにかと周囲とのトラブルを引き起こす。たとえば彼の持っていたニューヨークの絵ハガキを友達がうらやましがる。そして友達がそのことをみんなに言ったことから、Ｈは敵国アメリカのスパイだと言われそうになる。そこで彼は友達と喧嘩しようとするが、お父さんは心配

「少年Ｈ」

して彼に事情を聞き、友達をうらやましがらせるようなことはしないほうがいいと諄々《じゅんじゅん》とさとす。相手の気持ちの動きを考え、時代の状況も説明して軽はずみをいましめる。じつに慎重で行きとどいて立派なお父さんである。こんな立派なお父さんがあの時代に本当にいただろうかと普通なら考え込んでしまうところだが、水谷豊の、息子を心配している真情あふるる表情を見ていると、なんだか当然のように、ものの分かったお父さんならこんなふうに息子をいさめるに違いないという気がしてくる。こういうお父さんこそほしかったし、いたはずだ。いたに違いない、という気持ちになってくる。そういう意味でこの場面など圧倒的な力がある。

ここで私はとつぜん自分の当時のことを思い出した。私は小学校卒業のとき中学の入学試験に落ち、その口惜しさをはね返すために少年飛行兵を志願することにきめた。試験に落ちたのがどうやら愛国心を疑われたためらしいと知ったことへの反発だった。そのとき私の母は兵隊に行くことはやめてくれと言って泣いた。私は母の涙をふりきって少年兵に行った。母に反戦思想があったわけではない。ただ、すでにもう二人も息子を兵隊にとられていて、本当に心配だったのだろう。この母が日中戦争の初期の頃、近所の噂を聞いてきて恐る恐る話したことがある。戦場から帰還した近所の兵士が、「戦地ではゴロツキと変わらないことをしている兵隊もいる」と言っている、という話だった。残虐行為などについては絶対的に秘密にされていたから国民は軍国主義に疑問を持たなかったのだが、じつは耳をすませばそんなヒソヒソ話はどこからか聞こえてきたし、家庭の中でひっそり行なわれていた親子の愚痴っぽい問答こそが真実だったのだ。新聞やラジオや学校が真実として言っていることより、家庭の親子の会話にこそもっと重大な真実があるということに、私たちは自信を持っていなかった。

じつはいまでもそれはそうなのではないか、ということに、「少年Ｈ」は改めて気づかせてくれる。

戦争は末期になると洋服の仕立ての仕事も少なくなっただろうし、徴用といってどこかの工場に連れてゆかれる恐れもあって、お父さんは消防署に入る。体力的には華奢なお父さんがその訓練でヘトヘトになる様子など、本当に気の毒だ。じつに頼もしい人生の教師に思えたお父さんが、戦後の焼跡の暮らしの中では少年Ｈの目には少し頼りなくも見える、というあたりも心を打たれるところである。少年Ｈがそれだけ成長したということでもあるだろう。頼りになる存在から、自分が守ってやらなければならない存在へと親の見方が変わることが、日本では子どもの成長のいちばん自然なあり方であるようだ。そういう人情の機微をさりげなく登場人物たちの態度ににじみ出させるというあたりは、大ベテランである降旗康男監督のうまいところだ。水谷豊はかつて小津安二郎の名作「父ありき」（一九四二）で笠智衆が演じた父親以来の、心から敬愛できる父親像の名演を見せている。それとこの作品では中澤克巳の美術が素晴らしい。私は戦時中の神戸を知っているわけではないが、かつての都会の下町の風情がとてもよく、それが空襲で失われてゆくことが本当に切ない。

第4章　童心の世界

「長くつ下のピッピ」（一九七〇年、スウェーデン・西ドイツ、監督オーレ・ヘルボム）

スウェーデンのどこか、小さな田舎町の町はずれの「ごたごた荘」という家に、長くつ下のピッピ（インゲル・ニルセン）という女の子がひとりで住んでいる。原作によれば、彼女は一〇歳で世界一強い女の子である。彼女のお母さんはずっと前に亡くなったし、船乗りだったお父さんも海の中にふきとばされて行くえが分からない。つまり孤児である。しかし、どういうわけかピッピは、誰の助けも借りないでひとりで陽気に楽しく暮らしており、学校へも行かない。

映画は隣家の男の子トミーと、女の子アニカが、ピッピの留守にごたごた荘にやってきて、ピッピのためにケーキを焼いていると、焼けすぎてカマドからモクモク煙が出る場面で始まる。「小父さん」という名の馬で大自然の風景の中から帰ってきたピッピがそれを見て、びっくりして家にとび込み、ホースで台所に水をぶちまけるとトミーとアニカがびしょ濡れになってしまう、という大さわぎ。この最初の場面から、なかなか威勢がいい。

翌日、トミーとアニカが、自宅で、「家出」という本を夢中で読んでいて、ママの言いつけを聞かなくて叱られる。「そんなに叱るんなら家出しちゃうから」と、トミーが口答えすると、ママは「できるものならやってごらんなさい」と言う。「そんなら本当にやっちゃうから」とトミー。そしてトミーとアニカは本当に家を出ていく。ママが心配していると、そこへピッピがやってくる。そして「私がついて行ってあげるから心配ないワ」と言う。「そうね、じゃあ頼んだわ」とママ。こうして、ピッピとトミーとアニカの三人組は馬の「小父さん」と一緒に楽しい家出旅行をする。

はじめはまるでピクニックである。野いちごを食べたり、教科書でしか見たことのなかった穴熊を見たり、白樺の林、お花畑、湖……、北欧の夏の大自然は美しい。ところが、夕立ちにあって雷が鳴ると、「小父さん」は逃げてしまう。やっと一軒の空家を見つけて雨宿りをすると、ひとりの大人がバイオリンの弓で鋼のノコギリの背中を弾いている。これはバイオリンとはまた違った面白い音が出るのである。このおじさんは行商人で、世界一よくくっつくノリを売っているのだという。そのノリを靴につけると家の天井をさかさまに歩ける。ピッピは大喜びで天井をさかさまに歩く。

翌朝、一行はこのおじさんと別れて旅をつづける。ピッピのやることなすことはいちいち奇抜である。断崖絶壁をロープで下って、トミーとアニカが足をふみすべらせて宙吊りになると、ピッピが断崖でひとりで支えて楽々と下へおろしたり、樽の中にピッピが入って川を下ったり、それでトミーたちとはぐれると、車輪のない自転車に乗って二人をさがしたり。通りがかりの人たちが、車輪のない自転車でピッピが行くのでびっくりしてふり返るが、ピッピは平気。トミーたちと再会して自転車をほうり出すと、アニカが「車輪のない自転車でどうして走れるの?」と聞く。するとピッピ、「あらそう。知らなかったワ」。

万事こういう調子で、ピッピが二人を無事彼らのパパとママの家に送りとどけるまでの空想的な冒険旅行物語である。子どもの空想に即した飛躍した物語を、トリック撮影をふんだんに使って展開していくというのは、ディズニーの映画などでもよく見られて、べつに珍しいことではないが、この映画の面白さは、なんといっても、世界一強い女の子、というキャラクターの設定にあると言えよう。強い女の子、というのはあんまり聞いたことがない。しかし、女の子が強くたくましくてどうしていけないんだろう。

これは、しかし、たんなる逆手の面白さというのでもないと思う。ピッピが、子どもなのに誰にも助けられずに「ごたごた荘」でひとりで暮らしている、ということに注目しよう。スウェーデンという国は個人主義が世界でもいちばんぐらいに徹底している国らしく、それだけに、人々は孤独なようである。そういう状況は、イングマール・ベルイマンの映画などにはよく出てきて、孤独な女がひとりで悶々と悩んでいるというような映画がしきりに作られる。「長くつ下のピッピ」はそういう国柄だからこそ、そこで作られる必然性があったのではあるまいか。強い、というのは、ただ力が強いという意味だけではない。孤独に耐える、心の強さ、ということでもあるのだ。

スウェーデンのような国では、児童文化の中にまで、そういう問題が入ってきている。そして、これは、決してスウェーデンだけの問題ではなく、近代化によって人間関係がどんどんバラバラになってゆくすべての先進国の共通の問題であるのだ。一見、ただお茶目に奔放に空想を広げた子どものための娯楽映画、というだけのように見えるけれども、その底には、女の子といえども自立する気構えは持たないわけにはゆかない先進国の人間の生き方の問題が、知らず知らずのうちに入ってきて、この作品の想像力の土台を形成しているのだと思う。

トミーとアニカが、そんなに叱るんなら家出しちゃうから、と言うと、ええやれるものならやってみなさい、とママが言う。ママは冗談のつもりだが、本当に二人が家出すると、止めようとしないで見送っている。まあ、ピッピがついていってくれれば安心、という気持ちなのだろうが、そんなところに、たんに空想的な娯楽映画という枠を超えた、個人主義に徹した国の人間の孤独の問題が、ヒヤリとするような危機感をもって感じられた、と言ったらオーバーだろうか。

「風の中の子供」（一九三七年、監督清水宏）

清水宏は、日本映画史上、最も独創的な映画作法を作り出した監督のひとりである。彼の作風の特色は、徹底的にノンシャランなところにある。通俗的なメロドラマなども平気で作ったから全作品がそうだと言うわけではないが、まず、何気ない日常スケッチ的な描写だけで全体を通す。

その点では彼は、助監督時代からの仲間であった小津安二郎や成瀬巳喜男と共通の志向を持っていたが、小津や成瀬が何気ない描写のために厳格で緻密な演出を行なったのに対して、清水は撮影の現場でも、みんなが驚くほど気楽な態度で、あまり細部にはこだわらなかった。俳優たちには熱演をさせなかったばかりでなく、とくに名演技も求めない。ただ自然にその場の雰囲気にとけ込むことを求めた。スターがスターらしい気取った格好をすることをとくに嫌い、むしろ、素人のぎごちなさのほうがましであると考えた。さらに、名演技をしようという欲のない子どもたちこそ理想の俳優であるとして、ノー・スターの子どもたちを主役にした映画を作るようになった。

彼はまた、セット撮影よりもロケーションを好んだ。自然の風物の中に気取りを排した人物たちを配して、それを詩情あふれる快い風物詩として眺めるときに、その作風は最も美しい輝きを持った。その自然の情景を尊重するために、あらかじめ厳密なコンティニュイティを用意して人工的に場面を構築してゆくことよりも、撮影現場での即興演出を大事にした。

彼はまた、演出にあたって、重要なポイントをいくつか指示するだけで、あとは現場の処理を助監督にまかせてしまうことがしばしばであった。「ヨーイ、ハイッ!」の号令もよく助監督にかけさせた。

そのため、怠け者と見られたり、勝手気ままな横暴な監督として同僚から非難されたりもした。事実、怠け者で気分屋だった面もあり、ほとんど助監督まかせにしてしまった作品もあるが、いくつかの主要な作品には天才的な輝きがあったし、彼の目は作品の全体をよく把握していた。

「風の中の子供」

たとえば助監督が「ヨーイ、ハイッ!」と号令をかけるとき、その「ハイッ!」という号令が、背後にいる監督の吸う息と吐く息のリズムに合っていないと言ってやり直しを命じたりした。清水はあるリズムで芝居の進行の間合いを計っていたのである。また、演技中の俳優を助監督に命じてひょいと立ち止まらせるというようなこともやった。ちょうどそのとき、風が吹いて、草のなびき具合が大いに気に入ったからであった。こうして彼は、何気ない場面においても、人間と風景の調和、人間の動きのリズム、といったことを重点的に尊重して、詩情あふれる快い映像を作り出した。

この映画の原作は坪田譲治の新聞連載小説である。坪田譲治の小説にいつも出てくる善太と三平という少年たちがこの作品でも主人公である。夏休みの間の出来事である。彼らが住んでいるのは農村地帯だが、彼らの父親はそこで小さな工場を経営している。善太(葉山正雄)は小学校の五年生、三平(爆弾小僧)は一年生である。仲のよい兄と弟である。

ある日、よく彼らと喧嘩する二年生の金太郎(アメリカ小僧)が、三平の父(河村黎吉)は近く会社を首になってお巡りさんに連れて行かれるだろう、と言う。三平がそれを聞いて不安になり、善太や母(吉川満子)に話す。母は父に尋ねる。じつは金太郎は会社の株主の息子で、三平たちの父の会社は、いま内部でもめている最中なのである。そして金太郎の父親など株主の一部が、三平たちの父を追い出そうとして、私文書偽造といった罪を着せようとしているのである。子どもたちにはそんな事情はよく分からないし、原作でも映画でも、そのへんはごくあいまいにしか描いていない。

父はやがて会社をやめる。善太と三平は父の身の上になにかが起こりつつあることを心配している。だから戸籍調査の巡査がやってきても三平はハラハラする。そのあと、三平が何気なく案内してやった客は、さりげなく父を同行して去って行った。父は警察に拘留されて取り調べを受けることになったのである。金太郎たち悪童連は図に乗って善太と三平を馬鹿にする。口惜しいが言い返せない。兄弟は眠れず、星空をあおいで父の帰りを待つ。しかし父は帰ってこない。

数日後、伯父さん(坂本武)がやってきて、働ける善太を残して、小さい三平だけを遠い村に引き取ってゆく。父は当分帰りそうになく、母は働かなければならないからである。三平は伯父さんの家では可愛がられる。しかし、家へ帰りたくってたまらない。それで家が見えるだろうかと高い木に登ったり、たらいに乗って川下の村に流れて行こうとしたり、明日は三平の村へ行くというサーカスにまぎれ込んで一緒に行こうとしたりする。そのたびに、人の好い伯父さんが大慌てで走りまわる。伯母さんは手を焼いて、これではとても面倒見きれないと、母親のもとへ戻す。

ここらの、子どもの不安な気持ちが突飛な行動として表れるあたりが、この映画のいちばん優れたところである。不安な三平が、伯父さんの家の従姉兄たちとどうもなじめなかったりするあたり、子どもの心理描写もこまかいし、名子役だった爆弾小僧が微妙な子どもの心を巧みに表現している。もちろん、清水宏の演技指導の巧みさであり、子どもたちと遊びながら撮影する清水宏の独壇場である。

一方、母親は善太を働かせて自分は三平と病院に住み込んで働こうと考えるがこんな大きな子どもと一緒ではと断られる。途方に暮れた母親は暗い橋の上で三平に、「お母さんが死んだら……」と言う。ここらは作品全体の誇張のない淡々とした描写の中では、そこだけが、お芝居の調子になって見えるところで、がいして言えば子どもたちの演技の自然さに比べて、大人たちはどうしてもいくらかお芝居くさい。そうしたトーンの乱れを含みながらも、この作品は全体として清水宏の持論である「実写精神」のよさを随所に示しており、風景と感情が一体になって進行する詩情豊かな映像の展開は素晴らしいものである。

三平はどんな目にあっても母親と善太と一緒に父の帰りを待とうと願う。母親はこの子たちに励まされる。会社の支配人は執達吏を連れてやってきて、差し押さえ物件を運んでゆく。子どもたちは母を慰める言葉もない。

ある夜、三平が何気なく父の日記帳を見ていると、そこから一通の書類が出てくる。この書類こそ、父の無実を証明するものだった。やがて父は釈放されて帰ってくる。善太と三平は嬉しくって嬉しくって、父親に武者ぶりついて相撲をとる。

このラストのシークエンスでは、子どもたちの爆発するような喜びの気持ちは、それまでの極力自然な表現とは違って、兄弟二人を完全に左右対称に動かすなど、はっきりと様式化を試みている。そして、その様式化によって、そこだけ表現のオクターヴが高くなり、鮮やかなしめくくりになっている。

清水宏の演出は、単純な自然観照にとどまるわけではなく、時には喜劇的であり、時にはきちんとした芝居になり、また時にはユーモラスに様式化されていて、なかなかに技巧的でもあるのである。商業作家として多作して身につけた豊富な技巧を持ちながら、それをひとまずさらりと捨て、ごく淡々と撮り、しかし要所要所で鮮やかな技巧できめるのである。

この映画の出演者では三平を演じた爆弾小僧がじつにうまいが、善太の葉山正雄も素直な好ましい演技で、すっかり大人の俳優たちを食っていた。既成の子役演技とは違う素直な演技が開発されたのである。

この映画は、清水宏の子どもの演技指導のうまさが成功のひとつの鍵になっているが、子どもをどう指導するかについて、この映画の準備中に行なわれた『キネマ旬報』(一九三七年九月上旬号)の座談会で、清水宏は次のように語っている。

「僕は子供が好きなせいか、監督するんじゃないんですよ。子供と遊んでやっている。それでなければ駄目ですね。子供が台詞を覚えない時は、教えないで一緒になって遊んでそれらしいことを云うと、それに近い言葉を台詞として云うのです。だから遊んでやらなければ駄目ですね」

原作者の坪田譲治がそこで——

「東童劇団の芝居の教え方もそうでしたね。やかましく云わないで、ここはこういう気持だと、云い方は教えないのです。それで子供は矢張り分かって行きますね」

と言うと、清水宏はこう答えている。

「そういう気持の説明をしないで、僕が遊んで段々云わせるようにして行くのです。そうすると云うようになりますから、それをその儘《まま》使わせるのです」

また、こうも言っている。

「利巧な子供は困るね。利巧な子供は映画的じゃない。所謂《いわゆる》級長級の子供はね。学校で級長をやって居る子供は映画の俳優にならない。利巧でなくともカンがよければいいのです。カンと智慧とは別物だから、変に利巧でもカンの通じない子もある。そこで子供を動かす時にはいい所だけをこっちでキャッチするより手がない。教えてやると大人の芸になるですよ」

「ともだち」(一九四〇年、監督清水宏)

一九四〇年、昭和一五年に清水宏監督は当時日本の統治下にあった朝鮮に行って「ともだち」という短篇劇映画を作っている。彼はその頃、小津安二郎と並んで松竹大船撮影所の重鎮だったから、国内にいて仕事はいくらでもあったはずだが、朝鮮にとくべつに関心があって、別の会社の仕事として京城(現ソウル)についてのドキュメンタリーを撮りに行き、ついでにこの短篇も作ったらしい。いかにも片手間に作ったような小品なのである。しかし出来ばえは彼の代表作のひとつにあげたいような面白いものである。

ストーリーは単純である。

ソウルの小学校に日本人の子どもが日本から転校してくる。クラスの子どもはひとりだけ朝鮮の民族服を着ている以外は、あとはみんな日本国内と同じ学童服の制服を着ている。そこでこの子は、その朝鮮服の子が気になってジロジロ見て、放課後、帰宅するときも興味を持って彼についてゆく。この二人が出合って交わす会話が……

「どうしてついてくるんだい？」

「君がそっちに行くからさ」

というような単純でほとんど意味のない言葉の繰り返しでありながら、一定のリズムを刻んで、なんとなくうちとけてゆく様子が詩的にユーモラスに単純明快に表現されている。その無邪気な楽しさは清水宏の天与のものだ。じつはクラスには他にも朝鮮人の子たちはいるのだが、みんな学童服を買ってもらって着ているのに、彼だけはとくに貧しくて親からまだ買ってもらえないらしい。

最後に日本人の子どもが朝鮮服の子どもに互いの服を交換しよう、と提案し、「うん、それがいい」と朝鮮人の子も応じて、二人が互いに服を交換して着換えて、街を見下ろす高いところから胸を張って下りてゆくところで終わりになる。

当時、朝鮮半島を支配していた日本の朝鮮総督府は、「内鮮一体」つまり日本内地と朝鮮半島は一体だ、などというスローガンをかかげて融和政策を表看板としていた。しかし実態は日本人による朝鮮人差別はひどいもので、長く禍根を残している。

そうした現実の中では、この映画はまさに「内鮮一体」という欺瞞的なスローガンを映像に置き換えたものにすぎないということになるだろう。

ただ、清水宏がこの四年前の一九三六年に作っている「有りがたうさん」という作品を日本映画史上の傑作のひとつだと考えている私としては、「ともだち」もそう簡単に悪しきプロパガンダ映画の一本とは言ってしまいたくない気持ちがする。「有りがたうさん」は川端康成のごく短い小説を原作にしたもので、伊豆の下田から伊豆半島を北上して三島に通うバスの運転手を主人公とする詩的な風物スケッチの物語である。上原謙が演じたこの運転手は道々、バスをよけてくれる人々に「有難う」と声をかける好青年で、ときどき、貧しい人はタダで乗せてやったりする。ある停留所で、知っている若い女性から、自分はこれからよそへ行くけれど、死んだお父さんの墓にときどきお参りしてほしい、と頼まれる。じつは彼女は朝鮮人の道路工事の労務者たちの一家の娘で、工事が終わって別の飯場へ移動するところなのである。死んだお父さんというのはここの工事で事故にでもあったのだろう。上原謙は快く承知して、「バスに乗って行かないか、タダでいいよ」と言う。すると彼女は「有難う」と言い、でも「仲間がみんな歩いて行くから私もそうするわ」と言う。その彼女の視線の方向を見ると、峠の道を朝鮮服の一団が家財道具一式を背負って歩いて行く姿

「有りがたうさん」

が見える。

戦前の日本の検閲では、日本で下層社会を形成していた朝鮮人たちの厳しい現実を描いた映画の場面は容赦なくカットされていたのであるが、これは詩的なロードムービーのさりげない風物スケッチの一部のように描かれていたので検閲をまぬがれたのかもしれない。しかしいずれにしろ私の知るかぎり、これは戦前の日本映画で朝鮮人を深い共感をもって描くことができた例外的なものである。そういう映画を作ることができた清水宏が、それから四年後にわざわざ朝鮮に行って、あえて商売にも名誉にもなりそうにない小品として作った「ともだち」を、朝鮮総督府の政策に奉仕するプロパガンダ映画だとは思いたくないのである。これはやはり、朝鮮人が好きだった清水宏が、ほんの片手間ではあるが作りたくって作ったものなのだと思う。

清水宏は朝鮮服を本当に好きだったのであろう。子ども同士が朝鮮服と日本の学童服と取り換えっこすることを楽しく晴れがましい遊びとして奨励していたぐらいの気持ちだったかもしれないし、実際それはいい考えだったかもしれない。が、しかし、もし日本の男が朝鮮服のまま家に帰ったら、父や母はそれを笑顔で迎えてくれたかどうか。学校での日本人の教師たちの反応はどうか。お祭りなどでいつもと違う衣裳で人前に出るのは子どもにとって晴れがましい経験だと思うが、これはそうはゆきそうにない。ただ、にもかかわらずそんなことを夢見た無邪気な映画詩人がひとりいたことを記録にとどめたい。


「あの、夏の日 とんでろ じいちゃん」(一九九九年、監督大林宣彦)

人間の善良さ、純粋さ、大人の中にさえもある一種の天真爛漫さといったものに触れると大林宣彦監督の映画はきわだって美しい輝きをはなつ。ときにはこんなにいい人間ばかりで果たしてドラマになるのだろうかとハラハラすることさえあるくらいだが、愛すべき人々のその人のよさというものが、たんなるうわべのかたちでなく、しんそこ体の内側から生きたリズムをもってこみあげてくるので、まずはすっかり嬉しくなる。

この映画もまさにそうだ。尾道にいるじいちゃんがボケたというので、東京にいる小学生の孫が夏休みの間、遊び相手だか見守り役だかで派遣されてくる。こうしてもと高校の校長先生のじいちゃん（小林桂樹）と、孫の由太（厚木拓郎）のひと夏の一緒の暮らしが物語られてゆく。

由太は学校ではボケタとアダ名で呼ばれているくらい、いつも考えごとをしていて動きが鈍い。一方じいちゃんは、ときどき本当にボケて空想の世界にすっとんでゆき、そこではオッチョコチョイなくらいよく動く。よその家に堂々と乗り込んでいって仏壇の白玉団子をむしゃむしゃ食べたり、お葬式に集まった人々に号令をかけてラジオ体操をさせたり、嬉しくなると手をふりあげてすっとぶように踊り出したり、そしてこれは由太にしか見えないのだが平泳ぎの足さばきの間に越中ふんどしをなびかせてスイスイと空を飛んだり。本来機敏そうな子どものほうがゆったりしていて、本来おうようなはずの老人のほうが軽々と動く。大林宣彦の映画では人のよさというものが体の内側から自然にあふれてくるリズムによって表現されるといま言ったわけだが、この映画ではそれがまさに、由太のおっとりとした子どもらしい軽い動きと、じいちゃんの少々騒がしいけれどもやっぱり老人らしくおっとりしたところもある動きとの絶妙なハーモニーになって表現されている。べつに二人とも、相手に調子を合わせているわけではないけれども、どっちも相手が好きで無心になれて嬉々としていると、互いに違うテンポで動いていても自然にそこに調和が生まれてくるみたい。漫才で言えばじいちゃんがツッコミで由太がアダ名どおりのボケ。二人がもう、出合ったとたんに名コンビになってしまって、互いに心ゆくまで天真爛漫につきあう。年をとると童心に返るとよく言うが、そんなお年よりに私はこの映画ではじめて出合ったと思う。

もっとも、じいちゃんと由太を漫才のコンビにたとえるのはあまり適切ではないかもしれない。むしろ、能のシテとワキと言うべきか。シテのじいちゃんが長い人生経験の中のいちばん大事なことをエッセンスにして語り舞うのを、たまたま旅の途中で出合ったワキの由太はいつもの日常とは違う場で聞いて心を打たれるのだ。そしてともに夢幻の世界に遊ぶのである。

そんなふうに思ったのは、じつはじいちゃんの家が遠くに海と港の見える丘の上にあって、そのじいちゃんの書斎がまるで能舞台のようなおちつきと風格を持っていたからである。この書斎の内側から見る日本家屋の内と外の調和し一体化した眺めは、大林宣彦の尾道シリーズではよく見るいわば定番だが、それが、伝統と現代の調和、さらには願いとしての過去と未来の調和というところまでテーマとして高められて表現されたのは、こんどがはじめてかもしれない。それもこの、能舞台を思わせるような書斎でじいちゃんと孫が威儀を正して向かい合って座ったからであり、その向こうに現代の港が見据えられているからである。ふんどしをなびかせて青空を飛ぶという羽目の外し方も、この夢幻能の世界にはまことに似つかわしい。そしてもちろん、おばあちゃんをはじめ尾道の町の過去と現在をくっきり印象づけるツレの人々もみんな自然体で善良さのリズムに乗っていて素晴らしい。

「E.T.」（一九八二年、アメリカ、監督スティーヴン・スピルバーグ）

「E.T.」のお話は簡単だ。宇宙のどこかからやってきた宇宙船が、アメリカの都市郊外の森の中に着陸してまた離れて行ったとき、ひとりのET（エキストラ-テレストリアル、地球外生物）が迷子になって取り残される。ちょっとグロテスクだが表情や動作に意外と愛嬌もある、骨と皮みたいなヘンな生き物である。

これが、郊外の住宅地の母子家庭の納屋に隠れていて、そこの子どもたちと知り合いになる。子どもたちは、ETのことが大人たちに知れるとたいへんなことになると思って彼をかくまう。彼が傘をアンテナにしてその家のあり合わせの道具で無線通信機を作り、それで宇宙に連絡をとりたいと言うと、彼を変装させて連れ出し、自転車で森の中まで行って交信させる。しかし彼は森の中で病気になり、やっと家に連れ帰ると、彼を捜査していた宇宙開発局の大人たちに捕まる。大人たちのけんめいの看護も空しく、ETはいったん死ぬ。そして蘇る。そのとき子どもたちは、蘇ったETをさらってみんなで自転車で森の中へ逃げる。そこには宇宙船が待っており、ETは子どもたちと別れを惜しみながら去ってゆく。

「E.T.」

街のいたるところでET人形が売られている。人形そのものはグロテスクで、あんなもの、いったい誰が買うんだろう、と思うが、映画の中では、その表情やしぐさがたいへん愛嬌がある。グロテスクなものを愛嬌のあるものに変えるというのは至難の業であり、なかなか十分な成功は収め難いものである。日本では「ゴジラの息子」がそれを試みたが、子どもっぽくなりすぎた。その点、同じように子どもっぽいとはいえ、ETには大人も面白がらせる力がある。その理由のひとつは、これが単純な縫いぐるみではなくて、かなり手のこんだ技術を駆使しているところにあるだろう。こういうかんじんなところに技術力をフルに発揮するところがアメリカ映画の底力なのである。

あと、トリック撮影としては自転車が空を飛ぶという簡単なテクニックを最大限に効果的に使っている。技術としてはディズニーの子ども映画などでさんざん使い古されたものであって、珍しくもないのだが、スピルバーグの語り口の抜群のうまさに乗せられて、やったあ！という気にさせられる。とくに月夜の空を子どもがETの超能力に導かれて自転車で飛んでゆくというあたり、この徹底したエンタテイメント派の監督には珍しい詩情もかもし出していて、しばし、大人を童心に返らせる力がある。そして、この童心が恐怖映画の悪魔払いになるわけだ。

アメリカ的とイギリス的――映画に表れた国民性

「メリー・ポピンズ」(一九六四、ロバート・スティーヴンソン)は、漫画映画で有名なアメリカのウォルト・ディズニーが、イギリスの現代児童文学の代表的な作家であるP・L・トラヴァースの『風にのってきたメアリー・ポピンズ』を映画化したものである。

ロンドンの桜町通りという住宅街に住んでいるバンクスさんという銀行員の家に、ジェーンとマイケルという二人の幼い子どもがいる。乳母がやめてしまったので、広告を出して募集する。すると、雲の上にこうもり傘と大きなかばんを持ったまだ若い女の人が現れて、おばあちゃんばかりの他の応募者たちを風でふきとばしてやってきて、まるでバンクスさん一家に当然の要求をするように、自分が乳母になってしまう。これがメリー・ポピンズ（ジュリー・アンドリュース）である。

彼女は、びっくりして目を丸くしている子どもたちの前で、次々と不思議なことをやってみせる。階段のらんかんに腰をかけて、下から上へ滑ってゆく。かばんの中からは、あとからあとからなんでも出てくる。かばんの大きさよりずっと大きいものまで出てくる。

「メリー・ポピンズ」

一緒に散歩に行くと、大道芸人のバートおじさん（ディック・ヴァン・ダイク）が舗道に色チョークで風景画を描いている。そこでメリー・ポピンズが「えい！」とばかりひととびすると、彼女とバートと二人の子どもは、もう、その風景画の世界にいる。ディズニーお得意の漫画映画とトリック撮影の粋がこらされて、漫画の背景の中で四人の本物の人間が自由に動きまわり、メリー・ゴー・ラウンドの木馬に乗って漫画の競馬と競走して優勝する。

あるいはまた、四人でアルバートおじさんという愉快な人物を訪問すると、ふとっちょのおじさんは、アハハハと大声で笑ったまま部屋の天井に浮いている。なにを見てもおかしくってたまらない性分で、笑い出すと体がふわーっと宙に浮くのだそうである。見ていると楽しくなって、二人の子どもにもそれがうつって、部屋の天井に浮かんでしまう。「困った人ですね」と、プンとしていたメリー・ポピンズも「それじゃあ仕方がありません」と言って、テーブルと一緒に天井に浮かんできて、宙に浮かんだままみんなでお茶を飲む。

——とまあ、こういう次第で、次から次へと愉快なファンタジーをくりひろげながら、ある日、彼女は、他にも待っている人がたくさんいるから、と言って、こつぜんと雲の彼方へ去ってしまうのである。

ところで、イギリスで書かれた原作とアメリカで作られたこの映画を比較すると、イギリスとアメリカの家庭観の違いや、アメリカ人が最も近い親戚であるイギリス人に対して、どういうイメージを持っているかが分かって、興味深い。

原作では、メリー・ポピンズという不思議な女性は、非常につんとしてお高くとまっている。子どもたちに馴れ馴れしい笑顔など見せず、大人として、あるいは乳母という職業人としての、威厳を重んじているふうである。ところが映画では、ジュリー・アンドリュースは、若干ツンツンしているところはあるにしても、非常にチャーミングな、子どもたちにやさしい愛嬌を見せる人物としてこれを演じている。

イギリスでは、大人は子どもに対して、へんに馴れ馴れしく甘やかすような態度はとらないほうがいい、という傾向があるようだ。逆にアメリカでは、よい大人は子どもたちにとって、よい遊び友達のように、またよい先輩のようにふるまうものだ、という考え方が強い。たぶん、メリー・ポピンズが、原作と同じようににこりともしないで威厳をもってふるまったら、アメリカの観客、ことに子どもの観客たちは、彼女が、本当は子どもにやさしい心の温かいおばさんなのだということが、理解しにくいだろう。アメリカの子どもたちにとっては、よい大人というものは子どもにいつもにこにこと笑顔を見せていてくれるはずのものだからである。一方、イギリスの子どもたちにとっては、いつもツンツンして、子どもたちに決して甘い顔など見せない彼女が、じつは子どもたちを素敵な夢の世界に苦もなく連れて行ってくれる素晴らしいおばさんだということは、ひとつの救いである。

もうひとつ、原作ではバンクス家のお父さんのバンクスさんという人物は、筋書きの上で必要と思われるところにちょっと出てくるだけで、ほとんど重要性のない人物だということである。ところが映画では、これが非常に重要な人物に脚色されている。原作ではまったくそんなことはないのに、映画ではお父さんは大そう威厳を重んじる人物で、いつも不機嫌でお母さんや子どもたちがなにか意見を言っても、決してとり合わない。これはアメリカ人の考えるイギリス的父親の典型的なイメージなのであろう。その昔、アメリカは世界に冠たる威厳を誇る大英帝国に反抗して自由をかちとった。それ以来、アメリカは権威主義的な態度やものの考え方をひどく嫌い、愛嬌のある庶民的な率直さをアメリカ的な美徳だと考えている。

原作のお父さんは、子どもと話し合うことなどはほとんどないけれども、子どもたちのことはちゃんとよく考えている人物だと感じられる。ところが映画では、乳母募集の広告ひとつにしても、子どもたちが自分で書いた文案をそのままストーブにほうり込んでしまうような、分からず屋のお父さんである。映画のメリー・ポピンズは、その捨てられた募集文案を持って現れることになっている。子どもたちが自分で募集文案を書くというのも映画のアイデアで、ここにもアメリカ的な考え方が出ている。つまり大人が、よい友達やよい先輩として子どもに微笑をもって接するのでなく、親の権威をカサにきて威圧するような態度でくるのだったら、子どもはそんな命令には従わないで自由に自分の考えを押し進めるべきだ、というのである。そして広い世間には、そういう自由な子どものために、よい先輩として手をさしのべる大人がきっといる、というのである。

映画のクライマックスの部分は、まったく原作とは関係なしに、そういうアメリカ的な大人と子どもの関係のあり方を教えるものになっている。厳格なバンクスさんは、子どもが無駄使いをしてけしからん、と言って、二人の子どもに二ペンスずつのお金を持たせて、自分の勤め先の銀行に連れて行って貯金させようとする。しかし子どもたちは、一袋二ペンスの豆を買って、銀行の前の広場の鳩にやりたくてしかたがない。それで、貯金しなさいというお父さんの命令をことわる。貰った金である以上、子どもといえども使い方は自由であるというのが、アメリカ的な考え方であるみたい。そこへ銀行のお偉方がやってきて、貯金がどんなに有意義なものであるかを教える。しかし子どもたちがどうしても言うことをきかないので、老頭取がひったくるようにして貯金させようとする。子どもたちが怒って、わたしのお金を返してと叫ぶ。すると居合わせた預金者たちが、銀行が金を返さなくなるらしいと勘違いして払い戻しに殺到し、取り付けさわぎで大混乱になる。おかげでお父さんはクビ。ところが、上役からさんざん叱られている間にお父さんは、メリー・ポピンズがいつも言っている呪文を思い出してそれを口にすると、急に嫌なことがみんな気にならなくなって陽気に浮かれ出す。

子どもに対していばるのは悪いことで、そういう大人に対しては、子どもはだんぜん抵抗しなければならない、という考え方がそこにあり、やたらといばりたがる親父なんてものは滑稽な存在として笑いとばしてしまえ、というイメージが語られているわけである。

アメリカは移民の国で、ヨーロッパから移民してきた人たちはヨーロッパの家庭の封建的な家父長的権威をそのまま持ってやってくるが、アメリカで生まれ育った子どもたちは、そういう親父の権威を時代遅れとして否定して、自由なアメリカ社会の中へ一本立ちの人間としてとび込んでゆく。そういうアメリカの国情から生まれた父親観が、イギリスの児童文学にまで投射されて、原作にない父親像が作り出される結果になる。つまりアメリカ人は、自分の自画像をそこに描きながら、ははあ、イギリス人てのはやっぱり権威主義で滑稽だな、と思っているようだ。

「鉄道員」に見るイタリア式家族愛

家族の愛情、というのは、世界じゅうどこの国の映画にも見出せる普遍的なテーマであるが、イタリア映画には、とくに、そういうテーマによって記憶される名作が多い。デ・シーカの「自転車泥棒」(一九四八)、ビスコンティの「若者のすべて」(一九六〇)、ズルリーニの「家族日誌」(一九六二)などがたちどころに頭に浮かぶが、なかでも名作「鉄道員」(一九五六)や「イタリア式離婚狂想曲」(一九六二)や「誘惑されて棄てられて」(一九六三)など、ピエトロ・ジェルミ監督の一連の作品は、家族愛というもののイタリア的な特色を、あるいは感傷的に、あるいは喜劇的に、さまざまな角度から描き分けている点でたいへん興味深い。

家族愛というものは普遍的なものだから、イタリア的な特色なんてあるものか、と思われるかもしれないが、これらの作品を見てゆくと、それがはっきりと浮かび上がってくる。まずイタリア人には、一家一門という意識が強烈にある。しかもそれが大金持ちや旧家だけでなく、貧乏人にも非常に強く、脈々と生きているのである。自分ひとりのためではなく、一家のために自分はがんばるのだ、というような青年がイタリア映画にはよく出てくる。家門の名誉のためという理由で、決闘もしかねない。歴史上、長い間、強力な統一政府を持たず、地方分権的で、外国軍隊の侵略や内乱も多かったこの国では、民衆は政府を信頼せず、頼れるのは家族や家族的な組織だけだ、という意識が発達したのだと思う。地域社会の連帯感や労働組合の団結といったものも非常に強いのである。それだけにまた、本来固く結びついて地域社会や階級社会の中にしっかと根を下ろしているべきはずの家族が、経済的、社会的な理由や愛情のもつれなどでバラバラになったり、地域社会の中で笑いものになって孤立したりするということが、たいへんにつらい悲劇的なこととして強烈に意識され、その点をくっきりと浮き彫りにするようなドラマになってゆくのである。

映画「鉄道員」は、どこの国にもあるような平凡な庶民の家庭を扱っていて、万国共通の、親子、夫婦、近隣住人の愛情を描いているだけであるようだが、以上のようなイタリア的な家族愛映画の特色を、やはりくっきりと背負っている。

たとえば、全体のストーリーの軸となるサンドロ坊やの活躍ぶりはどうだろう。家族愛をテーマにした映画が可愛らしい子どもを中心にしてストーリー展開してゆくというのは、どこの国にもあることだが、それはたいていは可愛い子どもを育てるために両親が力を合わせたり、逆に、両親の不和のために子どもがつらい思いをしたりするというもので、子ども自体は、いわば親たち次第でどうにでもなるような存在である。ところが「鉄道員」のサンドロ坊やの行動はもっと積極的である。この坊やは、父親が家族との不和や労働組合の中で裏切り者呼ばわりされたことなどが原因で酒びたりになってゆくと、自分で酒場から酒場へと父親の姿をさがし求めて家へ連れて帰るのである。まだ小学校へ上がったばかりぐらいの坊やなのに、この子はもう、家族というものはしっかりと結びついていなければいけないものだ、ということをきちんと性根に据えていて、そのための苦労はいとわない、と思いつめているように見える。日本映画でも親の不甲斐なさに子どもが泣いて抗議する、といった場面はときどきあるが、このサンドロ坊やの場合は親のダメさかげんを微笑によっていましめているような、いわば、しっかりした家族意識を持っているのである。

そう、デ・シーカの「自転車泥棒」で、失業者の父親がせっぱつまって他人の自転車を盗もうとして群衆にとらえられ、こづきまわされる。それを目撃した子どもが泣きながら父親のところへ行って、許されて口惜し泣きに涙をこぼしている父親の手をそっと握る名場面がある。あのとき子どもは口には出さないが、表情で「世間がどんなにお父さんを泥棒だと言っても、ぼくだけはお父さんの味方だよ、お父さんがどんなにせっぱつまっていたか、ぼくだけはよく知っているからね！」と叫んでいるようであった。「鉄道員」のサンドロ坊やが父親に向ける表情も、ただ可愛らしいというだけでなく、それと共通する強い家族的連帯感を感じさせるのである。

家族意識の強さというとすぐ、父親が権威を持っていばっていて、家族を強引に引っぱってゆく、というようなイメージが浮かびやすい。アメリカ映画やイギリス映画にはそういう家庭を描いた映画がよくあるし、イタリア映画でも、同じジェルミ監督の「誘惑されて棄てられて」に出てくるシシリーの旧家などはそういうふうに描かれている。ところが、この「鉄道員」とか「自転車泥棒」みたいな庶民の家庭を描いた作品では、ダメな父親に向かって、幼い子どもなどが「お父ちゃんしっかりして！」というような態度をするのである。そこにイタリア独特の家族愛映画の味わいがあるのだ。「鉄道員」でそのダメな父親を演じているのが、監督のピエトロ・ジェルミ自身で、監督としてもうまいが演技も渋い味がある。昔気質の頑固親父で、長男にも背かれ、長女も家を出て帰ってこない。たまらなく淋しいけれども気性は変えられない。そのやるせない気持ちを、歩き方ひとつにも出している。

彼はもともとダメな男だったわけではない。ローマに住む鉄道の機関士で急行列車を運転する誇り高いベテランだったのである。ところが、彼の列車に投身自殺した若者がいたことから気持ちが動揺し、事故を起こしかけて左遷され、それを挽回しようとしてストライキのときに仲間を裏切る。そのために隣近所からも裏切者と呼ばれて孤立してしまい、酒びたりになってしまったのである。スト破りをしただけで地域社会からも浮き上がってしまうというのは、日本などとはだいぶ雰囲気の違うところで、ここには、共産党が野党第一党で組合運動が家族ぐるみ、地域ぐるみにまで根を下ろしていた当時のイタリアの社会事情がよく出ている。この映画の題が「鉄道員」であるところからも、労働者の誇りというものがこの映画のテーマのひとつになっていることが分かる。

この父親が酒びたりになったのは、鉄道員としての自信がちょっとゆらいだためなのである。人間、誰しも長い職業生活の中では、職業人としての自信がゆらぐことがあり、そんなときには職場の人間関係だけでなく、家庭の人間関係もまずくなる。悪いときには悪いことが重なって、崩れやすい。そういう父親を母親が切ない気持ちでやさしく見守り、その母親の意を体するように、坊やが「お父さん、しっかりして！」と父親に迫ってゆく。職場の仲間の中にも本当に彼を心配してくれる同僚がいる。こうして人間の職業生活と家庭生活を、こんぜん一体として描き出したところに、この映画の人情味の濃さが生じてくる。

家を出ている長女を演じるシルヴァ・コシナの涙をたたえたような顔、職場の仲間を演じるサロ・ウルツィの人のよさ、そして母親のルイーザ・デッラ・ノーチェの情感の温かさなど、いずれも忘れ難い。

「魔法使いのおじいさん」（一九七九年、インド／マラヤラム語映画、監督G・アラヴィンダン）

草深い田舎の村に、ある日、魔法使いだと言われているおじいさんがやってきた。歌を歌って、不思議なお面を売って歩く人だ。本当に魔法を使えるのかどうかは誰も知らない。しかし村の子どもたちはこのおじいさんにすごく興味がある。恐る恐る近づいて、仲よしになった。おじいさんは歌を教えてくれる。子どもたちは野原や森の中で一緒に歌って踊って楽しんだ。そしてお別れの日、おじいさんは村外れまでついてきた子どもたちをみんな違う動物に変身させてくれた。すぐにまた、人間に戻してくれたのだが、ひとりだけ戻し損ねてしまったのだった。犬に変身したその子は、人間に戻してもらう前に、いつもいじめたりしている大きな犬に出合い、思わず逃げてしまって、魔法使いのおじいさんから遠く離れてしまい、おじいさんが他の子たちの魔法を解いたとき、その力が及ばなかったのだ。おじいさんはそれに気づかずに行ってしまった。

さあ、たいへん。犬に変身した少年のつらい旅が始まる。やさしい女の子に助けられたけれど、その子の家には怖そうな大きな犬がいた。怖くて逃げて、やっと自分の家にたどりつき、お母さんに抱きしめられたが、人間には戻れない。犬の姿のまま、村のお祭りに行ったり……でも淋しいなあ。そして翌年、またおじいさんがやってきた。遠くからかすかにおじいさんの歌声が聞こえてくると、犬になっている少年は夢中になって駆け出した。おじいさんが犬を抱きしめると、犬は少年に戻った。おじいさんは「すまなかったなあ」と言った。少年は家に戻り、鳥籠から鳥を放してやった。動物にやさしい少年になったのだ。暮れなずむ大空には鳥が大きな群れとなってうねるように舞っており、子どもたちの歌う魔法使いの歌が嬉々として響いて消えてゆく。

見る人のすべてをやさしく美しい童心の世界に誘い込まずにはおかない児童映画の傑作である。

この映画の原題は「Kummatty」である。クンマッティとはこの地方の言葉で一種のお化けか妖精のようなものらしい。アラヴィンダン監督によればクンマッティは雨季が終わった頃に緑の草花とともにやってくる。それは春そのものであり自然の一部である。遠い地平線の彼方のどこかからやってきて、またどこか遠いところに消えてゆく。そこは家も人影もまばらな風景の中でなければならず、そこに住んでいる人々はごく単純で素朴な人間たちでなければならない。そんなところにこそクンマッティは現れる。町にはもうクンマッティも来てくれない。

この映画で重要なことは、現実と非現実の境めがほとんどないということである。クンマッティはお化けのはずだけれど、ちゃんとヒゲも剃るし医者にも診てもらう。森の中でその様子を見た子どもたちはびっくりしてしまう。きれいにヒゲを剃ったうえに付けヒゲをしているお化けなんて聞いたこともない。このおじいさんはクンマッティではなくてただのお面売りの行商人なのだろうか？　ところがおじいさんは本当に魔法を使えるのだ。あるいは、魔法で犬に変身してしまった少年がトボトボと家にたどりつくと、待っていたお母さんとお父さんは、なんの疑いもなくこの犬が息子であることを理解して、悲しみながら家族の一員に迎え容れる。他の子たちから変身した事情を聞いていたとはいえ、ひと目見てすぐに分かる。おとぎ話だから当然、と言いたいところだが、じつはこの映画にはおとぎ話的に誇張した表現はどこにもない。描写はすべて普通のリアリズムであり、当たり前の日常生活の描写の中に当たり前のことのように非現実の出来事が入ってくる。変身の場面でさえ特撮ひとつ使わない。誇張があるとすれば、ファースト・シーンで地平線から朝日が昇りきるまで歌われる素晴らしい歌と、子どもたちがおじいさんを取り巻いて歌う歌のあまりの楽しさであろう。普通、映画では、昇る太陽に向かってあんなに声を大にして歌いはしないし、子どもたちはあんなに嬉々と老人とは遊び戯れない。この内心からあふれるような自然崇拝と、よそからの旅人を歓迎する純真さが、人間も動物も自然も当然のことのように意思が通

「魔法使いのおじいさん」

じ合っている不思議な世界を現出する鍵なのである。

こうしてわれわれは、人間と動物と大地が互いに心を通わせ合っているような地上の楽園に遊ぶことができる。もとは児童映画として作られたものだが、これは大人にとっても至福の世界である。

この映画の出演者は魔法使いのおじいさんを演じるラームンニが、引退したプロの舞踏家である以外はすべて素人であり、とくに子どもたちはロケ撮影をした現地の村の子どもたちである。田舎の子たちが複雑な曲とリズムの主題歌を見事に歌いながら即興的に踊る、その音楽性の豊かさはさすがインド。感嘆せずにはいられない。

「トロッコ」（二〇〇九年、監督川口浩史）

芥川龍之介が児童向きに書いた原作の短篇小説は教科書などにもよく載っていて有名だが、トロッコの現物や線路は日本ではもうあまり見かけない。鉄道線路の上を手押しで走る荷車のようなあのトロッコ。あれに乗ってどこまでも遠くへ行って帰れなくなったらどうしよう。かつては子どもたちにそんな夢と不安をかりたてた、なつかしくも簡便な乗り物だ。あの線路の立派なものがいまでも台湾にはあるという。そこでこの映画がデビュー作になる川口浩史監督は物語を大正時代の日本から現代の台湾に置き換えた。かつては木材を切り出して港へと運んでいた台湾の田舎の静かな森とそこにある集落が物語の舞台になり、その豊かな大自然で目を楽しませてくれることになるし、そこに入り込んだ子どもの不安な気持ちも外国だからこそいっそう鮮やかに描かれることになる。しかしそれだけではない。じつは日本と台湾の間には、ふだん日本人の側ではあまり意識しない微妙な愛憎こもごもの関係があり、それをドラマの土台に据えることによって、さらに深みのある内容になった。

ある夏休み。旅行ライターの夕美子(尾野真千子)が、八歳の敦と六歳の凱《とき》という二人の男の子を連れて台湾の田舎に旅をする。亡くなった夫の遺骨を夫の実家にとどけるためである。山林の美しさと先住民が多く住んでいることで観光コースにもなっている東海岸の花蓮港のあたりらしい。とくに先住民はかつて台湾が日本の植民地だった頃に教わった日本語を、部族ごとの言葉の違いを超えた共通語として使っていたりしていて親日的な気分も強いし、同時にまた、戦争中に本気で日本に協力したのに敗戦後は日本に見捨てられたというこだわりも強い。

夕美子たちを迎える実家のおじいちゃんも、もと兵士として日本軍に参加した人だが、戦後はその補償を求める裁判に加わっている。べつにお金がほしいわけではないが、ただ一言、「すまなかった」と日本政府に言ってほしいのである。

実家に戻ってきた息子の骨箱を迎えて、おじいちゃんはまず、「この親不孝者め！」と言って杖で叩く。息子が親より先に死ぬのは最大の親不孝であるから、儒教ではこれが息子の骨を迎える儀礼である。本当に怒っているわけではない。むしろこういう古風な儀礼を真情こめてきちんと描くことで、親しき仲にも礼儀を尊重する異民族同士の家族の出合いがとても印象的なものになっている。母と子たちはしばらく滞在して、遠慮がちながら親しみを深めてゆく。子どもたちも近所の子たちと、はじめは恐る恐る、しかしすぐに親しくなる。この一家がこうして徐々に村の人たちの暮らしにとけ込んでゆく過程が、とても自然で、ほほえましく、楽しい。ゲームばかりやっていた子が森の中ではしゃぐ姿を見て母親がホッとする。そんな様子に観客としても思わず共感するのだ。

ある晩、お母さんがおじいさんとしみじみ話し合っているのを、敦が聞いていた。お母さんの久美子としては、二人の男の子をかかえて働いて育ててゆかなければならないことについて、ついちょっと愚痴めいた言葉をもらしたのだが、敦はそれを、自分はお母さんの邪魔なんだろうかと受け取って不安になる。父親をなくしたばかりの男の子の微妙な心理である。

翌日、幼い二人は近所のお兄ちゃんに誘われてトロッコに乗って遠くまで行く。亡くなった父もこんなトロッコで遊んでいたらしい。子どもたちはついつい遠くまで行って、急に怖くなって逃げるようにして帰るが、行きの楽しさに比べると帰りは不安で怖い。暗くなる。弟のサンダルの鼻緒が切れる。兄貴としては責任上、自分の靴をはかせてやって「がんばれ！」と励ます。しかし裸足で歩く線路の砕石の硬そうなこと。そして日本ではもう見られない平地の森の深いこと。その風景のやさしさとわびしさ。映画としてとても情感のこもったいい描写で、川口浩史監督と台湾映画界の名カメラマンであるリー・ピンビンの腕の見せどころである。

日が暮れてやっと家にたどりついた兄弟をお母さんが抱きしめる。そこで兄の敦は泣きじゃくりながら、お母さんは自分を大事に思ってくれているのかと聞き、お母さんはハッと自分が言ったことに気づいて、わびるようにしっかり抱く。

芥川龍之介の原作を出発点にして、そこから家族や民族間の親愛感にまで思いを深めた秀作である。素晴らしい。

第5章　子どもの嘘、反抗、罪

子どもの嘘と罪の意識

スウェーデン映画の巨匠イングマール・ベルイマンの「ファニーとアレクサンデル」(一九八二)は、子どもの嘘と罪の意識を見事に描いたものだった。

「ファニーとアレクサンデル」

愛情豊かな、にぎやかな演劇人の一家に育った兄妹であるアレクサンデルとファニーが、父の死後、母の再婚で、これまでのくったくのない家庭とはまるで対比的な、暗くて偽善的で冷酷な大司教の司教館に住むことになる。新たに義父となった司教は、心の冷たさからくる厳格さを神への忠実さだと思っている最低の聖職者である。

この義父を最初から嫌っていたアレクサンデルは、母の再婚の噂を聞くと友達に「自分はサーカスに売られるのだ」という嘘を言って、母と司教からこっぴどく叱られる。この嘘が単なる嘘ではなく、母の再婚への絶望の表現だということが、大人たちには分からない。

次に司教館へ移ってから、司教の先妻と娘たちが死んだという話を聞くと、アレクサンデルはまた嘘をつく。「その娘たちの幽霊に会って、自分たちは司教に殺されたという話を聞いた」というのである。この嘘を召使いに密告されて、アレクサンデルは司教からこんどは猛烈な折檻を受けたうえで、屋根裏部屋に閉じ込められる。

そこで彼は、本当に先妻の娘たちの幽霊の幻覚に悩まされる。「よくも私たちをダシにして父を人殺しだと言ったわね。いつまでもあなたにつきまとって苦しめてやる」と死んだ娘たちが言うのである。アレクサンデルは、冷酷な義父への自己防衛からせっぱつまった嘘を言ったのだが、その嘘で単に罰せられるだけでなく、良心の苛責にも苦しむことになる。

しかしそれでも、「あんな義父は死んじまえばいい」と本気で妹のファニーをうながして一緒に神に祈る。すると、その祈りが神にとどいたとでもいうように、義父は悲惨な事故で死ぬ。兄妹はまた、にぎやかでくったくのない演劇人たちの和気あいあいたる家に戻ることになる。

しかし、そのアレクサンデルの幻覚の中に、また、ふっと、蒼ざめた義父が現れて、アレクサンデルの首筋を摑んで、「逃げられんぞ」と言うのである。子どもは大人の無理解さ、理不尽さの中で、やむを得ず嘘を言ったり、大人を呪ったりする。するとこんどは、そのことが良心の苛責となって彼を苦しめることになる。

子どもの人間的な成長の過程には、しばしばこういう深刻な内面的な葛藤があるのだということを、この映画はじつにくっきりと描き出しており、それは大人の目には最も見えにくい部分であるだけに貴重である。

フランソワ・トリュフォーのデビュー作は一九五九年の「大人は判ってくれない」だったが、これは自伝的な題材にもよるもので、少年時代に彼が実際に非行少年として少年院に入れられた経験を描いたものだった。

彼は愛情の乏しい両親の下で育ち、なにをやっても叱られるので、じっと息をつめているような幼少時代を過ごしたうえで、お定まりの家出を繰り返すようになり、義務教育を終えると進学しないで、働きながらシネ・クラブ運動に夢中になったが、その頃、なにか非行があり、親の同意の下で少年院に入れられた。その悲痛な体験をもとに、子どもが空想と大人に対する防御からつく、ちょっとした嘘が、とめどもなく非行に拡大していく経過を克明に追ったのが、「大人は判ってくれない」だった。

少年はバルザックの名文に魅せられて、ついそれを学校の作文で書き、盗作、つまり大嘘つきと先生にきめつけられる。さらに、学校をズル休みして街をぶらついていたときに、母親が愛人と密会しているのを目撃し、あとでズル休みの理由を教師に問いつめられたとき、ふっと「母が死んだので」と言ってしまう。この嘘はすぐバレて、なんというひどい嘘つきだろう、ということになってしまう。

この嘘は、「ファニーとアレクサンデル」の少年の嘘と同じように、内心の呪いがふっと表に出たものであろう。しかしこの嘘は、少年自身をも深く、ゆううつにさせずにはおかないのである。

子どもがいたずらをやりながら、そのいたずらに自分でも罪の意識を感じるという様相は、トリュフォーが一九五七年に作った秀作の短篇「あこがれ」にも、くっきりと描き出されている。

この映画に登場する南フランスの田舎町のいたずら盛りの子どもたちは、彼らのあこがれの的である、美しい年上の娘ベルナデットの行く先々を追い回す。自転車でさっそうと木々の繁みの間をスカートをひるがえしていく彼女の姿は、輝くばかりである。

ベルナデットは自転車で湖のほとりに行くと、そこで裸になって泳ぐ。子どもたちは、彼女が樹に立てかけておいた自転車の、その彼女の尻の香りとぬくもりをいとおしむかのように、そっとその自転車の腰掛けに顔を寄せて匂いを嗅ぐ。そのとき、腰掛けに寄せる子どものひとりの顔の動きが、一コマずつ、ぐっ、ぐっ、ぐっ、とリズムを刻むような動きになる。これが、高速度撮影によるスローモーションではなく、コマを伸ばしたものであるところがじつに心にくい。

あこがれの美人の尻の香りに寄せる男の子の思いの、そのエロチックな気分に対する子どもなりの罪の意識は、その行動を、恐る恐るのものにするのだが、数ミリ刻みに止まりながら腰掛けに向かっていく顔の動きは、まさに恐る恐るである。

トリュフォーはしかし、子どもたちのいたずらの悪気のなさについて弁明することに終始しているわけではない。ベルナデットが恋人の青年ジェラールとランデブーを重ねるのに対して、彼らのいたずらは執拗をきわめる。人気《ひとけ》のない競技場で、映画館の暗闇で、草むらで、恋人たちの逢びきを追っかけては、はやしたてる。罪のない子どもの無邪気ないたずらが、もう一歩で醜い嫉妬と悪意ある攻撃に変化する微妙なところを、トリュフォーはじつに巧みにとらえている。

たとえば、子どもたちが自動小銃で目の前の者たちを皆殺しにする真似をする遊びなどは、男の子なら、どこでも誰でもやっているありふれた遊びであるが、その子たちがいま抱いているベルナデットの恋人に対する嫉妬、敵意と重ねてみるとき、そこにかすかにどす黒い悪意が見えてくることにもなる。その悪意の具体化のように、いたずらも少々タチが悪くなる。ラブシーンの絵ハガキを彼女に送るのだ。

そして、「ファニーとアレクサンデル」の場合と同じく、あたかもそれに対する回答のように、ジェラールの山での遭難という事故が起こる。それは子どもたちの責任ではないが、子どもたちには、自分たちの意識せざる密かな悪意が彼を殺したかのようなショックを与えたはずである。無邪気なつもりでいる子どもたちに、運命はときどき、不可解なやり方で冷たい拒否を示し、無邪気という子どもの弁明をはぎ取って、そこにどす黒い罪の意識を貼りつける。それを象徴するように、ベルナデットは喪服姿で歩いていく……。

トリュフォーは、のちにまた、小学生たちの集団を描いた「トリュフォーの思春期」(一九七六)という傑作を作るが、その映画を彼は自分で小説化して、『子供たちの時間』(山田宏一訳、講談社)という本にした。この「あとがき」で、彼は次のように述べている。

子供たちの目には、おとなたちの世界がなにをやっても罰せられない、自由な世界に映る。おとなは、自動車の運転をあやまって木にぶつけて車体をこわしてしまっても、笑い話にして済ませることができる。ところが、子供は、食器洗いをしながらお皿を割ってしまったら、罪を犯したと思いこんでしまう。子供の世界には、事故と違反のちがいがないのだ。

これは、子どもの罪の意識についての鋭い体験的な記述である。子どもは、しばしば、ほんのちょっとしたどうでもいい程度の失敗に対しても、まるで全人格を否定されるような叱られ方をすることがある。それよりもっとひどい失敗をした大人たちが、それを自分たちでは笑い話にしているというのにである。

そういう罪と罰についての基準の混乱が、子どもの良心をどんなに混乱させるかについて、彼は「大人は判ってくれない」にもよく描いているのだが、その混乱との試行錯誤に満ちた格闘が、子どもの自我を形成していくとトリュフォーは考えているようだ。子どもは、何気ない遊びがとつぜんどす黒い悪となり罪となることに恐れおののくのである。

トリュフォーは前掲の文章につづけて、こうも言っている。

「だからこそ、子供たちは、自分を守るために、そしてまた自立するために、ときとしておとなたちの身勝手な気まぐれとたたかって、どんなことにもへこたれない強い自分を鍛えあげねばならない」――と。

子どもたちが罪の意識との内面的な葛藤を経て、強い自我を鍛えあげていくというテーマを持った日本映画のひとつに、大澤豊監督の児童映画「ボクちゃんの戦場」(一九八五)がある。

太平洋戦争の末期に、大都市の子どもたちは、空襲を避けるために田舎へ疎開させられた。縁故を頼って個人的に田舎へ行った者も多かったけれども、そうできない多くの子どもたちは、教師に引率されて地方のお寺や旅館などに集団で疎開した。

小学校の中・高学年だったこの疎開児童たちは、食糧難や田舎の子どもたちとの対立や親や肉親と離れていつまた会えるか分からない不安などに、二重にも三重にも苦しめられたし、そのうえ人間関係がうまくいかなかったり教師が無理解だったりしたら、帰って息をつける家庭がないだけに、その苦痛はいつも、その種の苦しみの何倍にもなった。その苦しみは単純に腹が減るというだけでなく

（それだけでも苦痛だが）、誰かへの憎悪や自分自身への失望など、人間不信に結びつきやすいことであった。つまり、きれいごとで語るにはあまりに嫌なことが多すぎる経験であった。だから従来、映画にはなりにくい題材だった。

大澤豊監督の「ボクちゃんの戦場」は、子どもを扱った映画としてはかなり画期的と言っていい作品であると思う。一般に子どもを扱った映画は、「よい子」としての子どもしか描かない傾向が強い。せいぜいイタズラ小僧やガキ大将が現れて、「よい子」の主人公と対立する程度である。誰しも子どもは天使だと思いたいし、悪い子を描いて真似されても困る、と思う。それは当然なのだが、その結果、映画に登場する子どもは現実離れのした、ただ親や先生が子どもに模範として見せるのに都合がいいだけの、大人のあやつり人形になってしまいやすい。

「ボクちゃんの戦場」は、珍しくその限界をつきぬけている。子どもが大人のあやつり人形でなくなって、自分の判断で動き出すところを描いている。集団疎開の厳しい現実の中では、大人も子どもも、ふだんからの悪ガキはもちろん、申し分なく「よい子」と見られているような子でさえも、それぞれの嫌な面をさらけ出さずにはいない。しかも、四六時中みんなが共同生活を強いられて、逃げ場もない状況では、その嫌な面を見つづけ、耐えつづけなければならない。子どもたちが置かれるにはあまりにもつらい、そういう状況は、しかし本当にあったことなのであり、あんまり嫌なことだったので経験者たちは多くを語ろうとしないが、何十万人もが経験したことなのである。

こんなことが、かつて本当にあった。大人も子どもも、この映画からはたくさんのことを学ぶことができる。

主人公の少年は優等生で、学童疎開には喜んで参加し、級長としてクラスをまとめていくことに使命感さえ抱いている。しかし、疎開先ではガキ大将が勢力を伸ばして、級長の統率力などは問題にならない。逆に、ひどい目にあって、その口惜しさをもっと弱い生徒に向け、八つ当たりする。そして、その実情を知らない教師から、「ガキ大将よりも、むしろお前のほうが弱い者いじめをしているのではないか」と指摘され、彼の良心はまったく混乱してしまう。彼は罪の意識に悩まされて自信喪失に陥るが、そこで、否応なく、強くなることでこの混乱を脱出しなければならぬという自覚に達するのである。

「大人は判ってくれない」（一九五九年、フランス、監督フランソワ・トリュフォー）

原題の直訳は「四〇〇の打撃」で「滅茶苦茶な騒ぎ」の意味である。この映画は、一九五〇年代のパリのごく普通の家庭の子どもが、いくつかの小さな非行のつみ重ねの末に、両親からも教師からも、手に負えない悪い子と判断されて、少年院に入れられるという過程を描いている。この少年の非行の背景としては、母親の愛情の不足、父親の無責任さ、子どもの心理に対する教師の無理解などなどがある。そもそも自分が生まれるとき、母親は自分を生みたくないと思っていたという、子どもにとっては耐え難い事情なども、主人公の少年は知っている。こうして両親の愛情を信じることができない子どもが、自分の内面にとじ込もりがちになり、親にも教師にも率直にものが言えず、ついちょっとした嘘をつく。あるいは、誰でも言うような嘘を気楽に訂正できず、嘘の言いわけにまた嘘を言うというようなことになって、嘘つきのレッテルを貼られるようになる。そうなると、子どもというものはしばしば、レッテルどおりに嘘をつくことでしか大人の期待に応えられないような状態に陥り、ますます嘘をつくという一種の悪循環に入ってしまう。

この映画は、そんな状態に陥った――あるいは陥らされた――少年の、嘘をつきたくてついているわけではない悲痛な気持ちを、じつにキメこまかく描き出している。

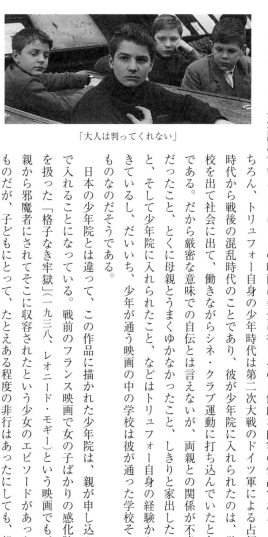

トリュフォー自身が認めているように、この映画は多分に彼自身の自伝的な内容の作品である。もちろん、トリュフォー自身の少年時代は第二次大戦のドイツ軍による占領時代から戦後の混乱時代のことであり、彼が少年院に入れられたのは、学校を出て社会に出て、働きながらシネ・クラブ運動に打ち込んでいたときである。だから厳密な意味での自伝とは言えないが、両親との関係が不幸だったこと、とくに母親とうまくゆかなかったこと、しきりと家出したこと、そして少年院に入れられたこと、などはトリュフォー自身の経験からきているし、だいいち、少年が通う映画の中の学校は彼が通った学校そのものなのだそうである。

「大人は判ってくれない」

日本の少年院とは違って、この作品に描かれた少年院は、親が申し込んで入れることになっている。戦前のフランス映画で女の子ばかりの感化院を扱った「格子なき牢獄」(一九三八、レオニード・モギー)という映画でも、親から邪魔者にされてそこに収容されたという少女のエピソードがあったものだが、子どもにとって、たとえある程度の非行はあったにしても、親の申し込みによって脱走防止の柵と金網つきの収容所に札付きのワルとして押し込められるというのは、たんなる罰という以上に、身も世もなく情けないものではあるまいか。親への不信と絶望が決定的になるからである。親への不信は他人事ではすまされず、自分にはね返ってくるからである。フランス人がいくら個人主義で、日本人ほど親と子が心理的にべったりくっついてはいないにしても、こういう気持ちがそうかけ離れているとも思えない。「大人は判ってくれない」のラストで、少年院から脱走した少年は、どこまでもどこまでも走って逃げて行く。ぐずぐずしていたら捕まるから、逃げる以上はどこまでも逃げるのは当然だけれども、映画の描写としてやや常識を超えた、ただ少年の走る姿だけをフォローする長い長い移動撮影を見ていると、彼は追手から逃げているというよりも、むしろ、そういう自分自身のやりきれなさ、情けなさにこそ居たたまれず、自分自身からこそ逃げようとしているように見える。そして最後は少年が海辺で立ち止まってカメラを見る顔をストップ・モーションにして拡大して終わるが、そこにはいわく言い難い万感がこもっていて、見る者に俺はいったいなにから逃げるのかと問いかけてやまない。

「長距離ランナーの孤独」(一九六二年、イギリス、監督トニー・リチャードソン)

かつて私は、次のような批評を書いたことがある。

トニー・リチャードソン監督の「長距離ランナーの孤独」は、心にしみる場面をいくつか持った青春映画の佳作だった。

雲が低くたれこめた、枯木と水たまりのほかなにもないみたいなイギリスの田舎の感化院に、主人公のコソ泥の少年がぶちこまれる。院長は少年にマラソン選手の素質があることを見ぬいて、ひとりだけ例外として、毎日まだみんなの寝ている朝早くから柵の外に出して自由に練習をさせる。この荒野をひとりで駆ける場面が、じつにきれいに撮影されていて、あたかも「裸の島」(一九六〇、新藤兼人)の水運びの場面のように、彼の人生そのものの象徴であるかのように繰り返し描かれる。そして、この合間合間に回想で、少年がここへ送られてくるまでの日々がカット・バックされる。お定まりの、貧しい家庭、冷たい母子の仲、悪い仲間、不良娘とのデート、そして泥棒。盗んだ金を雨樋の中に隠して、ここなら絶対分からないと得意になっていると、しつっこく何度も何度も警官が家さがしにやってきて、とうとう雨の日、訊問する警官の足もとに、札の塊が雨樋から流れ出す。南無三、少年はソボ降る雨の路地を一目散。腕をだらんと伸ばして走るその情けない格好が、そのまま水たまりの林の中をぶらぶら練習で走る少年のポーズになる。当然そうつなぐであろうと予想されるとおりのイメージの展開であるが、手応えはあった。青春とは、おおむねかくの如きものである、という情けない感慨が、底に若干の苦いユーモアをもってとらえられている。私は非行少年ではなく、まじめなほうだったけれども、あの少年と同じ時代にはやっぱり同じように、ただチキショー、チキショーと呟きながら、荒涼たる状況の中を腕をだらんと伸ばしたまま、ハアハア息をきらせて走りつづけていたのだと思う。そして、この映画の最大の欠点は、そういうわびしい感慨を誘発するにとどまって、そこからほとんど一歩も外に出られないところにある。(中略)

「長距離ランナーの孤独」の主人公は、最後に近くの上流子弟の学校との対校試合で大きくリードしてトップを走っていながら、ゴール寸前で立ち止まってわざと勝利を敵にゆずり、彼に期待していた院長の虚栄心をあざ笑う。この場面は全体の結論となるところで、飼い馴らされることをこばむ少年の意地がふき出すべきはずのところなのだが、感銘には乏しかった。なぜなら、これは反抗というよりはむしろ自虐の一種であり、彼の下層階級的な精神のあり方が、いよいよ甲羅を身につけ始めたことを意味するだけのことだからである。トニー・リチャードソンが、前にプロデューサーとして作った「土曜の夜と日曜の朝」(一九六〇、カレル・ライス)の主人公の無目的な反抗もやはりこのテのものであったし、監督第一作の「蜜の味」(一九六一)もそうだった。このテの自虐はやがてたび重なるにつれて、労働者の固い無表情の中に収斂されていくものであるから、観客は安心して、貧しく不安定な疎外された青春の抒情のノスタルジアにふけることができるわけである。お、なんという分をわきまえた抒情。

この映画を見たとき、以上のように感じ、この映画に対するこの評価はその後もべつに変わりはないのだが、その後、この映画の原作であるアラン・シリトーの同題名の小説を読んで、映画化作品はともかく、原作はそれだけのものではない、と考えるようになった。原作は主人公の少年の独白体で書かれており、映画もそれを受け継いで独白のナレーションを多用しているのだが、やはり映画は画面が主であるから、ナレーションは原作の文章のほんの要約になってしまうし、それをまた三分の一ぐらいに縮めた字幕で読むので、印象に残らないのは仕方がない。で、映画では、トム・コートネイの演じた主人公の少年の、その内面を他人には固く閉ざした反抗的な表情だけが強く印象づけられるのだが、原作では、その表情の内側にある彼の論理が延々と書かれている。非行少年の反抗的な表情の内側には反抗的な心情しかない、と一般には思われており、だから情緒的に満たされさえすれば彼らの反抗はやむ、というのがよくある非行少年映画の定型になっているが、どっこい、彼らには彼らの理屈がある、というのが原作の主題である。

少年は、自分のような感化院育ちと警察や院長に代表されるような「奴ら」とは、決して相容れない敵同士なのだとはっきり見定めている。原爆やなにかを使うのは「奴ら」の戦争で、そんなことのために兵隊服を着て出かけて行くつもりは俺にはさらさらない。なぜなら、「おれはもっと違った戦争をやっているからだ、奴らに言わせりゃお遊びみたいな戦争を。奴らの考えてる戦争は自殺だ、戦争に行って殺される連中は自殺未遂で豚箱へ叩き込んじまうがいいんだ」というわけだからだ。

こう言うとなにか、非行が意識的な反戦活動でもあるかのようになって、いささか格好がよすぎるのだが、少年が考えているのはただ、「奴ら」と戦いながら泥棒稼業を「誠実」にやりぬく、ということである。彼は「誠実」という言葉の意味をそう理解しているので、院長がやたらと、別の意味で「誠実」という言葉を押しつけてくるのがちゃんちゃらおかしくってたまらない。

もちろん、こういう少年の側の論理が正しいというわけではない。それは所詮、コソ泥野郎の手前勝手な言い分にすぎない。しかし、にもかかわらず、この小説が感動的であるのはなぜか。それは、人間は誰しも自分の論理というものを持ちたいものであるし、それを追求せずにはいられないものであるという、ひとつの重要な真実を語っているからである。たとえコソ泥野郎の薄汚い少年であっても、である。ところが「奴ら」は、正しい考え方は自分たちだけが知っているときめてかかって、ただそれを一方的に押しつけてくるだけである。たとえそれが正しい理屈であっても、押しつけられた考え方にただ従うだけでは、人間は本当の自分というものを掴むことができない。たとえ間違った考え方であっても、自分で考えるということなしに、自分というものを確立することはできない。ところが「奴ら」は、最下層の連中なんかには自分でものを考える力なんかありはしないときめてかかってやってくる。少年の行為が反抗であるのは、ただ、行動を束縛されることに対して力づくで押し返すというだけのことではない。「奴ら」の考え方とは違うものとしての自分の考え方を遮二無二作ってゆくことが反抗なのである。

ここまで考えて、映画「長距離ランナーの孤独」のもの足りない面を修正するひとつの方法を思いついた。トニー・リチャードソンはこの院長を、見るからに偽善者めいた尊大なタイプとして演出していた。原作でもそう書かれているから、それはそれで一応原作の忠実な映画化なのであるが、考えてみると原作の描写は主人公の少年の主観である。先述のような論理をすでにもっと小さいときから確立している少年にとっては、あるいは本当に誠実に非行少年の教育に取り組んでいる人物だって、尊大な偽善者にしか見えないかもしれない。だから、もしあの院長をそれなりに真剣な教育者として描き、にもかかわらず少年は反抗する、というふうに描いたならば、この反抗の意味はいっそう鮮明になったのではなかろうか。

同じくアラン・シリトーの小説で、トニー・リチャードソンがプロデュースし、カレル・ライスが監督した「土曜の夜と日曜の朝」も、半ば非行少年に近いようなひとりの工場労働者のぐうたらな青春の日々を描いている。そして、そのぐうたらな日々は、誰がなんと言おうとこれが俺流の生き方なんだ、という一貫した強い主張を持っていることによって、たんなるぐうたら生活記とは違う悲劇的な張りを生じている。これが所詮、目的のはっきりしない反抗がついには陥るところの自虐にしかならないのではないか、という判断は変わらないが、原作を読むことによって、その主人公の青年が、たんなる無気力によるぐうたらとは違い、自分の言い分というものに強烈に固執する人間であり、そこに彼の新しさがあるということは鮮明に理解できた。

「奴ら」は「長距離ランナーの孤独」や「土曜の夜と日曜の朝」の主人公たちに対し、ただもう、後悔を押しつけてくるばかりである。あるいは彼らは後悔したほうがいいのかもしれない。が、しかし、後悔というやつは「奴ら」を増長させ、ますますかさにかかってのしかかって来させるものである。だから若者たちは、後悔なんぞしないぞ！　と肩を張り、心を閉ざさねばならぬ。その結果として、若者たちはますます悪くならざるを得ない。つまりは自虐である。これは出口のない精神の檻だ。その檻そのものをくっきりと描き出すことによって、そこから「奴ら」に頭を下げることなく脱出する方法を考えよう、と呼びかけているのがシリトーなのだと思う。

「不良少年」（一九六一年、監督羽仁進）

記録映画専門のプロダクションとして幾つかの野心的な作品で注目されていた岩波映画製作所が、はじめて作った劇映画である。脚本・監督の羽仁進は、岩波映画で育った生粋の記録映画作家であり、一九五四年の短篇「教室の子供たち」と一九五六年の「絵を描く子どもたち」の二作で、彼自身が注目されると同時に岩波映画にも注目を集めさせた。

この二本の作品が当時の観客に驚異の目で受け止められたのは、学校で授業を受けている子どもたちの一挙手一投足がまったくカメラを意識していない自然なものに見えたからである。当時の常識からすれば、職業俳優でない人間がカメラの前でまったく自然に動いているとすれば、それは盗み撮りだとしか考えられないのだった。

ところがこれらの映画では盗み撮りはまったく行なわれていなかった。羽仁進は小学校の教室の中にデンとカメラを据えて撮ったのであり、はじめはカメラを珍しがっていた子どもたちも、三日もするともう馴れてしまって、カメラを意識しなくなってしまったのである。こういう方法で子どもの生態をなまなましく活写することに成功した羽仁進が、さらに劇映画においても従来の俳優の演技とは違う、なまなましい人間の言動をとらえてみようと試みたのである。

原作は地主愛子編『とべない翼』であるが、これは久里浜特別少年院に収容されている非行少年たちの手記集である。原作というよりは、そこに書かれたエピソードや少年たちの性格、ものの見方などを脚本を書くにあたってヒントにしたという程度である。羽仁進は、この手記集と、知り合いになった何人かの非行少年たちとのつきあいから、次のようなストーリーを作りあげた。

浅井少年は不良仲間たちといつも盛り場をうろついている。ある夜、仲間たちと宝石店を襲って強盗をやろうとして逮捕され、少年鑑別所で審判を受ける。そして少年院に送られる。少年院では先に入っている者からリンチを受けるのが習慣だが、反抗的な浅井は、とくにひどい目にあった。浅井が最初配属されたクリーニング班は班長がとくに横暴なボス的な少年だったため、浅井は激しく喧嘩をする。浅井は木工班に移される。木工班の班長は、かつて仲間たちを率いて都会の夜の街角で通行人を脅して金を巻きあげていた男だが、少年院の中では、班員たちのよきリーダーとしてふるまっており、班員たちものびのびしていて喧嘩もしなかった。浅井もこの班ではじめておちついた。そして、ようやく出所の日が来た。浅井は出所のとき、門をふり返って大声で、「ありがとうございました！」と叫んだ。

次に配役に当たって、羽仁進は一切、職業俳優を避けた。非行少年の役には、実際に非行の経験がある少年たちを選んだ。とくに公募などしなくとも、何人かのもと非行少年を専門家から紹介してもらうと、その友達とか、そのまた友達といった関係で、出演希望者は十分に集まったという。

「不良少年」

一般的には人は過去の非行歴など隠したがりそうなものだが、彼らにとってはそれはかけがえのない青春だったので、青春の記念としてそれを公然と自己表現してみたかったのだろうか。非行とは、あり余る表現欲が社会の規範の枠を超えて表現されてしまったものだ、と言えるとすると、非行少年として華々しく行動するものたちには天性の俳優的素質があるのかもしれない。

ところで、撮影に入ると、かつて非行少年だった彼らは、そもそも本など読むことが嫌いで非行に走ったのだから、台本などをくばっても読もうともしないし、持って来もしなかった。実際、漢字があまり読めないという者もいたようである。やむを得ず、羽仁進と助監督の土本典昭が台詞を読んで役を演じてみせると、少年たちはそれをせせら笑った。自分たちの経験と比べて、まるでリアリティがないということなのであろう。そこで羽仁進が、では、君たちなら、こんな場合にどう言い、どう行動するかと問うと、彼らは乗ってきて、自分で台詞や演技を工夫するようになった。その結果、どんな熟練した脚本家でも書けないようなリアリティのある会話と、どんな演出家も演出できないような微妙な細部のアクションが彼ら自身によって作り出され、あたかもドキュメンタリーであるかのような現実味のあふれた劇映画が作られたのだった。だから台詞の多くは出演者の即興である。

批評家の岡本博は、当時、次のような批評を書いている。

　浅井少年が「つまんねえナ」という口グセを連発したあげく、仲間に百円ずつ出させて自分の手を切ってみせる浅草の夜のシーンがある。人通りのまん中で、いいものを見せてやる、といいながらナイフをとり出した彼に、仲間も「なにすんだよオ」と気味悪がるのにかまわず、一方の素手に刃をにぎって、いきなりひき抜く。血だらけの手の平で顔をなでると、すごい面相になったのを通行人の前に突き出してのし歩いていく。非行という以外に言葉がないだけで、実は見ていて強烈に納得するものが胸の中に突き刺さってくる行為なのである。もはや非行の概念ではとらえられない自然の行為だったと見守ることができる。

　そのような時の驚きとは、世に通用するコミュニケーション以外に、あるいはその内側に、別の、ごまかしのないコミュニケーションが生きているのを発見したおどろきである。(「不良少年」『キネマ旬報』一九六一年五月上旬号)

羽仁進はこの映画で作り出された演技について次のように書いている。

この中には何カットか、本人が知らないで撮られたところがある。うまく条件を作って、芝居しないでいるところを撮ったものだ。しかし、それが他のカットと見分けがつかないのである。他のカットも盗み撮りと同じに自然なのだろうと思う。

この映画の演技は、即興的に行われるように僕としては配慮した。それは、演技によって物語を説明するのではなくて、演じている人々に自己を表現してほしかったからである。（中略）

人間の自分の中にもっている欲望の中には、演技することによってはじめて表現しうるものもあるように思う、欲望の性質上からも演技という、いわば保障された状態の中でしか具体化しえないものがあると思うのである。（「『物理的真実』の詰らなさ」『キネマ旬報』一九六一年二月下旬号）

この映画はまた、人工照明を使わないという点でも、劇映画としてはきわめて思いきったものである。それは記録映画のようなリアリティのある画面を得るためであるが、演技との関連で言えば、ライトを浴びて見得を切るのとは違う自然なふるまいをさせるためにも必要なことだった。ただし、非行少年たちが盛り場をうろつく夜間場面の多いこの作品でそれが可能だったのは、やはりカメラとフィルムの性能の発達に負うところが大きい。

また、セットを一切使わず、少年院の内部はもちろん、すべての場面を実景で撮っていることもこの作品のリアリティを深めることになった。それまで、オール・ロケーションの劇映画という試みはなかったわけではないし、オール素人俳優の映画の傑作もすでに映画史上に何本かある。しかし、この映画のように、素人がただ本物らしい素材としての強い存在感を持っているという以上に、ひとつの集団として少年たちの全員がじつにうまい演技を見せた作品はちょっとない。それはやはり、彼らの一人ひとりができれば実生活でやりたいと思っていたことを、演技という口実でさらけ出させることに成功したからであろう。

もっとも、そこからひとつの弱点もまた生じるのはやむを得ない。というのは、ここで行なわれる非行はあくまでも演技であり、遊びであり、公認された青春の追憶であるために、出演者たちはみんな、やや嬉々として浮かれてしまって、本物の非行の持つすごみや危険性が稀薄になり、たいへん可愛くさえあるものになったということである。非行少年たちにとって非行がどんなに楽しいものであるかがよく分かる反面、彼ら自身がその中で怯えているような姿はあまりとらえられてはいないように思われる。

前の羽仁進の文章の続きにはこうある。

「少年達が、演技を通じてせいいっぱいに生きることを、僕の演出としては最大の目標にしているわけだ。これが少年達にとっては楽しい経験であったように祈っている」。

たしかにこの映画で見るかぎり、少年たちは演技を楽しんでおり、そのことによって俳優にはできない非行の楽しみの深奥にある心をかいま見せた。しかし他面、非行はある意味で本人にとっても苦悩なのであり、その面はあまり表現されなかったように思われる。

ともあれ、この映画は記録映画的な手法による劇映画という可能性を大きく拡大した野心作であり、傑作であった。ただ、この演出方法は少年たちに対しては有効であったが、大人たちに対しては失敗していた。少年たちがじつに生き生きしているのと対比的なほどに、やはりオール素人で配役された大人たちはデクのボウ然としていた。そしてこの弱点はこの後の羽仁進監督作品ではとくに目立つものになった。

「少年」（一九六九年、監督大島渚）

実話に取材した映画である。当たり屋の夫婦が子どもを使って犯行を重ねていた。当たり屋というのは、走っている自動車にわざとぶつかって怪我をし、告訴すると脅して示談料を巻きあげる商売である。この当たり屋夫婦は、旅をしながら子どもに当たらせていたのである。被害者の訴えから当たり屋と分かり、子どもに生命の危険もあるということから、犯人夫婦の逮捕と同時にその子どもを緊急保護する意味で全国に指名手配され、間もなく逮捕された。

この事件の新聞記事にヒントを得て、大島渚は、四国から北海道にいたる当たり屋一家の日本縦断旅行の映画を作りあげた。夫（渡辺文雄）はもと傷痍軍人で前科者。妻（小山明子）は後妻で、チビと呼ばれるまだよく口もまわらない幼い子どもがひとりいる。主人公の少年（阿部哲夫）は先妻の子で小学生だが、両親から当たり屋をやれと命じられ、まず、いつでも涙を流して泣けるようにという練習を自分でやる。車に当たって大げさに痛がってみせるためである。もちろん、少年はそれが犯罪で悪いことであることは知っている。しかし、自分がそれをやらなければ一家は食えないのだ、と思い、歯を食いしばって、健気に、それを商売だと割り切ろうとしているのである。ファースト・シーンは、四国の高知の夜景で、町外れで少年がひとりで涙を流す練習をして、泣けた、と喜ぶ場面である。一家は高知をふり出しに中国、関西、北陸へと旅に出る。夫は暴君であり、夫婦の間は必ずしもしっくり行っていない。妻はいらいらして少年につらく当たることもある。しかし少年は、決して両親を怨みはしない。この両親をしっかりつなぎとめ、幼い弟のチビを守ってゆくのは自分の責任だとばかりに、黙々とつらい仕事をつづける。それでも、さすがに故郷の祖母のところに逃げ帰ろうかと考えたりすることもあるが、それはできない。そのつらい胸のうちを、彼はただ、弟のチビにだけ、「アンドロメダ星雲からやってきた正義の

「少年」

味方」という空想に託して語るのである。当たり屋といっても、本当に車にぶつかってゆくのは妻と少年で、夫はあとで出てきて示談交渉ですごんでみせる以外は、ただいばって妻子を搾取しているのである。当たり屋をつづけるうちに義理の関係の母と少年の間に強い連帯感が生まれ、二人は結束して父の横暴に反抗するまでにいたる。しかし、指名手配されて逃れて行った北海道の札幌の郊外で家族で争っているとき、偶然通りかかった自動車が彼らを避けようとして事故を起こし、ひとりの少女が死ぬ。その死を見て、少年は深く罪の意識を感じる。そして父にも刃向かって行こうとするが無力な彼にはなにもできはしない。少年は自殺も考える。しかし、雪の中を追ってきたチビを見ると、そ

れもできない。少年は原っぱに雪だるまを作り、それを「アンドロメダ星雲からやってきた正義の味方」に見立て、自分も正義の味方になりたかったけれども、それはただの空想だ、と雪だるまをつき崩す。一家は当たり屋をやめて大阪に引き揚げて、狭いながらも楽しいわが家の生活を始めるが、ついに逮捕される。両親は犯行を自供する。しかし、少年だけは否認しつづける。最後に現場検証のために刑事と汽車に乗った少年は、海を見ていて死んだ少女を思い出し、はじめて犯行を認めるのである。

これは、悲劇的な、甘美で悲痛な情感の流露する映画である。生きるということはそもそも、この少年のように心ならずも罪を犯し、その重みに耐えつつ正義を希求するということではあるまいか、という思いにまで深められた至純な秀作である。少年を演じた阿部哲夫は、実際に親に見捨てられた経験を持つ施設の子どもで、素直で頭のよさそうな面立《おもだ》ちであるが、幼いながらすでに生きることの苛烈さにしっかと耐えている表現を持っているところをとくに見込まれて主役に起用されたものである。

東欧社会主義の場合

一九九〇年に東京の青山の草月ホールで、国際交流基金の主催する「東欧映画祭」が開かれた。上映されたのは、ブルガリア、チェコスロバキア、ドイツ、ハンガリー、ポーランド、ルーマニアの六カ国一三本の映画である。いずれも前年の東欧革命が起こる以前に製作された作品ばかりであるが、なかにはいくつか、ずっと以前に作られて社会主義政権下で上映禁止になっていた作品も含まれていて興味深い。

たとえばポーランドのヴォイチェフ・マルチェフスキ監督の「悪寒」である。一九八一年に連帯運動の高揚の中で作られ、戒厳令の施行で上映禁止になった何本かの作品のひとつである。一九五〇年代のスターリン主義下の抑圧がいちばんひどかった時期のピオニールの活動を扱ったものである。ピオニールとはソビエトをはじめ社会主義諸国にあった少年少女団で、優秀な小中学生を集めて共産主義の思想教育やさまざまな活動を行なったものである。主人公の少年トマシュは父親が反動分子として収容所送りになり、自分はピオニール団員に選ばれて訓練所で訓練を受けることになる。そこでの徹底した思想訓練で、純真な少年がついには釈放されて迎えに来た父親を反動分子として拒否するまでになる。この映画は非人間的な思想教育を厳しく批判しているのであるが、この訓練所が古い教会を改造したものであることが面白い。壁には党の指導者たちの写真が貼ってあるが、その下には十字架の痕がある。一九五六年のポズナニの暴動でスターリン主義に忠実だった政権が倒れてゴムルカ政権に代わり、スターリン主義批判のためにこのピオニールの訓練所も突如解散になる。この混乱の中で、トマシュ少年は思わず神に祈る。共産主義者は古い伝統を破壊しようとしたが、カトリックの伝統は根強く、イデオロギーがもたらした混乱を底からしっかり支えていることが分かる。突如解散になって呆然としている少年少女たちの姿がラストシーンであるが、これは一九四五年に同じ年頃の少年として敗戦を経験した日本人の私には痛切に共感できる場面である。それまで熱狂的な態度で教え込まれていた「正義」が、それを教えていた大人たちからとつぜん誤りだったと知らされた経験である。一九七〇年代半ばに文化大革命の終結を宣言された中国の紅衛兵たちも同じ経験をしたはずである。この「悪寒」のピオニールの少年少女たちは一九八〇年の連帯運動の盛り上がりのときには三〇歳台の後半、まさに連帯の中核となって上からのイデオロギーの押しつけに激しく抵抗した世代であった。

一九八八年のブルガリア映画、イヴァン・ニチェフ監督の「一九五二、イワンとアレクサンドラ」（一九九二年の劇場公開邦題「ぼくと彼女のために」）も期せずしてこの国のスターリン主義時代におけるピオニール活動を描いている。そして監督は、これは自分たち自身の少年時代の経験を描こうとしたものだと言っている。主人公の少年は、体制賛美のラジオドラマに出演している子役で、彼はエリート階級の美しい少女に恋をしている。ところが少女の父親が政治的に失脚すると、少女までが学校でピオニールから除名されてしまう。そこで少年は、ラジオ局で貰った出演料で悪友たちと一緒に彼女をなぐさめる。ところがその金をあてにしている貧しい友達もいて、その母親が激しく怒りだしたりする。大人の世界の政治とイデオロギーの変動が純真な少年少女たちにどう影響したかをユーモアをこめて面白く描いており、少年時代にこういう経験をした大人たちが、いま体制変革の第一線にあることがよく分かるのである。

ところで「悪寒」のヴォイチェフ・マルチェフスキ監督であるが、彼は以前、「夢想期」（一九七八）という傑作を作っており、これは日本でも一部で自主上映されたことがある。

この作品が背景にしているのは二〇世紀はじめ頃であろう。ポーランドが、ロシアとドイツとオーストリア＝ハンガリー帝国に分割されていた時代の、そのオーストリア＝ハンガリー帝国領のギムナジウムを主な舞台として、ひとりの少年の成長が描かれる。

余談だが、このギムナジウムの生徒たちは、いま世界じゅうでたぶん日本にだけ残っている学生服を着ている。同じ時代のオーストリアのギムナジウムを描いたフォルカー・シュレンドルフ監督の「テルレスの青春」(一九六六)にも学生服が出てくるが、この時代のドイツやオーストリアの中等教育は、軍国的な体制の重要な一環として、中流、上流階級の子弟に軍隊に準ずる厳しい教育をほどこす場所だった。だから生徒は軍服に準じた学生服を着せられたわけで、それを後年ずっと受け継いできたのが日本の学校なのである。

そんなわけで、この「夢想期」で描かれるギムナジウムの教育は徹底的に権威主義的であり、上から力ずくで権力に忠実な人間の鋳型にはめてゆこうとするものである。カトリックの神父の授業がとくにものすごく、ものを教えるというよりは、教会と教師と二重の権威をカサにきて無力な生徒たちを滅茶苦茶にいたぶっているサディストのようである。

しかし、新任の物理の教師は必ずしもそうではない。権威はふりまわさず、人なつっこくて民主的な態度である。この教師がじつはマルクス主義者で、生徒に密告されて自殺する。そうした事件がきっかけで、主人公のミコワイ少年は進歩的な思想に目ざめて卒業してゆく。

悪しき権威主義は社会主義化以前の旧体制のものであり、その権威主義のイデオローグはカトリックの神父であり、それらを打破する方向を指し示してくれるのはマルクス主義者の知識人である。簡単に言えばそういうことになるが、この図式はいわば、社会主義国ポーランドとしての、お定まりの公式、つまりたてまえにすぎないのではないか。ここに描かれているのは、権力が強引にドグマを押しつけてくる体制の中で、なおかつ人間はその権力の偽善と実質的な空洞化を見ぬきながら自立してゆくものだという叫びなのではないか。

この映画で興味深いのが、主人公のミコワイ少年が大人たちの偽善を見破り、その偽善を乗り越えてゆく契機として、性の目覚めということが大きな位置を占めていることである。ミコワイは、まだギムナジウムに上がる前から、しばしば悪夢に悩まされる。反体制的な思想を持っている父、冷たい母、アル中の叔父や祖母など、不安定な家庭環境で神経がとぎすまされ、心理的に脅えているのだろうが、そういう彼にとって、思春期の性の目覚めがどう作用するか。初恋の経験、大人たちの性行為の覗き見、娼家に行って逃げ帰ること、などなど、たいていの少年たちが青年になるときに経験することを彼もまた経験するが、それが彼をスポイルした形跡はない。むしろ、得体の知れない脅迫観念に悩まされていた彼は、それらの経験とともにたくましくなっていって、大人の権威に脅える状態から解放されてゆくかのようである。性的に大人になってゆくことが、同時に、頭ごなしに上から押しつけられるオーストリア＝ハンガリー帝国への忠誠とか、カトリックの教義への畏怖といったことから自由になってゆく過程でもあるのである。セックスに代表される自然な人間性の成長が、自ら、空洞化して偽善性をむき出しにした権力と権威をつきぬけてゆく。そういう肯定的な強いイメージがあって、とかく絶望的な苦悩の表出だけで終わりやすいポーランド映画としては珍しい、肉感的なナマナマしい生を謳歌する作品になっていると思う。

第6章　障害児たちと

「ねむの木の詩《うた》」（一九七四年、監督宮城まり子）と「晴れがましさ」の必要について

宮城まり子製作監督の映画「ねむの木の詩」シリーズは、歌手でありミュージカルのスターである彼女が自分で校長となって経営している、肢体不自由児教育施設「ねむの木学園」の児童たちのドキュメンタリーである。

身体に障害があり、肢体が不自由になために学校に通えない子どもたちがいる。では義務教育はどうするか。役所はそこで、そういう子たちは義務教育を免除するということにした。宮城まり子はその話を聞いて憤慨した。養護施設と学校を一緒にした施設を作ればいいのに、と言って。そこで調べてみると、養護施設は厚生省のもの、学校は文部省のもので、両方は一緒にはできない、ということが分かった。宮城さんは乗りかかった船で、工夫を重ね、役所などとの交渉を重ねた末に、両方の機能を併せ持った施設として「ねむの木学園」を作り、なりゆきでその責任者になったのだった。

はじめに教育者的な理想があってそれを貫いてこの学園が出来たというのでは必ずしもなくて、むしろ、ちょっとしたお役所批判がのっぴきならないものになって、引くに引けなくなって、いわゆる「瓢箪《ひょうたん》から出た駒」でそうなった、という印象もないではない。

もちろんそれでもこれは立派な美談である。しかし、それをなんとなく、「芸能人の道楽」というふうに見る「世間の目」も避け難いものがあった。

そんな経過をふまえて、宮城さんが自分でその学園の様子をドキュメンタリーにまとめて見せてくれるということになると、これは「道楽」ではすまなくなる。

この第一作を撮影中のことだったと思う。たまたまあるラジオ番組の収録で私は宮城さんとご一緒した。そのとき雑談で、私は彼女から、「大島渚さんが『少年』の主役の子役を選ぶのに児童施設をまわったそうですが、そういうことをどう思いますか?」と聞かれた。「少年」は悪党の父親から、わざと自動車にぶつかって示談金をゆするという新手の犯罪の「当たり屋」を命じられている小学生を主人公とした映画であり、この少年はそれが犯罪であることを知りながら、もし自分が拒否したら、まだ幼い弟を含む家族はどうなるかと考えて、あえてすすんでそれを実行するのである。大島渚は、自分の立場を冷静に認識して悩みながら行動する大人びた子どもは養護施設にこそいるのではないかと考えて、施設をめぐってその子役を発見し、見事に期待に応える演技を演出することができた、と私は思っていたので、宮城さんの質問にとまどいながらそう答えた。

これに対する宮城さんの言葉はじつに印象的だった。「施設に行けばそういう子どもに会えるというのは違うんです。私の知っている施設の子たちはみんなとっても可愛いですよ」と。

私は大島渚の「少年」の主役の選び方を正しいと思うと同時に、宮城さんの反論も素晴らしいと思った。「ねむの木の詩」はまさに、ねむの木学園の子たちがどんなに可愛いかを描いた作品であった。これは岩波ホールで公開されて評判になった。一般観客には心温まるヒューマニズムとして受け容れられたと思う。しかし批評家の受け止め方には微妙なものがあったかもしれない。宮城さんの学園に対する熱意は否定できない。しかし作品としては甘いのではないか、というのである。この子たちの直面する厳しい諸問題が描かれず、ただ可愛い可愛いと言っているだけではないか、という声が聞かれた。社会派ドキュメンタリーとはそういう深刻な問題を告発する映画として、批評家に支持されてきたものだという歴史がある。宮城さんのこの作品は、その常識からすると甚だ景色あるものだった。

私はそのことを宮城さんに聞いたことがある。電話での簡単な一問一答だったけれども、そのときの宮城さんの言葉がまた、とても考えさせられるものであった。

「この子たちは晴れがましい思いというものをあまり知らないのです。運動会などをしてもあまり父兄が来てくれない。その事情などを描けばいくらでも深刻な映画になります。けれどもそんなことは子どもたちには嬉しいことではありません。私は映画でこの子たちを応援してあげたいのです」

何十年も前の電話での話の記憶なので正確ではないと思うが、私はそう聞いて本当に感動した。なるほど、映画はただ観察するだけのものではなくて応援するものでもあるのだ。とはいえ、第一作の「ねむの木の詩」では宮城さんは、自分で画面に出て直接この子たちを可愛がる姿を見せることは極力避けていたが、第二作「ねむの木の詩がきこえる」からは積極的に子どもたちを可愛がる自分を見せるようになった。可愛がられることの晴れがましさをいっそう鮮やかに感じてもらうためであり、可愛がる者としての自分の責任を明らかにすることでもあるだろう。自己顕示と言いたい者は言ってかまわない、この子たちに晴れがましい思いを経験させることが大事なのだ。

撮影監督の岡崎宏三は、撮影を頼まれたとき、「どういう絵がほしいの？」と聞いたそうである。

「子どもたちを可愛くてきれいに撮ってほしいの」と宮城さんは言い、岡崎カメラマンは「よしきた！」と、紗《しゃ》まで使って撮ったという。これはレンズの前に紗をかけて被写体をぼんやり甘くきれいに撮る技法であり、それこそハリウッドのサイレント時代の俳優グレタ・ガルボなんかの全盛時代に流行ったものである。教育の神髄は「晴れがましさ」の自覚にある、と私は学んだ。

「ねむの木の詩がきこえる」（一九七七年、監督宮城まり子）

「ねむの木の詩がきこえる」は、ひきつづき、この施設の可愛くて可愛くてたまらない子どもたちを活写した映画である。前作の成功で自信をつけたためか、あるいはそれ以外の方法は考えられないほど、はじめからこの視点に確信を持っているためか、こんどの作品は前作よりさらにいっそう美しく、さらに奔放にシネ・ポエム（映画詩）の世界に分け入っている。また、前作では、おそらくは女優の売名と見られることへの警戒のあまり、宮城さん自身は極力画面に現れないように努めていたが、そう誤解されるわけはないという確信を前作の反響で得たためか、こんどは積極的に画面に出ている。そして、彼女自身の子どもたちに対する愛情を、カメラの前で存分に吐露してみせている。彼女自身が画面に出なければ彼女の愛情は吐露できないというわけではなく、前作では極力自分を画面に出さないでその気持ちを子どもたちの姿とカメラワークによって間接的に表現していたのだが、やはり、なにも遠慮することはないのである。直接的な表現はいっそう強いのである。どうしても言葉の話せない自閉症らしい子のために、まずスキン・シップからということか、親犬と仔犬がじゃれあうように、ころびつ、まろびつ、その子のヨダレまで受け容れて心のコミュニケーションの通路をさぐりつづける宮城さんの姿は見事である。また、知的な能力は十分にあるのに、肢体が不自由であるために学校ではその知力に相当する授業を受けられなかった子のために、宮城さんがその子のとび級を学校の校長先生にお願いするシーンは、障害児教育に関する問題提起としてきわめて重要な意味を持つ。とび級が許可されて、その子は泣いて喜び、職員たちもまた、その子を祝福して泣く、それがその子にとって、それほどに重い意味を持つことだったのかということが、説明としてでなく真情として分かるわけである。その真情としての理解に達する観客のための導きとして、宮城さん自身の真情あふるる校長先生への「お願い」のシーンは必要欠くべからざるものであった。

もうひとつ、歌手でありミュージカルのスターである宮城さんのキャリアが生かされているのもこの作品の見どころである。子どもたちの病気を心配しながら宮城さんの歌う、「神さま、あなたはなんといういたずらをなさいます」という歌は、歌手としての長いキャリアの中でも、おそらくは絶唱のひとつに数えられるものではあるまいか。そして、ガラス窓をのぞき込んだ犬が歌う(という形をとった)ユーモラスなべらんめえ調のワンワン・ソングの面白さ、これはただ作者がミュージカルの専門家だから自然にそういう表現になったということにとどまらず、教育とは真情プラス芸であるという見事な宣言であるようにさえ思えた。

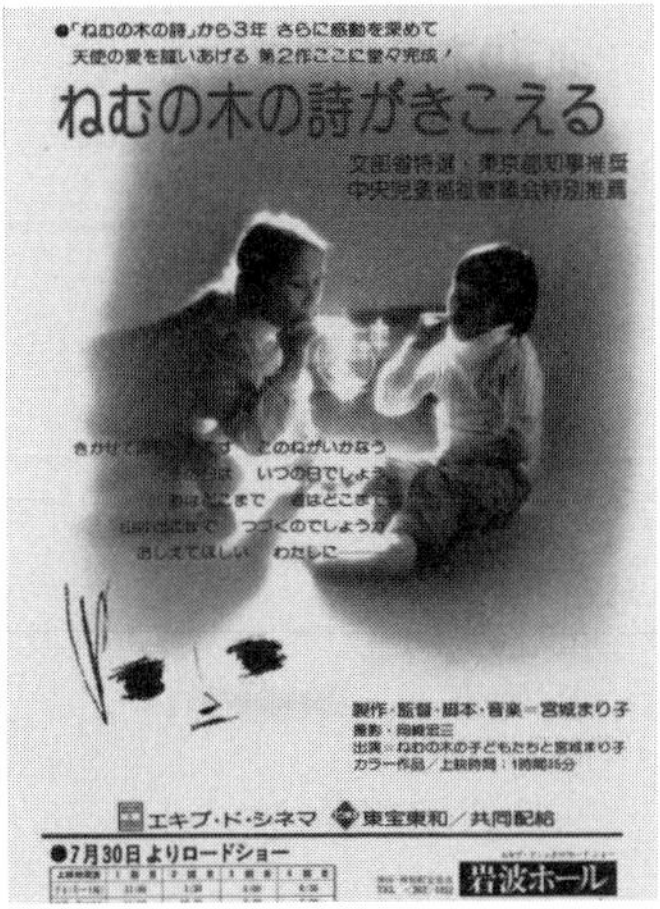

「ねむの木の詩がきこえる」

「虹をかける子どもたち」（一九八〇年、監督宮城まり子）

宮城まり子監督の「ねむの木の詩」シリーズの第三作である。第一作「ねむの木の詩」は普通の意味での記録映画、第二作「ねむの木の詩がきこえる」は、記録映画というよりはむしろシネ・ポエム、そして第三作のこの「虹をかける子どもたち」は、シネ・ポエム的な美術映画、と一作ごとにスタイルの発展がある。

この映画の主な部分は、学園の子たちが描いたたくさんの絵である。その絵はじつに色彩豊かで美しく、ゆったりとした楽しい気分にあふれているものが多い。とかくいじけがちな境遇からこの学園に送り込まれてきた子どもたちは、はじめは自己表現にも消極的で、絵を描かせても貧しい作品しか生まれなかったらしい。それを、宮城さんが画家の谷内六郎の協力を得て指導しているうちに、とつぜん、あふれるようにたくさんの豊かな絵が生まれるようになったという。

これが普通の教育映画的な発想なら、宮城、谷内両氏のどんな指導の仕方がこの成果を生んだのか、子どもたちに対する教師の指導の仕方とその反応の表れ方というところに力点を置くはずである。かつての羽仁進監督の傑作「絵を描く子どもたち」（一九五六）でも、子どもの生活や精神状態の変化とともに絵がどう変わり、教師の働きかけがそこでどういう役割を果たすかということが、はっきり見る者自身で分析できるように撮られていた。

しかしこの映画はそういう分析や説明を目的としてはいない。宮城監督には「能力の劣る子たちでもこういう巧みな指導をすればよくなる」というような、指導する立場に力点を置いた描き方は最初から問題外なのであろう。彼女が描きたいのはただ、「この子たちはこんなに素晴らしい内面生活を持っており、それを表現する力がある」という一事であり、さらにつけ加えれば、「この子たちと遊びたわむれることは無上の幸福である」ということであろう。

こうして、まことに無邪気な絵がとめどもなく現れ、その間を宮城さんと子どもたちの遊びたわむれる映像（岡崎宏三の童画のような撮影！）でつないだこの作品は、前二作以上に、ねむの木学園をこの世のユートピアのように見せるものになる。もちろん、ねむの木学園がユートピアであるはずはなく、多くの困難と労苦の上にかろうじてそういう夢が可能になっているのであろう。その困難と労苦をずばりと切り捨て得るのは、その労苦の責任を引き受けている宮城さんの特権である。そのことによってこの映画は、まれに見るユートピア的幻想の秀作になっている。

「虹をかける子どもたち」

「ハローキッズ！ がんばれ子どもたち」
（一九八六年、監督宮城まり子）

「虹をかける子どもたち」の絵は国際的に評判になって、ニューヨークでも公開された。それが縁になってニューヨークに行った宮城まり子とねむの木学園の子たちは、ハーレムの黒人の子たちと親しくなる。ハーレムといえば、犯罪の多い、とても怖くてカメラなど持ち込めないところだと言われているが、一行は平気である。ハーレムの子たちはブレーク・ダンスがうまい。ねむの木学園の子たちも、一流のダンサーからレッスンを受けたりする。宮城まり子はハーレムの黒人の子たち数人を、その親たちごと、日本に招待する。そして学園で一緒に暮らし、やがて大劇場のステージで合同でミュージカルを上演する。「ハローキッズ! がんばれ子どもたち」はそのドキュメンタリーである。そういう大まかなストーリーがあり、このストーリーに沿って事が運ぶ。障害児たちと黒人の子たちの出合いと共演。そこにきっと、なにかまた、清新な心を開かれる感動が生まれるに違いないという予想があって立てられた企画であり、予定されたストーリーであったであろう。ただなんとなく、障害があってもダンスができる、ということを示すのではなく、それをできるだけ彼らにとって晴れがましい、心の開かれる経験に高めようとする願いがそこにはある。同じことはハーレムという閉鎖的な環境の中にいる子たちにとっても言えるはずだという判断が、このストーリーを成り立たせている。

前半、ニューヨークでの展開には多少のぎこちなさがある。黒人たちと、障害児たちと、互いにハンディのある者同士としてすぐに心が通じ合うはずだと信じてどんどんハーレムの中に入り込んでゆくと、必ずしもそうスムースにはゆかない。そこにとまどいがあり、社会派ドキュメンタリーならそのとまどいの部分を細密に掘り下げるところを、子どもたちの純真さをなによりも第一に考える立場から、とまどいはとまどいのまま保留して先に進む。その正直さが好ましい。そしてそのぶんとも、ハーレムの子たちが東京に着いてからの展開は弾みがつく。子どもたちが明治神宮外苑の銀杏並木を歩く場面の浮き浮きした軽快なミュージカル的な処理は、音楽、編集、撮影、そしてなによりも子どもたちみんなの心から愉快そうな足どりによって、短いけれども映画ミュージカルの小傑作である。

ねむの木学園における、黒人の子たちと障害児たちとの交歓の様子が軽くスケッチされてゆき、お客さんがいるということの教育的意義がくっきりと見えてくる。それはたんに、外国人と仲よくしましょうというだけのことではない。客がいるとそこが晴れがましい場所になるのだ。渡辺貞夫や宇崎竜童といった有名人の特別出演の場面もあるが、それらも決して、単純に画面をにぎやかにしたり、ねむの木学園の有名さを誇示するためのものではない。子どもたちにとっては客を迎えること自体が有意義なのだ。子どもたちがミュージカルに出演するために特別に指導してほしいと宮城まり子に申し出る。多少恥ずかしそうに、しかし彼らは明らかに高揚した気分でいる。その高揚した気持ちを導き出す力の一部として、有名無名の客たちの存在は大きい。

障害児たちが、その不自由な体をけんめいに動かしてダンスの特訓を受ける場面は感動的である。動かない体を、気合いをかけて動くようにする。できないはずはない、とがんばる。子どもたちが本当につらい表情になり、無理か、と思うところに宮城まり子の力のこもった声がはっしと打ち込まれる。崩れそうになる体がその声で支えられ、気力をふるい起こして、ついに動きそうにないところが動く。この感動は、しかし、たんなるがんばり主義やスパルタ的な指導の厳しさの勝利を意味するものではない。重要なことは、そこに希望があるということである。宮城まり子は希望を演出できる人だから教育者として立派なのであり、この映画の製作自体がそうした作業の一環なのである。

そして最後に、障害児たちと遠来の客である黒人少年たちの共演するミュージカルになる。これは大きな舞台で舞台用の照明をふんだんに活用した文字どおり絢爛たるものであり、まさに一人ひとりの子どもが晴れがましい脚光を浴びるのである。たんなる上手という以上に、ここではこの舞台の気分にノルことが重要であり、そうでなければ意味がない。子どもたちはよくノッている。また子たちにノリを味わわせるために大人たちが技術をつくしている。そこに幸福があり、宮城まり子監督があえて見せようとはしなかった苛烈な現実に対抗する希望がある。

「奇跡の人」(一九六二年、アメリカ、監督アーサー・ペン/一九七九年、アメリカ、監督ポール・アーロン)

盲、聾《ろう》、唖、という三重の障害がありながら学者となり、福祉思想家として活躍するようになったアメリカのヘレン・ケラー女史のことはよく知られている。盲に聾では言葉を知ることができない。言葉を知らなければ考えをまとめたり先へ進めたりすることはできない。だから幼い頃の彼女は、気に入らないことがあれば暴れるだけだった。そんな彼女が七歳のとき、アン・サリバンという家庭教師がやってきて、掌と指でＡＢＣの形を作って握らせることによって文字を教え、言葉を教えた。ところが「ママ」と呼べば母親がやってくるというような経験なしに育ったヘレンには、言葉には意味があるということがなかなか理解できなかった。しかしサリバン先生の根気のいい教育によって、ついにある日ヘレンは、病気で話せなくなる前に覚えていた「水」という言葉を思い出し、言葉の意味を悟る。そして、それからあとは急速に知識を吸収し表現できるようになる。

以上はヘレン・ケラーが自伝で書いていることであり、人間がふだんその有難さを忘れている言葉というものについて、それがいかに貴重なものであるかということを改めて強烈な感動をもって教えてくれる実話である。ウィリアム・ギブソンの戯曲『奇跡の人』は、この実話を脚色したものである。両親が憐れみと方法の分からなさから日常生活の躾さえしなかったため、気に入らないことがあれば暴れるだけだった彼女を、サリバン先生は、力づくで抑えつけてまず食事の作法から躾けてゆく。それがこの劇の最初の見せ場である。生まれてはじめて手荒な扱いを受けたヘレンは徹底的に反抗するが、サリバン先生も、止めようとする両親を部屋から追い出して、自分もへとへとになりながら、食事の躾を繰り返す。この芝居はこの場面の行動の激しさでまず観客を驚かせるように出来ているが、二度目の映画作品でも、パティ・デュークのサリバン先生と、メリッサ・ギルバートのヘレンの取っ組み合いは壮烈なものだ。

この力づくの躾は、教育は暴力的であるほうがいいという野蛮な考えの持ち主を喜ばせるだろうか。そんなことはないだろう。この場合は決して体罰を加えるのではない。サリバン先生自身がへとへとになっても、正しい作法を教えることをやめないのである。先生のそのものすごい忍耐と懸命さは、なにも分からないはずのヘレンにも、肌と肌の触れ合いを通じて伝わってゆくように感じられる。そこにこの作品の感動がある。

言葉の意味を知るということがどんなに素晴らしいことであるかを表現する前に、まず、肉体と肉体の触れ合いも意思や感情を伝える有力な手段であり、そこには言葉と共通する意味がこもるということをこの作品は描いている。そして、そのうえで改めて、それだけでは足りないとして、言葉の意味を知ることの素晴らしさという主題に進んでゆくのである。両親はヘレンに躾ができたことで満足するが、サリバン先生の考えではこれでやっと動物なみで、言葉を理解しなければ人間の心を持ったとは言えないのである。そこで、なんとか言葉を理解させようと苦闘することになる。

つまりこの作品は、たんにひとりの身体障害者をめぐる美談なのではなくて、人間とはなにか、心とはなにか、心と心が通じ合うということはどういうことなのか、という高度な哲学的な問題を扱っている作品なのである。そういう哲学的な問題が、最も具体的かつ基本的なかたちで展開されるところに、この作品の感動が生じるのである。

原作の戯曲は一九六二年に最初の映画化が行なわれてアーサー・ペン監督で傑作となった。二度目の映画化は一九七九年で、原作者自身が脚色し、ポール・アーロンが監督している。

第一回の映画化作品では、サリバン先生を大女優のアン・バンクロフトが圧倒的な迫力で熱演して評判になった。あの作品で幼いヘレンを演じていたパティ・デュークが再映画化ではサリバン先生を演じている。そしてやや違った人間像を見せる。中年のバンクロフトは、自信たっぷりで威厳のある教師という演じ方だったが、まだ若いパティ・デュークは、盲学校を卒業したばかりの新米教師の初仕事という設定で、自信はないけどこれに失敗したら自分の将来はないという覚悟でがんばる、というふうになっている。そこで、じつにういういしく、青春の気迫にみちみちた新しいサリバン先生が演じ出されている。だから滅多にない青春映画の力作になっている。実際にもサリバン先生は、当時、不幸な境遇に育って盲学校を優秀な成績で卒業しただけの視力の弱い若い女性だったのであり、教師の経験などはなかったのである。

「しいのみ学園」(一九五五年、監督清水宏)

「しいのみ学園」は清水宏監督の晩年の佳作である。昇地三郎《しょうち》・露子夫妻の教育実践記録である同名のノンフィクションの原作から脚色されたもので、小児マヒ後遺症児童を集めた小さな学校の物語である。映画の前半は子どもの小児マヒに悩んだ大学教授の両親が、困ったときの神頼みで迷信じみたものにまで頼ったりする姿をペーソス豊かなユーモアをこめて描いている。高邁な理想にもとづいて学校を始めたというよりも、障害児に冷たい世間に追いつめられ、せっぱつまって始めたという感じがよく出ている。

清水宏監督の児童観は古風で単純な童心主義で、子どもは純真だからいい、というにつきる。その純真なはずの子たちが、普通の学校では障害者いじめをやったりする。教師の力で差別のない学校を作りあげると、そこには本当の純真さがのびのびと表れて、和気あいあいと助け合う本来の子どもらしさが出てくるというものである。彼の児童映画はいつもそうであるが、この映画でも、子ども同士がごく自然にのびのびふるまっている場面がすばぬけていい。

大学で心理学を教えている山本先生（宇野重吉）には二人の息子がいるが、二人とも小児マヒの後遺症があった。そのため学校でいじめられ、兄のほうは登校拒否をするようになった。山本先生はこういう子たちをのびのび育てるために自分で学校を作る。

大学での教え子の渥美かよ子（香川京子）もその理想に共鳴して教師として参加した。明るいのびのびした学校生活が始まるが、親たちの中には厄介者を捨てるようにして子どもをあずけてゆく人もあるのだった……。

「太陽は、ぼくの瞳」

「太陽は、ぼくの瞳」（一九九九年、イラン、監督マジッド・マジディ）

このところイラン映画の高揚ぶりには目をみはるばかりである。すでに有名なキアロスタミ監督の諸作品につづいて、アボルファズル・ジャリリの「ぼくは歩いてゆく」（一九九八）や、マジディの「運動靴と赤い金魚」（一九九七）など、人間尊重の精神をこれほど純粋に結晶させた映画がひとつの国からこれだけ集中的に現れることは、映画史上にもまれである。

「太陽は、ぼくの瞳」はこのマジッド・マジディの新作である。寄宿制の盲学校で学んでいる少年が、夏休みの間に田舎に帰って経験したことが描かれる。じつは父親は妻を失ってこの子をもて余している。そこに悲劇的な感情がただよい、厳しいクライマックスを予感させる。少年はその父親の不安定な気持ちに気づいているが、あくまでも明るく、目の障害はあっても自分はなんでも立派にやれるんだということを示す。

しかし、その活発で元気な言動の合間合間に、ときどきこの少年の口から真情あふるる悲痛な言葉が語られて、見る者は襟を正すような厳粛な気持ちにさせられる。たとえば「先生は言った。神様は目の見えない人のほうが好きだと。ぼくは聞いた。それならなぜ神様は見えなくさせるのって。そしたら先生は、神様には姿がない。どこにでもいるから神様を感じられる、君たちは手で見えるって。ぼくはどこでもさがす。神様に触れる日までさがすよ。心の中のすべてを神様に話せる日まで」。

じつはこれらのセリフはマジディ監督が盲学校の子と一年ほどつきあっていたときに、その子から実際に聞いてノートしておいたものなのだそうである。

この国にはこんなにみずみずしい風景があったのかと驚くような村と山河を舞台にして、映画技法的にも巧緻をきわめた美しい作品に仕上がっている。お見事！

「茗荷村見聞記」（一九七九年、監督山田典吾）

この映画は、同監督による野杉春男先生を描いた「春男の翔んだ空」（一九七七）につぐ、知的障害児教育を主題にした劇映画である。山田監督はその前にも長篇記録映画「太陽の詩《うた》」（一九七五）で同じテーマを扱っている。「春男の翔んだ空」のとき、ＮＨＫの「ニュースセンター９」でこの作品を紹介していたが、それによれば山田監督自身が障害のあるお子さんをお持ちなのだそうで、このテーマに寄せる情熱が並々でない理由も理解できたのだった。

知的障害児教育をテーマにした映画といえば、まず思い出されるのは稲垣浩監督の一九四八年の「手をつなぐ子等」と、四九年の「忘れられた子等」である。稲垣監督は時代劇と明治ものの「無法松の一生」（一九五八）で有名であるが、この二本も素晴らしいもので、リバイバルされないのが不思議なくらいである。この二本の作品の原作者は田村一二であり、昭和一〇年代から、知的障害児教育を先駆者として一部の人に知られた教師だった。「忘れられた子等」には、校長から君には特殊教育をやってもらいたいと言われて、英才教育を担当するのだと錯覚して張り切る新米の小学校教師が主人公として登場するが、これは田村一二自身の経験だったのだと思われる。特殊教育とは障害のある児童の教育のことだと知って彼はがっかりし、教室で生徒たちを遊ばせておいて自分は絵ばかり描いているのであるが、そのうち児童たちの純真さがたまらなく好きになって、この仕事に専念する決心をするのである。「手をつなぐ子等」は日中戦争当時の京都の小学校を舞台にしているが、障害のためにどこの学校でもまともに相手にしてくれない子どもを、ある小学校で引き受けて、普通学級の中で、級友たちの温かい協力の下に指導してゆくという物語だった。その教師を笠智衆がじつにいい味で好演していたが、彼は最後に徳川夢声の演じる校長としみじみ語り合う。知的障害児教育の重要性に自分たち教育者がこれまでほとんど無関心だったこと、子どもの純真さには教えられることが多いこと、同級生たちにもいい感化があったこと、障害があってもけっこうな取り柄があること、などである。これらの感想も原作者田村一二の経験からにじみ出たものを映画が取り入れたのであろう。

実現可能なコミュニティ

「茗荷村見聞記」も田村一二の原作によるものである。知的発達の遅れがある子はあまり学校に行かず、行っても学校が平気でたらい廻しにしていたような、そんな知的障害児教育の黎明期からこの仕事に入ってその道一筋にやってきた田村一二自身が、それから数十年後に、知的障害児のためのコミュニティを見学に行き、そこで、かつての教え子の母親や、教え子の子などで、いまはこのコミュニティで子どもたちの面倒を見ている人たちにめぐり合うという物語である。

長門裕之の演じる主人公は田村先生として登場する。しかしこの物語はフィクションなのである。田村一二が実際にそういうコミュニティを訪ねた記録ではなく、こんなコミュニティがあったらいいなあと想像した、その架空訪問記なのである。一種のユートピア物語と言ってもいい。ただ、多くのユートピア物語が現実性のない空想をくりひろげるものであるのに対して、このユートピア物語は、財政的な裏づけさえあれば十分に実現可能なものであり、ぜひこういうコミュニティを作りたいという原作者と監督の希望がナマのまま伝わってくる。こういうコミュニティを作りたいという宣伝のための映画だと言っても作者たちをおとしめたことにはならないだろう。なぜなら、その宣伝は十分な正当性を持ち、作者たちの気持ちも純粋なものだと理解できるからである。

そのユートピアのようなコミュニティが茗荷村である。どこか静かな田園地帯で、やや山村ふうのところにその村がある。村では障害者とそうでない人々がともに暮らしている。その村の交通機関は馬車なのだが、御者をするのも障害のある人だ。田村先生は村長（殿山泰司）の案内で村を一巡する。村には点々と農家があり、そこに障害のある子どもたち、青年たちが住んで、それぞれの能力に応じてやれる仕事をやっている。農作業や宿屋の手伝い、郵便配達、いろんなことを彼らなりにのんびりとやっている。もちろん、少数の指導者はいるが、ここでは彼らは人に馬鹿にされることもなく、いじけることもない。

この村で、かつての教え子の母親や、教え子が結婚して生んだ子で賢く成長して働いている若い女性などに出合い、なつかしさと喜びで胸がいっぱいになっている田村先生に、村長は言う。本当はこういう村ではじめて障害のある子が幸福になれるというのではいけないので、社会全体がこの村のように、障害のある人々を差別せず、その能力に応じた仕事を与えることができなければいけないのだ、と。

映画の出来ばえとしては、あまり上出来とはいえない。映画として、ドラマとして、あまりに素朴すぎる。その素朴さはそこに描かれた障害のある子どもたちの人間としての素朴な美しさと響きあってひとつの効果をかもし出している、と好意的に言うこともできるが、稲垣浩監督によるかつての二本の秀作、とくに伊丹万作の名脚本に支えられた「手をつなぐ子等」の精緻な技巧をこらした結果の素朴さを知る者としては、そういう言い方も気がひけるのである。

ただ、では「茗荷村見聞記」は、そこでナマのまま主張されているメッセージだけがよいからこうして紹介しているのかというと、決してそうではない。技巧的には素朴すぎるにもかかわらず、この映画には名作「手をつなぐ子等」にもない長所がある。それは障害のある子たちをたくさん出演させて、その可愛さ、美しさを惜しげもなく見せているということである。

稲垣監督の二本の秀作をはじめとして、これまで知的障害児を扱った映画は必ずしも少なくはない。しかし、実際の知的障害児を出演させるということは以前はなかった。そういう子に演技はできないと考えられたであろうし、もっと基本的には、知的障害のある子を映画で人々の視線にさらすのは非人道的だと考えられてきたからであろう。身体障害者を見かけてもジロジロ見るのは失礼であるという常識にそれは通じている。

たしかに、身体障害者や知的障害者を好奇心の目でジロジロ見るのは失礼である。しかし一方、見えているのに、わざと見えないフリをするというのも、その存在を無視するという意味で差別に通じるのではなかろうか。礼儀正しく無視したつもりなのが、結局、身近にそういう人たちを見たくないからどこか遠いところにコミュニティでも作って追っぱらってしまう、という考え方になってしまうことだってあり得る。「茗荷村見聞記」では知的障害児だけのコミュニティより、やはり社会全体がこの子たちを受け容れるほうがよいのだと結論されているが、現にいま、障害児教育の義務制の問題をめぐって、障害児を特殊教育に分離しようとする学校側、行政側と、障害児も普通学級に入れてほしいとする障害児の一部の親たちとの激しい対立が生じている。障害児をただ見て見ぬフリをすればすむというものではないのである。原一男監督が一九七二年に作った「さようならＣＰ」という長篇記録映画は、脳性マヒの障害者が、積極的に自分の生き方を人に見せ、また自分も世間の人々をしっかと見ようとしてすすんで街へ出てゆく姿を描いたものだった。見ることと見られること。なにを見てよいか、なにを見るべきでないか。これは映画の根本問題である。

山田典吾監督は前作の「春男の翔んだ空」で、何人か、実際に障害のある子を出演させ、その天真爛漫な可愛らしさを見せた。一般には知的障害のある子をみっともないと思い、だからこそ見て見ぬフリをするのを礼儀としているが、よく見てくれ、この子たちはこんなに可愛いのだ、見ないで差別することはやめて、よく見て可愛がってくれ、そういう主張がそこにあった。しかし、複雑な芝居のある主役の子を演じたのは、どう見ても知的障害があるようには見えない、いかにも達者な子役だった。そして、その演出は「手をつなぐ子等」の精緻に演出された障害者のさまには遠く及ばなかった。「茗荷村見聞記」よりも映画的にはうまく作られているにもかかわらず、そういうところが中途半端な印象を残したものである。

「茗荷村見聞記」では、もっとたくさん、もっと大胆に、実際の知的障害児たちを一九七九年の段階で出演させている。そして、なまじの芝居など強いることなく、その純真な表情を見せることに映画のねらいを置いているようである。この映画のよさはそこにある。

とはいえ、子どもを生んで育てる知的障害者の女性の役など、やはり実際の障害者というわけにはゆかなくて、吉田日出子が巧妙に演技しているが、彼女の演技もなかなかよいものだった。


「裸の大将放浪記」（一九八一年、監督山田典吾）

山田典吾脚本監督のこの映画は、知的障害者の画家山下清の伝記映画である。芦屋雁之助が山下清を好演していて、なかなかの佳作だと思う。

この題材はかつて、水木洋子脚本、堀川弘通監督、小林桂樹主演という、すぐれたメンバーで「裸の大将」（一九五八）という題で映画化されており、当時、秀作として評判になったものである。私など、じつは、あれだけすぐれた作品がすでにある以上、それを超えるのはかなり難しいのではないか、と若干の危惧をもって見たものであった。再映画化がもとの作品を超えるということは滅多にないからである。しかし、同じ題材ではあるが、これはいわゆる再映画化ではなく、新しい視野をもって別の内容をねらった作品であり、かつての「裸の大将」とは違った感銘が「裸の大将放浪記」にはあった。

少年時代に貼絵で天才画家と言われた山下清は、太平洋戦争中、兵隊にとられることを恐れて放浪の旅に出、駅弁屋で働いたりしながら各地を転々とした。戦後も、身についた放浪癖でよく旅に出たが、新しい旅で彼は自衛隊の行進などに出合い、恐ろしがって逃げる。――これがかつての「裸の大将」のストーリーの骨子だった。一見非常識な山下清の行動のほうが、戦争とか軍隊とかいった本来恐ろしいものを率直に恐ろしがるナイーヴな判断を持っているのではないか。自分は賢いと思っている一般の人々のほうがむしろ、必勝の信念だの愛国心の回復だのといったこしらえものの観念で踊らされているのではないか。「裸の大将」のテーマは、率直にホンネだけで行動する山下清と対比することによって、社会の硬直したタテマエの嘘を暴露するところにあった。

「裸の大将放浪記」にも、このテーマは受け継がれている。戦争を怖がって放浪する山下清のほうが人間的で、勇んで戦争をやっているつもりの一般の人々のほうが愚かだったという、逆説でもなんでもない事実はこの作品にも面白おかしく描けている。ただ、「裸の大将放浪記」はそれだけでは終わっていない。それだけだったら、知的障害者のほうが純粋でよいということになる。たしかにそう考えられる面はあるわけだし、そう考えて知的障害者に共感するのは好ましいことであるが、だからといってわれわれは知的障害者になれるわけではない。その点、「裸の大将」の問題提起は、一般の人々にとっては、自分は知的障害者ではないという大前提の下で、まあ自分のほうが彼らに劣る面もあるかもしれない、などと謙虚に考えて、少しばかり反省する、という範囲のものでしかなかったかもしれない。なぜ少しばかりしか反省し

「裸の大将放浪記」

ないかといえば、一般の人間はやはり、本当は知的障害者より劣っているわけではない、と思っているからである。ただ、一般の人々がみんな異常だった戦争中のことを言われるとまいっちまう、というわけで、いわば意外な盲点をつかれて、まいったまいったと、ニヤニヤ笑いながら言う程度の軽い反省だったのではなかろうか。

軽い反省がいけないというわけではない。「裸の大将」は、そういう軽い反省を核として楽しく温かく軽妙に出来ていた。「裸の大将放浪記」の笑いはもっと苦い。というのは、この作品で山下清は、決して、知的発達に遅れがあるぶんだけ純真な天使のような人間としては描かれてはいないからである。彼は彼なりに、知恵をしぼって賢く生きようと努力するのである。他人をだまそうとさえもするのである。戦争のような極限状況になると、人は自分をも他人をも、ともにだまさなければ生きてゆけないようになる。早い話、闇米を買って警官に捕まったら嘘を言わなければならないし、この戦争には果たして勝てるんだろうかと疑問が浮かんでも、そんなことは考えるだけでもいけないことだ、勝てる、勝てる、と自分自身をだまさなければならない。山下清だって同じことで、彼なりにせいいっぱい嘘をつく。たとえば、まだ母親は健在なのに、農家を訪ねては嘘の「母親の遺言」を言って食事をめぐんでもらいながら旅をする。この嘘を誰が彼に教えたかは明らかではない。この程度の嘘なら彼は自分で工夫できたのかもしれない。つまり彼は、彼なりにずるかったのである。ある程度のずるさがなければ生きてゆけなかったという点で、彼も一般の人々と変わりがなかったのである。ただ、一般の人々以上に、彼は嘘をつくのに必死の努力をした。ただ漫然と各地を気の向くままに歩きまわったというわけではなかった。

彼が決して、ただ純真に貼絵の美しさだけに没入した天使ではなく、一面、少年時代にはかなり粗暴だったこともこの映画は描いている。ただ、その粗暴さは、あくまで、周囲の一般のいたずら小僧どもからいじめられることで身についたものだった。いじめられても自分は頭が悪いから反撃できないと思っていた彼は、自分は腕力では決して彼らに負けはしないということに気づく。そこで粗暴になり、学校ではもて余されて施設に入れられるようになる。

つまり、山下清は必ずしもその絵が表現しているような純真なだけの天使ではなく、嘘をつく点でも、少年時代に暴力をふるった点でも、一般の人々と変わりはなかった。ただ、一般の人々と違っていたのは、その嘘や暴力がきわめて単純であったことであろう。食うための最小限度の嘘を必死に言う。殴られたら殴り返す。それだけである。しかし、そんなふうに単純きわまりないことによって、彼はいわば、すべて人間的な存在の「原型」のように見えてくる。かつての小林桂樹の演技もそうだったが、芦屋雁之助も山下清を、愚かな人間としてではなく、単純な人間として演じることによってすぐれた演技になっている。

愚かな人間に愚かさのよさがあると言うとき、その言葉はどうしてもある程度の偽善性をまぬがれ難い。所詮はそれは、上から見下した言葉であることをまぬがれ難いからである。しかしこれを、単純な人間には単純さのよさがある、と言い直すと、かなりの程度、その偽善性を克服できると思う。そしてこの映画は、山下清を、愚かな人間なのではなくて、むしろ単純な人間であるのだと説明する点において「裸の大将」よりいっそう入念であり、成功していると思う。人をだまそうとするとき、私はあなたをだまそうとしているのですということがそっくり態度に出てしまう人間、自分をだますことがどうしてもできない人間、そういう単純な人間としての山下清を見ていると、それはたしかに、一種の美しさだと思わないわけにはゆかなくなってくるのである。そんなふうに純真であるしかない彼が、そのために一般の人々からひどい目にあう。その悲しみを最後に知的障害者たちの集まりで語る。こうして純真であることの悲しさというところまで描けたことにおいて、この映画は「裸の大将」を一歩抜いた。

第7章　アメリカ映画では

「悪い種子《たね》」（一九五六年、アメリカ、監督マーヴィン・ルロイ）

古いアメリカ映画に「悪い種子」というのがある。一九五六年、ワーナー・ブラザース社の作品で監督は甘いメロドラマでは大家だったので期待して見に行って、とんでもないものを見てしまった、と記憶に残っているものである。主人公は八歳の少女で、ガラス玉がほしいと思うとその持ち主の老婆を殺し、金メダルがほしいとその持ち主の男の子を殺す。さらにはその犯行に気づいたらしい男を地下室に閉じ込めて焼き殺す。彼女の母親がこれらの犯行に気づき、無理心中を図るが彼女は助かる。最後には母親が捨てた男の子の金メダルをさがしに行って雷に打たれて死ぬので、まあ天罰が下ったかたちになるのだが、ローダというこの女の子がなぜこんなに悪いのかというと、じつは別にいるこの子の実母が世に知られた殺人鬼だったのだという説明になっている。殺人という性癖が遺伝したというわけで、そんなことは医学的にあるはずもなく、犯罪者の子への差別にもなるタチの悪い作り話である。

そんな映画を、ゲテものの会社が奇をねらって作ったというのなら分からないこともないが、ハリウッドの大手の会社が大監督でけっこう念入りに作っていたのが不思議だった。原作の小説を著名な劇作家のマックスウェル・アンダーソンが戯曲化し、舞台ではヒットしたものだったという。だから まあ、映画でも当たるかもしれないと思って、あくまでも商業主義的なねらいで作ったのだろうが、結果はさいわい、話題にもならなかった。どうやら世論の反発を受けることもなく、悪趣味なエンタテイメント作品として見捨てられただけだったようだ。しかし、それでも、なぜこんな発想の映画がアメリカで成り立ったのか分からない。アメリカはキリスト教原理主義の根強い国である。神の存在をたんなる希望としてでなく絶対的に信じるのが、イスラム原理主義と同じくキリスト教原理主義の特徴だと思うが、神の存在を絶対的に信じるなら、神の対立者と考えられる悪魔の存在もまた絶対的に信じることになるわけで、「悪い種子」のような映画はその証明としてむしろ必要だったのかもしれない。

ただ、しかし、現実には幼児はみんな無邪気で可愛い、という実感を人類はほぼ共有している。それが成長するにつれて悪くなってゆくのだと思っている。八歳ともなると、もう幼児ではないから微妙なところだが、映画「悪い種子」がヒットもせず、模倣作も現れず、忘れ去られてしまい、他方、八歳だろうと一〇歳だろうと、あくまでも子どもを可愛い存在として描く映画は世界のいたるところで栄えている。子どもたちを天使のように描く映画はアメリカやヨーロッパに多いだけでなく、アジアにも多いしアフリカにもある。

「暴力教室」（一九五五年、アメリカ、監督リチャード・ブルックス）

ニューヨークのある高校で校内暴力が荒れ狂っている。新しく赴任してきた教師（グレン・フォード）

には彼のクラスはとても手に負えない。それどころかワルどもは彼の妻まで脅す。白昼、図書室で女性教師が暴行されかかりさえもする。グレン・フォードの教師はあきらめてこの学校を去ろうかと思うが、いい生徒もいるのでそれを見捨て去るのは卑怯だとも思って悩む。そして最後には、まじめで勇気のある黒人生徒(シドニー・ポワチエ)の協力を得てツッパリどものボス(ビック・モロー)をこらしめて教室に平和を回復する。

アメリカの大都市、貧しい階層の人々が多い地域の高校における校内暴力を扱った映画であるが、一九五五年にこの映画が公開されたときにはアメリカでも日本でもセンセーションが巻き起こったものである。アメリカではすでに一部の地域にはこういう現象は見られたのであろうが、一般的ではない異常な現象が映画で広く知られることで流行のように蔓延されては困ると恐れた人が少なくなかったし、日本ではなおのこと、あり得べからざるこんな現象が映画を真似して起こってはたまらないということで、上映禁止を世論に訴えるPTAの動きまであった。それがかえって評判になって大ヒットするという始末にさえもなった。もちろんまだそこまで教育の荒廃と呼ばれる傾向が深まってはいなかった当時としては、少なくとも日本ではこの映画の影響で校内暴力が発生したという話は聞かなかった。日本で校内暴力が大きな問題として浮上してくるのは一五年後である。一九七〇年代以後には校内暴力を扱った映画は珍しくなくなる。

校内暴力の生徒たちに対して誠実な教師はどう立ち向かったらいいかという問題について、最初のこの映画はすでにひとつの基本的な答えの型を出している。簡単に罰したり追放したりですますのでなく、あくまで粘り強く、あきらめずに彼らに立ち向かい、誠意をもって対決しつづけること。教師と生徒の連帯の絆を固めること。以上である。リチャード・ブルックス監督の力作であった。

「遠い空の向こうに」（一九九九年、アメリカ、監督ジョー・ジョンストン）

一九五七年一〇月、ソビエトが最初の人工衛星スプートニクを打ちあげたとき、アメリカ人が受けたショックはたいへんなものだった。ソビエトがいくら政治的に脅威であっても、科学技術と産業と軍事力におけるアメリカの優位は絶対だと信じきっていたのに、もしかしたらその面でアメリカは負けるかもしれない、と思ったからである。よし、数学や理科をもっと勉強してソビエトを抜き返してやるぞ、とアメリカじゅうの多くの子どもや青年たちが思ったのだった。

ジョー・ジョンストンの「遠い空の向こうに」は、当時本当にそう思って科学の勉強に打ち込んだアメリカの田舎の鉱山町の高校生たちの物語である。実際にそうしてのちにＮＡＳＡの技術者になり、もう引退している人の自伝だそうで、つまりは実話である。

その頃、アメリカでは、田舎の炭坑町の高校といえば、卒業生は親と同じように鉱夫になって働くのが当たり前で、まれにアメリカン・フットボールの選手で目立つのがいると大学からスカウトされて進学できる場合がある、という程度だったという。日本のほうがよほど進学熱があったみたいだ。

そんな状況の中で主人公のホーマー（ジェイク・ギレンホール）はクラスの他の三人と仲間を組んで小型のロケットの試作に夢中になり、相当に危険な失敗を繰り返し、親や校長や警察からさんざん叱られながら、ついに高校生の科学技術研究の全国大会で優勝して奨学金を貰って大学進学の夢を果たす。

ロケットを試作するたびに起こる滑稽な失敗でハラハラさせながら笑わせる一方、そんな少年がじつに親思いでもあって、仲間を事故から救うことの名人である職人気質の父親を心から尊敬し、父親が事故で働けなくなればためらうことなく自分が高校を中退して炭坑で働く。じつにいい少年である。こうして笑わせたうえで感動させる上出来の映画だから安心して誰にでもすすめることができるのだが、他方、いまどきこんないい少年の話なんて古くさいと敬遠されるんじゃないかという気もしないではない。

実際、いまではアメリカでも日本でも、中学や高校を扱った映画といえば問題少年や問題教師が登場して深刻なトラブルを繰り返すのが普通であり、こんないい子ばかりの高校生活なんて、なんだか別世界の話のようでさえもある。しかしこの主人公たちとほぼ同時代を生きてきた私自身の経験からすると、日本でもあの頃の高校生は似たようなものだった。

「遠い空の向こうに」

違いは日本のほうが貧乏性で、金を稼いでは鉄管でロケットを作るというような大胆な発想はしなかったということか。その代わり私だってもう、いま私がやっている研究の基礎になるような映画の論文をこつこつ書き始めていたものである。いまだってじつは同じような高校生がたくさんいるはずなのだが、それが昔の回顧的な話としてしか映画にならないのが残念である。

「いまを生きる」（一九八九年、アメリカ、監督ピーター・ウィアー）

個性を伸ばすこと。一人ひとりが他人と違っていなければならないこと。これはアメリカでは教育の大前提となっている。実際、アメリカの学校が非常にのびのびした自由闊達な気風を持っており、画一主義的な日本の学校とは、ほとんど対極をなしていることはよく知られている。

しかし他方、自由であることを国是とするアメリカにおいては、自由を否定する私立の学校を作り、志望者をそこで学ばせることもまた自由であるという逆説が成り立つことになる。

アメリカ映画「いまを生きる」は、そういうアメリカでの例外的な学校を舞台として、そこで生じる抑圧的教育の悲劇を描き、それ見よ、こうだからこそ自由を抑圧し個性を認めないような教育は間違っている、アメリカ的な自由主義教育こそは、やっぱり正しい、うん、とうなずいているような映画である。

なにをいまさら、という気がしないでもないが、一見、自由主義教育万歳で固まっているかのようなアメリカでも、じつはみんながすんなりそれに従っているわけでもないのだという実情が分かって、面白い。

舞台になっているのは、ニューイングランド州バーモントにある小さな私立の男子高校である。ニューイングランドは、アメリカでもイギリス系の古い伝統を誇りとする保守的な地方である。この物語が展開されるのは一九五九年。つまり一九六〇年代のヒッピー運動や人権運動、少数民族の異議申し立てなどによってアメリカの古い体制が大揺れに揺れる直前の時期である。

アメリカの古い体制とは、いわゆるＷＡＳＰ（白人イギリス系プロテスタント）こそがアメリカを指導するというものであり、この映画の舞台になっているバーモントの私立高校は、いわばそのＷＡＳＰのエリート養成所である。

全寮制だから金持ちの子しか入れないし、一般大衆の行く公立のマンモス高校とは違った少人数教育で、徹底した詰め込み教育をやっている。そして、創立一〇〇年の伝統を誇り、入学式では校長は、おごそかな顔をして一流大学への合格率が七五パーセントにも達すると自慢する。それがこの学校の誇りであり、この誇りをいやがうえにも高めるために、ますます詰め込み教育に励むというわけだ。

こういうエリート私立高校というものは、イギリスの有名なイートン校などのパブリック・スクールにならってアメリカにも出来たものであろうが、本家のイギリスの場合は、こういう学校に入れただけで、もうエリート階級に属することは自明なので、あえてガリ勉などするのは卑しげだとでもいうのか、学習よりもクラブ活動などを尊重してのびのびやるという気風があるらしい。

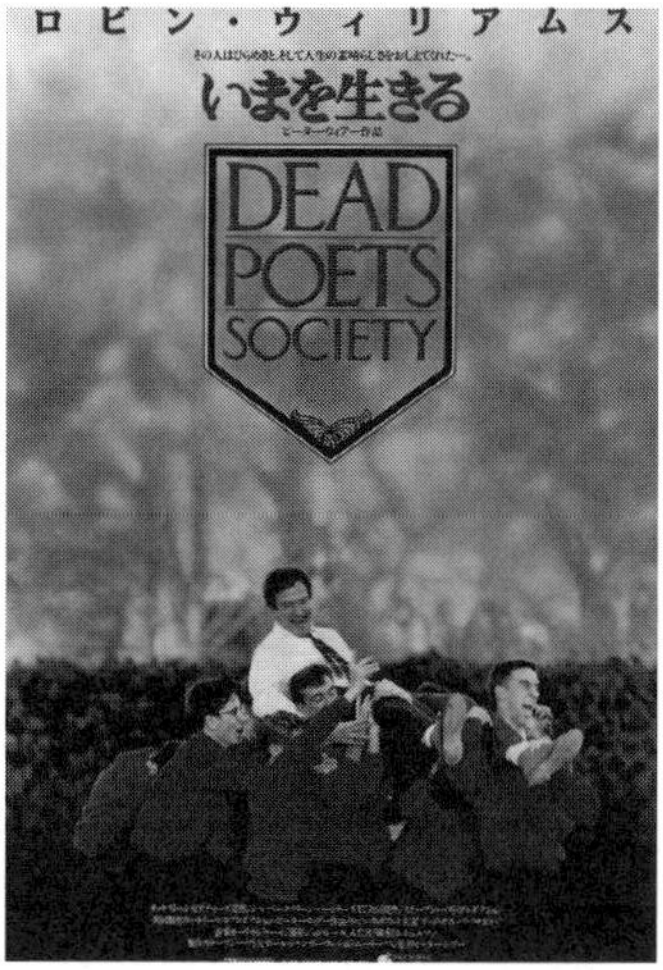

「いまを生きる」

ところがこのアメリカの似たような私立校は、高校だけではダメで、一流大学への進学が至上命令のようになっている。進学至上主義ということになれば、もう日本の進学校とあまり変わりはなく、個性なんてことは言っていられないわけだ。この学校にジョン・キーティング（ロビン・ウィリアムズ）という新任の英語教師がやってくる。そして、詰め込み教育なんて糞くらえとばかり、自由奔放な個性尊重の授業を始めるから問題が起こり、ドラマが生じることになる。

生徒の個性を伸ばす教育といっても、果たしてどういう教育が個性を伸ばすものなのかということは、難しい問題である。キーティングは具体的にはどういうことをしたか。

まず、英文学の教科書を読ませ、その教科書の編者が序文として載せている文学作品の価値判断の基準についての論文をビリビリ破らせてしまう。実際、朗読されたその論文というのはバカげたものである。

もともと文学作品の価値というものは、読者が作品を読んで理解し、感動し、さらに理解を深めてゆくところから生じてくるものであって、なにか適当な定規みたいなもので測れるというものではない。ところがこの論文は、いとも簡単に文学作品の価値の測り方みたいなことを定義しているのである。こんな論文は読む必要はないし、偶然読んじまったら、さっさと忘れてしまうにかぎる。あるいは、それを批判材料にすればそれなりに役に立つだろう。

ところが、教科書に載るとそうはゆかなくなる。バカバカしい理屈でも権威をもってのしかかってくることになるのだ。キーティング先生は、それをこともなげに「破っちまえ！」と言う。これは素晴らしい。

よく教科書問題が論議されるたびに、教科書というのは絶対的なものじゃないんだ、ということが言われる。ひとつの目安であり、叩き台みたいなものであるとも言われたりする。しかし、入試本位の教育体制の中では、実際上教科書丸暗記が勝ちということになっていて、教科書の権威は高まるばかりである。教科書は絶対じゃないということの明快な表現として、くだらないページをビリビリ破らせるというのはまったく痛快だ。

もっとも、ではキーティング先生のやることはなにもかも痛快かといえば、そうでもない。たとえば、机の上に立ってものを考えろ、と言ったりする。いつもと違う姿勢をとると思考も自由になるというわけか。しかし、私には、こんなのはたんなる無作法のすすめでしかないと思える。あるいはまた、みんなをてんでに歩かせて、一人ひとりが自分流のスタイルで歩けなければダメだ、みたいなことも言うが、こんなのは大きなお世話だと思う。重要なことはのびのびと、しかも美しくあることで、無理して一生懸命、他人と違うように努めることではないだろう。

個性尊重ということも、遮二無二個性的であらねばという意識が過剰になると、一種の病気になりかねない。アメリカの学校教育には、個性尊重主義の行きすぎみたいなところがあって、基本をきっちり型どおり教えることを悪しき画一主義として警戒して、一人ひとりの興味に合わせた応用的なカリキュラムばかりをやたらと増やして、かえって学ぶということの本当の面白さから生徒を遠ざけてしまうような傾向も、なくはないようだ。

ものごとには、型どおりきちっと画一的に教えてもらうことがいい部分と、断固として個性に固執すべき部分と、そしてもうひとつ、画一的であろうが個性的であろうが、どっちでもいっこうにかまわない部分とがあり、教育ではその見きわめが非常に大事だと思う。キーティング先生は、そこらをはっきり見きわめたうえでやっているのかどうか、映画で見るかぎり、いささか心もとない。「自分の感性を信じ、自分自身の声を見つけろ」と言うが、人はさまざまなすぐれた感性の型、さまざまな見事な声の型を経験して、そこから選んだものを、本来の自分自身のものと思い込むことができるだけであろう。

この映画の原題は「デッド・ポエット・ソサエティ」、すなわち「死せる詩人の会」である。かつてキーティング自身がこの学校の生徒だった頃に、仲間と一緒にやっていたクラブの名前である。生徒たちがそれを知って七人の仲間がそれを再興する。といっても要するに、大人を交えずに秘密の場所に集まって人生について語り合うというだけのことであるが、生き方とか倫理的な問題などを語ることの面白さに、若者たちを目覚めさせる貴重な機会であるという点で、これはこの年頃までには、絶対に必要なことであろう。

彼らのひとりが生徒会の機関紙に「女生徒を入学させろ！」と投稿したことから、生徒の中の「不穏な動き」が学校で問題になる。そして、父親から一方的に医者になるようにと言われているひとりの生徒が、演劇に志望を転換して父親に猛烈に叱られ、ついに自殺してしまうという悲劇になる。しかも、この分からず屋の父親の要求で責任追及が始まり、あたかもデッド・ポエット・ソサエティというのが、キーティング先生の煽動で結成された危険思想団体であるかのように見なされ、先生はクビになって追放されることになる。

校長が生徒たちを脅迫するようなやり方で訊問して、諸悪のもとはキーティング先生にあるという結論を押しつけていくあたりや、息子を自殺に追いやった父親が、自分のことをみじんも反省しないで、自由主義的な教育をひたすら憎むあたり、バカで卑劣な大人たちには、まったくうんざりさせられる。

しかし、キーティング先生への裏切りを強制された生徒たちは、最後のぎりぎりのところで校長に反抗してキーティング先生への支持を表明する。この場面は感動的である。

昔、石川啄木の代用教員時代を描いた島耕二監督「情熱の詩人啄木」(一九六二)という映画があったが、自由主義的な教育をやったために村の権力者たちや校長に睨まれ、教え子たちだけに見送られて村を出てゆくという、ほとんどそっくりと言っていいような内容と結論であった。教育問題の基本は、古今東西あまり変わらないみたいだ。

「スタンド・バイ・ミー」(一九八六年、アメリカ、監督ロブ・ライナー)

いずれも一二歳の四人の男の子たちの友情を描いた小品だが、熱心なファンの間で伝説的に語り伝えられている佳作である。原作はホラー小説で有名なスティーヴン・キング。いつも現実にはあり得ない怖い怖い作り話ばかり書いているこの作家には珍しく、彼自身の少年時代の姿ではないかと思われるゴーディという少年を中心にした現実的な物語である。

一九五九年の夏、オレゴン州のキャッスルロックという田舎町の話である。四人の仲間が、耳よりな話を聞いてワクワクしている。最近行方不明になった子どもがいて、町の人々は心配しているのだが、何十キロか先の川べりに死体となって横たわっているという噂をひとりが聞きつけてきたのである。早速四人は、それをさがしに行こうということになる。四人はそれぞれ、先生や親たちから落ちこぼれの扱いを受けていて、不満でいっぱいである。とはいってもその先生や親たちは画面にはいちども現れないので本当に嫌な奴らなのかどうかは分からないが、彼らの話ではそうなる。その嫌な大人どもから彼らは不当な扱いを受けてくさっているのだが、もし自分たちがその死体を発見すれば一躍ヒーローになれるし、大人たちを見返してやることができる。そうだそうだ、行くべし、ということになるが、なにしろそこは遠い。一泊野宿する大旅行になる。そこでみんな親たちには仲間の誰それの家の近くでキャンプをすると嘘をついて出かける。

案の定、その一泊旅行は予期せぬ難関の連続で――といってもそれほどたいしたことではないのだが、一二歳としては途方に暮れる大冒険旅行になる。しかも行った先には彼らの兄貴分のハイティーンの悪ガキどもが自動車で先行していたので、四人が手柄をたてたことにはならなくてがっかりする。ストーリーだけ言うとそんなたあいのない少年期の冒険談なのであるが、仲よしだとはいっても、バカな話しかしていない彼らが、不安な状況の中で少なくとも主観的には生死を共にするような経験をしながら話し合うことになるので、ふだんは言わない大人たちへの批判がうんと出てくる。それがいちいち、アメリカ映画で見なれているアメリカ的な大人の姿を裏から見た批評になっていて、面白いのなんのということになる。

ベトナム戦争の勇士と讃えられている父親が、じつはどんな乱暴者にすぎないか、とか、自分をミルク代をくすねた泥棒ときめつけて停学処分に追い込んだ女性教師こそ、じつはその金を横領して服を作っているのだ、といった深刻な話から、自分を「デブの豚」とバカにしている大人たちに俺はこういう復讐をしてやるんだ、というドタバタ喜劇的なバカ話まで。

田舎の森や川がどこまでも広がる大自然の中での少年たちの冒険譚ということで、これは『トム・ソーヤーの冒険』や『ハックルベリー・フィンの冒険』などの、アメリカ文学の伝統に連なる内容だとも言えるが、マーク・トウェインのそれがあくまでも愉快なものだったのとは違って、これはいちいち、アメリカ的な明朗快活さを裏から見て、そこに潜んでいる弱者への軽蔑やバカげた強がり、マッチョ礼賛などの滑稽さを嘲っている。

なかにひとり、貧乏でバカにされ、自分でもどうせ俺なんか進学もできないし、と言っている気骨のある子がいる。最後に作家として成功したゴーディの回想で、その子が苦学して弁護士になったのに、バカな喧嘩に巻き込まれてあっさり命を落とした、という後日譚が語られる。アメリカン・ドリームの時代はこうして終わった、とシニカルに宣告するような結び方である。にもかかわらずこの映画には切ないまでのなつかしさがみなぎっていて忘れ難い。というのは、そこにくりひろげられていた大人への不満のかずかずが、やはりアメリカならではの濶達さにあふれていて、日本では容易にイメージし難い自由でのびのびしたものだったからだと思う。少なくとも、ぜんぜんいじけていないのだ。

「スタンド・バイ・ミー」

アメリカ映画には古くから「父もの」と呼んでいい一連の名作があった。チャップリンの「キッド」(一九二一)、キング・ヴィダーの「チャンプ」(一九三一)、ハワード・ホークスの「赤い河」(一九四六)といった作品がそれで、粗野で欠点の多い人間だが根は愛すべき好人物である父親が、たいていは父ひとり男の子ひとりで放浪していて、その生活の中で息子をたくましい野性的な若者に鍛えあげてゆくといった内容である。「スタンド・バイ・ミー」の場合、たくましく野性的であろうとする男の子たちが登場するが、親たちの無理解を涙ぐむようにして語る少年たちの態度には、そんな親たちにスポイルされることなく、自分で自分を鍛えて男らしい男になりたいという願いがあふれている。

つまりこの映画は、アメリカ映画の伝統の「父もの」から父親たちが欠けたような内容なのだ。そんなら「父もの」ではないではないか、ということになる。父親の指導力が欠けても男の子は独立自尊の野性的人間をめざすというところに伝統が生きている。だが、トム・ソーヤーやハックルベリー・フィンは、親父の愚痴なんて決して言いはしなかった。大自然の中に無限の可能性を見ていた、かつてのアメリカの少年たちは、親父が気に入らなければさっさと家出して冒険に出かけたのだ。しかし「スタンド・バイ・ミー」の少年たちは、親父の愚痴を言わずにはいられないし、親父の無理解を乗り越えて生きるために野性のたくましさに憧れる。しかしどうも、そうやって涙ぐましいまでの憧憬をこめて手に入れた野性なるものも、じつはたいしたものではないらしいのだ。

アメリカの夢が終わって、なおかつアメリカ的な理想を追い、その果てには幻滅だけしか待ち受けていないらしい。その、なんとも切ない味わいがこの映画の素晴らしさである。

「セント・オブ・ウーマン　夢の香り」(一九九二年、アメリカ、監督マーティン・ブレスト)

この映画は、ハーバード大学への進学率の高さを誇る私立のエリート高校を舞台にした興味深い作品である。この学校は男子校で生徒はだいたい金持ちの子ばかりである。しかし奨学金制度があるので貧しい家の成績優秀な生徒も少しはいて、主人公のチャーリーもそのひとり。ある夜、友達のジョージと一緒に、三人の生徒がいたずらの仕掛けをしているのを目撃する。翌朝、校長が学校へやってきたとき、生徒がみんな見ている前で校長の頭からペンキがたっぷり浴びせかけられるのである。校長はいかにも権威主義者で、生徒の嫌われ者らしく、みんな快哉を叫ぶ。校長はかんかんに怒って、犯人を目撃していることが分かっているチャーリーとジョージを呼びつけ、犯人の名を言え、と迫る。二人は仲間を密告するわけにはいかないと断るが、校長はチャーリーに、もし言えばハーバードに奨学金で行けるように推薦してやるが、言わなければ退学だと脅す。チャーリーは深刻である。感謝祭の休暇が終わって帰ってきた日の朝、全校生徒の集会で査問が行なわれることになっている。ゆううつな気持ちのまま彼はアルバイトで、ある初老の目の不自由な男の面倒を見る。その男フランクはもと陸軍中佐で、ものすごく気難しい奴である。人生に絶望して自殺を計画しており、生涯の最後にやりたいほうだいのことをするためにチャーリーを手引きに雇ったのである。

「セント・オブ・ウーマン 夢の香り」

映画の本筋はこのフランクという自殺志望者の

わがままいっぱいのふるまいに、若いチャーリーが手を焼きながら親身になって助けてやり、ついには自殺をやめさせるという話である。

しかしこの本筋の前と後にある高校のエピソードがテーマとしては重要だ。若いチャーリーの勇敢な行動で自殺を思いとどまった盲目のもと中佐は、チャーリーが査問される高校の朝会に、彼の親代わりだと名乗って出席し、あくまで友達の名前を言うことを拒否して退学になりかかるチャーリーを弁護して大演説をやる。

もと中佐は、まず校長を糾弾する。校長はこの学校がエリート校で卒業生から大統領をはじめ国家の指導者をたくさん出していることを強調し、そういう誇り高い学校なんだから近頃の若者の秩序無視の風潮に同調することなく、わが校はあくまで規律正しくなければならないのだと言う。しかしそのために仲間の密告を強要したり、推薦入学をエサにしたりするようでは指導者精神の育成もなにもあったものではない、ともと中佐は声をはりあげる。

次いでもと中佐は、いろいろ言いわけをしながら犯人の名をあげて自分は助かろうとするジョージをこきおろし、さらに、自分たちのいたずらで仲間が退学になりかかっているのに知らん顔を通している三人の生徒を卑怯者としてやっつける。そしてチャーリーだけがまっとうだとほめる。

もと中佐の熱弁に、講堂いっぱいの生徒たちから拍手が巻き起こる。そうだそうだというわけだ。校長は査問委員の教師たちに判断をゆだねる。教師はその場で直ちにチャーリーをおとがめなしとし、三人の犯人は紳士的でない行為のために仮合格という処置になる。

この作品はエリート校の人格教育というものを扱っている。生徒たちが将来、国家社会の指導者になることをある程度約束されている学校があり、そこでは人格教育というものがひとつの眼目になっている。イギリスのパブリック・スクールと同じ考え方である。そういう学校の校長が俗物ではどうしようもないではないか、偉そうなことを言っているけれども、形骸化して嘘の塊になっているじゃないか、ともと中佐は熱弁をふるい、それがみんなを動かすのである。

しかしアメリカにしろヨーロッパにしろ、国家の指導者層のスキャンダルの暴露が当たり前のことになり、誰もう、大統領なら人格者だろうなどとも考えなくなってしまった今日では、エリート層のための人格教育なんて考え方自体が空しい。もちろんモラルは必要だしその教育も可能だと思う。しかし特権層の誇りということを当然と考える大前提自体が、どうしようもなく時代錯誤に感じられてくる。そんな考え方自体がいま、音を立てて崩れつつあり、たぶんかつては「アメリカの威信」といった考え方の権化のような男だったに違いないと思われるもと中佐が、いまやみじめな破滅型の自殺志望者になりながら、アメリカ的な男らしさの神髄を説く。いまやアメリカ人は、自分たちがどうしようもなく「指導力」や「威信」というものを形成する力を失っていることを自覚し、それを学校教育で回復することは可能だろうかと自分で自分に問うているのだ。そこにこの映画の切実さがある。

日本の場合は、教育についてそんな問いを持つ作品はほとんどない。それだけ特権意識を否定する平等思想が発達しているということだろうか。それとも理想主義的な発想そのものがとうに教育からは失われているということだろうか。

「ムーンライズ・キングダム」(二〇一二年、アメリカ、監督ウェス・アンダーソン)

互いに一二歳の少年と少女が駆け落ちをする物語である。時は一九六五年。所はアメリカのニューイングランド沖の小さい島、ニューベンザンス島。少女のスージー・ビショップは裕福な家の娘であるが、読書が好きで想像力が豊かである。望遠鏡を覗いていてたまたま母親が島の警部と密会している様子を見ても、とくべつに動揺はしない。読書によって大人とはそんなものだと理解しているのか。少年のサムは里親に育てられていて、親たちは彼を自分の手には負えない変わり者だと思っている。しかし本人はそんなことはぜんぜん気にしていない。そんな二人が教会のお芝居で知り合い、文通するようになる。

二人は互いに、自分たちが周囲の大人たちとは心の通い合いの乏しいアウトサイダーであるという点で共鳴し合ったようであり、計画を立てて落ち合う。そしてやることといったら、昔、原住民のチックチョー族が大移動した道順をたどって手つかずの自然が残っている入江に達すること。そして「ムーンライズ・キングダム」と名づけたその海辺で泳いだり、絵を描いたり、本を読んだり、さらにははじめてのキッスをすること。まあ本で読んだロマンチックな想像を体験するだけで、それ以上のエロチックな幻想や、大人に対する反抗や逃避という要素はないみたい。二人は大さわぎしながら追ってきた警察やボーイスカウトの仲間などに見つかって親もとに帰されるが、映画はもっぱら、この大人たちを滑稽に描いて笑わせる。全体としてはお洒落で気の利いたギャグでいっぱいの喜劇である。ほとんどナンセンス・コメディと言っていい。こうした事件で大人たちや仲間たちを騒がせたことで彼らとコミュニケーションの機会を持ったスージーとサムは、それで親たちや大人たちと意味のある言葉を交わすことができて、それはそれでよかったんじゃない？　みたいなハッピー・エンドになる。

大人に理解されない子どもを描いた悲しい映画はたくさんあるが、大人に理解されようなどとは思ってもいないみたいな、こんな少年少女を面白おかしく、まあ肯定的に描いた映画ははじめて見た。なぜ彼らが大人の理解など求めないかといえば、それは彼らの周囲の大人たちがみんな、悪い人間ではないが少々愚かで頼りないからである。読書好きで知識も豊かなスージーとサムは、そんな大人たちを頼りとせず、自分たちなりの知識で早くも自分たちなりの人生の設計を立て、実行しかけて大人たちをあわてさせた。スージーもサムもそれでさらに少々学ぶところがあった、メデタシ、メデタシという洒落た喜劇なのである。

可愛い、という言葉が日本独特の価値観を示す面白い言葉として国際的にも注目されるくらい、日本では子どもがいつまでも子どもっぽさを保つことを、困ったことだと思いつつも喜ぶという傾向がある。これに対してアメリカは、自由と独立、そして自尊ということを国家的に美徳としてかかげている国柄で、子どもにも早く大人になって独立して、自由と自尊をかちとれ、と求める傾向が強い。その意味ではスージーもサムもアメリカ的教育の期待の少々過剰な成果なのだ。大人に反抗するのでなく、むしろ出し抜こうとするところがユニークなだけである。だから否定する理由はない。もっと賢くなって愚かしい大人たちともうまくやってゆけるようになってくれよ、と肯定的な苦笑で祝福するしかないわけである。ボーイスカウトの仲間たちに保護された二人が、自分たちの結婚式をやってくれと言うと、大人たちは、法律的にはともかく精神的には結構なことだ、みたいに式をやってくれる。子どもには早い、などと説教はしない。実際にそんなことがあれば説教するところだろうが、喜劇的には祝福しないわけにはゆかないのだ。

子どもが大人びた姿で描かれるという点ではイラン映画にそういう例が多いと私は思っていた。親たちが亡くなって一〇代で家長になった少年が家族のために奮闘する「酔っぱらった馬の時間」(二〇〇〇)などがその最も見事な例だと思うし、似たような作品は他にも多い。たぶん日本も昔はそうだったのだと思う。昔の日本映画、たとえば「路傍の石」(一九三八、田坂具隆)にはそんな明治期の少年の大人びた姿が描かれている。しかし子どもが保護される期間が長くなると、大人びるのがいいのか、可愛いままのほうが扱いやすくていいのか、大人の対応の仕方も難しくなってくる。「ムーンライズ・キングダム」はその微妙なところをついた快作だと思う。

第8章　アジアの映画

「大地のうた」（一九五五年、インド、監督サタジット・レイ）

「大地のうた」は、ベンガル地方のどこか、緑と水の豊かな農村の話である。

「大地のうた」

ファースト・シーンは、ひとりの小さな女の子が果樹園から果物を一個盗んで逃げてゆく様子で、それを果樹園の持ち主のおかみさんが口汚くののしっているところである。この映画で撮影されている地域の大部分は、まばらな雑木林や竹藪や蔦におおわれていて、強烈なインドの太陽はその葉陰からもれてくる。そのため、光の強さにもかかわらず、案外、自然がやさしく見える。その葉陰に散乱する太陽の光の中を少女は逃げてゆく。草、木、水がこの映画ではとても印象的だが、それは苛烈な環境でそれらの自然が人間を保護している感じがよく出ているからだ。口汚くののしりつづけるおかみさんと、雑木林の中を妖精のように駆けぬけてゆく少女の姿を交互に繰り返し見せる出だしは、早くも、生きることのつらさと安らぎという、この映画の基本的なモチーフをよく暗示しているように思う。

この少女はドガという。壁の崩れかけている家に帰ってきたドガは、盗んできた果物を母方の親戚だというおばあさんにこっそり渡す。おばあさんはその果物を壺に隠してニッコリと笑うのだが、その笑い顔の印象が強烈で忘れられない。九〇歳ぐらいのおばあさんだろうか。本当はもっと若いけれど、栄養が足りなくて老けて見えるのかもしれない。骨と皮、曲がった腰、首を前につんのめらせるみたいにして、首を前後に振るような調子で歩く。背中はまる出しで、黒い皮膚の一面に小ジワが寄っている。しかし老いさらばえてはいても、彼女はいささかも生気の枯れたような表情や態度はしない。筋肉が落ちたために、むしろキッと張って見えるような骨組みの顔で、自分のために果物を盗んできて、それで母親から叱られているドガをかばう。

インドではよっぽど遠い親戚でも、ちょっとでも縁続きであれば、肉親を失って生活できなくなった人を引き取って面倒を見るのは当然とされている。このおばあさんは、この家にとってそういう人であるらしい。いかにも余計者みたいに小屋のようなところで寝起きしていて、この家の主婦であるドガの母親にはよく、お義姉さんがドガの躾を悪くしていると当たり散らされている。あまり怒られると憤然として、ムシロを一枚まるめて壺を一個かかえると、杖にすがって隣の家に行って、義妹と折り合いが悪くってねえ、どこへも行けないから四、五日泊めてくれや、と言う。これが憐れっぽいわけではなく、むしろ堂々と世にはばかっている風情なのがいいんだなあ。当然の権利だ、と言っているわけではないけれども、事実上、そんな感じでそこにある。社会福祉がととのっていなくて悲惨だと言うべきか、いや、ちょっとでも縁があれば当然のこととして年寄りをあずかる、これが古いインドの福祉のあり方だと見るべきか。

　おばあさんは毛布のボロみたいなもののまん中に穴をあけて、寒い晩はこれをひっかぶって寝るんだと言って、またニッと笑う。そして夕暮れに軒下にうずくまって、こんな歌を歌う。

　船頭さん　私はお前を待っていた
　どうか私を　向こう岸に渡しておくれ
　今日のつとめも　すっかり終わった
　いまから向こうの岸へ　渡るのさ
　渡し賃がなくとも　私は平気なのさ
　親切な船頭さんが　私をほうっておかないよ

映画の中で歌われた民謡で、これほどまでに切々と心をえぐられた経験はあまりない。

　このおばあさんが、映画の後半で、泊まりに行っていた隣の家からひょっこり帰ってきて、ドガの母親に、どうも体の具合が悪いんで死ぬときぐらい家で死にたいから戻ってきた、と言う。そしてここはあんたの家じゃないんですよ、とつっけんどんに言い返される。水がほしいと言っても、自分で汲んできたらいいと返される。そこでまたおばあさんがニーッと笑う。その笑顔には本当に心をかきむしられる。

　そこでおばあさんは壺の水を手で受けて、ピシャピシャッとそれで自分の頭を叩く。暑い地方では普通の習慣なのかもしれないが、なんだか末期の水を頭で受けるみたいでゾクッとする。それをドガのお母さんは横目で見ている。とくに意地が悪いわけではなく、貧しさの中でそうなっているのだということは観客には分かる。

じつはこの一家は、インドのカースト制度では最上級のブラーミン(バラモン)なのである。お坊さんになる階級だ。最上級の階級というとお金持ちみたいだが、必ずしもそうではない。この階級は肉体労働をしてはいけないことになっているので、学問があり、古い詩などにも通じている父親が、金持ちの家の冠婚葬祭にうまい言葉を考えて、やっとお金を貰ってくるというような暮らしなのだ。万事受け身で消極的のようだが、ブラーミンだからそんな仕事しかしてはいけない。しかし子どもにはもっといい生き方をさせたいと思って、男の子のオプーが勉強している姿にはやさしい眼差しをそそぐ。お母さんはしかし、生活苦のためにイライラしている。娘のドガはその母のいらだちに横を向いて舌を出してみせながら、おばあさんには母のイライラを気にしないで、というふうに微笑してみせる。じつにもう、家族の心理をこまかく温かく見つめた、やさしさのあふれるリアリズムの演出である。

ある日、ドガは弟のオプーを連れて遠く野原を越えて汽車を見に行く。詩情あふれる素晴らしい場面である。その帰りに雨にあう。この、雨の降り出すあたりの映像は最高だ。

蓮の葉が見える沼がある。その葉が風にそよぐ。水面の水草のほとりを、水すましがスーッ、スーッと走ってゆく。その水すましをとらえた撮影のセンスに私はうなった。アジアの映画だ、と思った。そう言えばインドはお釈迦様の国。お釈迦様は蓮の花咲く国の人だった。そう思う間もなく、黒い雲が低くたちこめる。大粒の雨が一滴、沼のほとりにうずくまっている男のハゲ頭のてっぺんに落ちる。けっこうユーモアもある。見る見るうちに大雨になる。山川草木が濡れに濡れて、ドガとオプーは大きな木の下で抱き合いながら、滝に打たれているようなさわやかさを心ゆくまで楽しんでいる風情である。でもこの雨で風邪をひいて、ドガはあっけなく亡くなる。

「運命線」（一九五六年、スリランカ、監督レスター・ジェームス・ピーリス）

「運命線」は、スリランカで作られた最初の芸術的な映画であり、この国の民族的な特色をよく表し、詩情豊かな美しい作品である。この映画が現れるまで、スリランカのシンハラ語映画は、インドのマドラスで作られており、基本的にはインドの大衆映画の作風の影響の強いものだったという。インドの大衆映画といえば、歌と踊りに笑いと涙をふんだんに盛り込んだにぎやかなエンタテイメントとして知られているが、そこにこの映画はシリアスな社会批判と人間観察を持ち込んだのである。これではじめて、型どおりの娯楽映画とは違うまじめなドラマを見た観客はかなりとまどったらしい。しかしレスター・ジェームス・ピーリスによって開発されたスリランカの芸術映画の流派は、彼自身を先頭にして着実に継続され、次第に多くの優秀な人材を加えて、規模は大きくはないけれども価値ある独自の存在として世界の映画の大きな流れの中に立派に位置を占めている。

レスター・ジェームス・ピーリスは一九一九年の生まれ。第二次大戦の前に当時は宗主国だったイギリスに行ってジャーナリストになり、一九四〇年代のジョン・グリアソンの率いる有名なイギリス・ドキュメンタリー映画運動に参加して映画の作り方を学んでいる。戦後にスリランカに戻り、イギリスのドキュメンタリー運動の映画がそうだったように、政府の民衆啓蒙活動の一環としてのドキュメンタリーを作る。そこから、さらに発展して劇映画の「運命線」を作ったのだった。

「運命線」の主人公はひとりの素直で正直な農村の少年である。ある日、竹馬を足にくくりつけた猿まわしが村にやってきて、子どもたちが大勢、そのあとに嬉々としてついてゆく。スリランカの大地を讃える歌があたかも主題歌のように朗々と聞こえるが、この出だしの素朴な大らかさがとってもいい。そこに二人組のならず者が現れて、猿まわしから財布を奪う。竹馬をはいた猿まわしはならず者たちを追うことができない。主人公の少年は素早くならず者から財布をひったくり、走って走って村の駐在所にまでとどける。駐在所のおじさんははじめ少年を疑うが、少年にうながされて猿まわしをさがし、財布を返してやり、いい子だと少年をほめる。猿まわしはお礼に少年の手相を見てくれる。そして「お前には特別な運命線がある、他人を救うよう運命づけられている」と言う。

少年をめぐる村の生活環境が描かれるが、素晴らしく印象的なのは川の水量の豊かさであり、その悠々たる流れを小船を操って行き来するという日々の、その悠々たる時間の味わいである。しかしその豊かな自然の中で、人々の暮らしは貧しく、また無知がそこに悲惨な出来事を巻き起こす。ある日、少年の仲よしの少女が急に目が見えなくなる。ところが少年と遊んでいるうちになぜか視力が回復する。少年には理由が分からない。しかし少女は少年が猿まわしに言われたことを思い出し、そのことを大人たちに言う。この少年には霊的な超能力がそなわっているという評判が立つ。すると少年の父とインチキな大人たちが、少年に触ってもらえば病気が治るという宣伝をしてひと儲けしようとする。少年も母もそんなことは信じてもいないし、商売に利用されることを嫌がるが、大人たちのやることは止めようがない。

あるとき、少年の友達で寝たきりの病気になっている男の子を見舞いに行くと、その友達から、ぜひ触ってくれと言われ、嫌々ながらことわりきれずに触る。ここらの、この主人公の少年の、嫌だけれども、もしやとも思う、そのおずおずした、子どもらしい自信のなさと迷いの演技がまことに見事である。友達は一瞬元気づいたように歩き出すが、すぐにばったり倒れて死ぬ。この友達の父親は村の有力者だったので、彼に憎まれてこんどは少年は村じゅうから厄病神のように見られ、道を歩けば石を投げられる。泣きながら歩いて石をぶつけられて倒れた少年を、母親が家から駆け出してきてかばい、あんまりだと叫ぶ場面など、母親を演じた女優は当時まだ、他のすべての演技者たちと同じように素人だったということだが、とても素直な心情のこもったいい演技である。

家に閉じこもった少年を村人たちは引っぱり出して悪魔ばらいの儀式をやろうとする。母親は必死にわが子を守ろうとするが、少年は泣きながら広場につれてゆかれる。そして、さてこれから、世界の映画の歴史の中にも名場面として残るであろう素晴らしいシークエンスが展開される。民族楽器のドラムの響きとともに仮面をかぶった男たちの踊りが始まる。その仮面は日本の古い伎楽などの面とも共通する、魔術的、魔力的なパワーを秘めた力強いものだ。少年はその無気味さに必死に耐える。全体におっとりとしたおおらかな調子で展開してきた時間空間がここで、乱調に転じて切迫したモンタージュになる。ドラムと仮面に呼応するように遠くの暗い空に光が見え、他方、黒雲がたちこめ、雷鳴とともに土砂降りの雨が叩きつける。どうやらこの雨は少年の無実の証しらしい。大人たちは少年を解放し、少年は雨に打たれながらすすり泣く。雨はあがり、空は希望のしるしのように広がってゆく。

先に私は、この田園風物詩的な映画の最も印象的な風景として川の水量の豊かさをあげたが、このクライマックスの土砂降りの雨の水量もすごい。まあ、これらは自然現象であって映画がそれを作り出したわけではないが、人間の社会のこせこせした出来事を一瞬にして洗い流してくれるような精神的なイメージをそれにつけ加えているのは映画作家の力量である。少年の心のデリケートな葛藤も、これらの豊かな水の力で洗われるという印象があるが、そういう強い印象を生み出したのは、少年の内面の葛藤を手ごたえのあるリアルなものとして描き出したリアリズムの描写力である。

また、ゆったりとした日常的な時間の流れが、あるとき急に、荒々しく敏速な、自然の悪霊たちのひしめき合う夢幻的な時間に変わるあたりの、時間と空間の印象の突然の変化もまた、レスター・ジェームス・ピーリス監督の非凡なイメージ創造力を示している。ただたんに大いなる自然にくるまれてまどろんでいる映画作家ではなくて、同じ自然に対する強烈な畏れの感覚が同時にそこには存在する。その両者の交錯するところがすごい。

「運命線」にはジョン・グリアソン指導下のイギリス・ドキュメンタリー映画の影響がはっきりと見てとれる。奇をてらわぬ、ゆったりとおちついたカメラワークで、風物と環境を丁寧に写し出すこと、平明な写実で詩的な情感を重んじること、良識豊かなモラリストの立場で人々の誤った考えをやさしく訂正すること、批判的ではあってもアグレッシブではなく、おおらかな人間的なぬくもりを大事にすること、などなどである。

しかし、ではピーリスはたんにシンハラ語映画をインド映画の影響から解放して、イギリス映画の影響の下に移行させたにすぎないのだろうか。「運命線」は素人俳優の活用と子どもの自然な演技に負うところが大きいから、人によってはヴィットリオ・デ・シーカなどのイタリアン・リアリズムの影響を考えたくなるかもしれないし、いずれにしろ同時代のヨーロッパの芸術映画、リアリズム映画の影響は明らかである。しかし、それだけではない。彼の映画にはグリアソンやデ・シーカのリアリズムとヒューマニズムの映画作法にはないものもある。そのひとつは、いま述べたような自然の魔的（デモーニッシュ）な力に対する畏怖の感覚であり、もうひとつは、ヨーロッパ的な個人主義の社会のハキハキとものを言う人間とは違う、いつもためらいがち、遠慮がちで、言いたいことも自分の内にしまい込んでしまいがちなアジア的人間関係の微妙な表現である。そうしたアジア的人間への思いやりの深さである。

「カルティニ」（一九八二年、インドネシア、監督シュマンジャヤ）

カルティニは一九世紀末のジャワで、当時オランダの植民地統治下にあったこの国にはじめて民族意識のともしびをともした女性である。学校といえばオランダ人や混血の子弟とごく少数の現地上流階級の子弟だけが、オランダ語でヨーロッパ優越思想を学ぶ場であった時代に、彼女はジャワ語で学習する学校を作ってジャワ人の女性教育を始め、またオランダ人の友人との往復書簡集を出版して、プリブミ（現地人）と呼ばれたジャワ人もヨーロッパの支配者たちと同じ知性と気品と理想のあふれる文章が書けることを示して、当時東インドと呼ばれたインドネシアの民族主義台頭の導きになった。だから一九八五年発行のインドネシアの一万ルピア札にも彼女の肖像が印刷されているなど、広く尊敬を受けている。この映画は彼女の生涯を描いた伝記映画であり、シュマンジャヤ監督による三時間に近い大作である。

カルティニは一八七九年、地方王族の妾腹の娘として生まれた。封建時代の日本の小規模な藩の藩主に相当する家柄で、父親はオランダの支配下にあるがその地域の統治者である。子どもの生まれるのを父親が夜どおし待ち、無事生まれると父親は領民たちの祝福を受ける。そういう、主君と領民の封建的な結びつきの絆の強さをよく示した重厚な場面から始まり、ジャワ王族の家庭生活をじっくりと見せる。われわれは日本やヨーロッパにあった封建社会については、時代劇や騎士道物語映画などで美化されたイメージを持っている。しかしアジアの封建社会については、ハーレムの存在とか暴虐な王とか、逆に先進国の目で軽蔑してグロテスクに誇張したイメージをかつては持っていた。だからここにじつに丁寧に描き込まれているジャワの封建時代の王族の生活は、とても新鮮な驚きに満ちて見える。

王族といっても地方の大地主という程度で、とくべつに絢爛豪奢な生活をしているわけではない。しかし礼儀作法はじつに厳格で、しかも優雅である。礼儀作法というものは宮廷社会のある国でとくに発達するもので、インドネシアの中でも多くの藩にそれぞれの小宮廷があったジャワでとくに発達したらしい。そして当然のことながら、礼儀作法の発達したところでは、慈愛をともなった威厳とか、日常生活の立居ふるまいにまで浸透した優雅さといった感覚も発達する。この映画でカルティニの父親を演じた俳優の威厳とやさしさ、統治者としての責任感と家族への心くばりにあふれた風格はまことに見事なものであって、日本の時代劇の殿様で、こんなに人間的な魅力にあふれた人物を見たことがあっただろうか、と思ってしまう。

当時のジャワの貴族社会では、女性が初潮を迎えると、花婿がきまるまで一室に閉じ込めるという習慣があった。まだ若いカルティニはこの封建的な古い風習に強く反発する。そしてある日、兄に、自分がいまどんなに精神的に苦しんでいるかを訴える。兄たちが彼女の悩みを察して、父の前で家族会議を開いてもらう。そこでは彼女は、ついにその悩みを直接に父親に言うことはできないのである。そして兄たちが、勇気を持って自分で言うべきだと激しい語調で妹を励ます。父親は、自分のことを自分で言えないような育て方はしなかったはずだ、と威厳と慈愛をこめて言う。しかし兄たちが彼女を部屋に閉じ込めることはやめてほしいと願うと、父親はきっぱりとこれを押しとどめる。そして自分が導いて彼女を部屋に入れる。その部屋の中で彼女は考えつづける。やがて彼女はこれを一種の試練として受け止めるようになり、思索を深めるためにこの機会を活用するという気持ちになる。その頃、父はまた自分で扉を開けて彼女を解放するのである。この父親は、オランダの植民地支配がどんなにジャワの農民を貧困に追いやっているかをいちいち具体的に子どもたちに説明し、カルティニにはこれと闘う闘士になるようにと期待している進歩的な人物なのであるが、封建的家父長として古い習慣を維持することも決しておろそかにはしないのである。改革の必要は感じており、カルティニが実践する貴族の娘と庶民の娘を一緒にした進歩的な女子学校などは積極的に支援するのだが、だからといってなんでも簡単に物分かりよくふるまうというわけではないのである。より新しい考え方を真っ向から受け止め、いったんははね返しながら、その要求を真剣に考える。そういう堂々たる家父長なのである。われわれは日本映画で、頑固な家父長や物分かりのいい家父長をずいぶん見てきたが、保守的であることの厳しさと、進歩的であろうとする熱意とを併せ持った、こういう堂々たる家父長というのはあまり見たことがなかったと改めて思った。

この父親が娘に、オランダの植民地政策について説明する。ジャワの農民の田んぼをつぶさせ、それを砂糖きび畑やゴム林に変えてゆく。こうしてジャワの産業はヨーロッパに都合のいいように変えられてゆき、農民は貧困に陥る。先進国と開発途上国の経済関係は基本的には当時とあまり変わっていないこともあわせて理解できた。

この小宮廷の中では、家族は主人より頭を高くしてはいけないのかどうか、室内で父親の前にいるときは坐っているか、かがんだまま歩く。インドネシアの小説には、この歩き方を封建的隷属のシンボルとして屈辱的な気持ちを込めて批判しているものがあり、たしかに不自然で前近代的だと思うが、しかし長年練りあげられてきたマナーとして上品な男女によって演じられるそれが、じつにみやびやかで美しいものであることも認めないわけにはゆかない。それはそれなりに、やはり慎重に練りあげられた文化であり、生活芸術と呼ぶべきものなのである。

こうした環境で育ったカルティニは、実母が側室として差別されていることへの心の痛みなどを手掛りとして、女性差別の現実に目ざめ、女性教育を志し、それが民族意識の自覚へと発展してゆく。聡明な兄たちの影響と、つねに娘を理解しようとし、娘の事業の最もよき保護者であろうとする父親の助けもあって、良家の娘の理想はおおらかに伸びてゆくのである。しかし時代の限界はある。二〇歳を過ぎてもう婚期が遅れたと見なされた彼女は、子どもが何人もいる藩王に後妻として嫁ぐ。そしてある夜、彼の何人もいる侍女たちが本当は妾でもあることを知る。カルティニは夫とベッドを別にするようになる。夫は君の父だって妾がいるではないか、と情けなさそうに弁解する。

後半はほとんど母ものである。老いて病んでいる父親の見舞いに里帰りしたカルティニは、父親が子たちと正式の晩餐をしようと言うと、その席に実母を招かせる。しかも父自身に招きに行かせる。彼女はまた、夫との不仲は解決して妊娠したことを父に伝えて安心させる。しかし、そのお産で彼女は二五歳の短い生涯を終えるのである。

シュマンジャヤの演出はまことに悠々として、よきテンポと様式を一貫させている。


「冬冬《トントン》の夏休み」（一九八四年、台湾、監督ホウ・シャオシェン）

台湾映画には、子どもを扱った、心やさしく、人間的なぬくもりにたっぷりとひたらせてくれる傑作が少なくない。この映画は、親しみやすく愛すべき小品として、珠玉のような輝きを持った映画である。

最初の場面は台北のある小学校の卒業式。ドキュメンタリー・タッチで非常に自然な感じがよく出ており、しかもそこで卒業生の代表としてスピーチをする小学生がとてもハキハキしていいことを言うので、まず感心してしまう。卒業式が終わると夏休みである。卒業生のトントンは妹のティンティンと一緒に田舎の町で医者をしているおじいちゃんの家に行くことになっている。じつはお母さんがかなり深刻な病気なので、夏休み中、あずかってもらうのである。そんなわけで、田舎へ行くのは楽しいけれども、お母さんのことも心配だ。おじいちゃんのところにいる叔父さんが迎えに来てくれるが、この叔父さんがなんだかてんで頼りない。

こうして田舎の町へ行き、すぐその土地の子たちとも親しくなったトントンとティンティンという二人の子どもの一夏の経験が、軽いスケッチのような調子で描かれてゆく。無邪気な子どもたちの言動が美しくおだやかな田舎の景色の中でくりひろげられ、本当にいい気持ちで童心の世界にひたれるのである。ホウ・シャオシェン監督は子どもを描くとまったくうまい。きまったセリフを教えたとおりに言わせるというのでなく、だいたいのことだけ教えて一緒に遊びながら自由に行動させ、カメラの位置を変えるときにはまたぜんぶはじめからやり直して自然なのびのびした演技を保つのだそうであるが、ほんとに子どもたちが自然でのびのびしていて、それだけでも楽しくなる。が、しかし、この映画の本当にいいところは、ただ子どもたちの世界がうまく撮れているというだけでなく、周囲の大人たちの生活がじつにしっかりとよく描けていて、ひとつの時代のひとつの地方の生活の全体が、かけがえのない貴重な美しいものとして感じられ、その全体を丸ごと愛さずにはいられなくなるところにある。

たとえば、町には知的障害のある若い女性がひとりおり、異様な風態でうろついて、よその男に妊娠させられたりしている。医者であるトントンのおじいちゃんは、この子は避妊手術をしたほうがいいと、その父親に親切に説いている。ところが、じつはこの女性が、ティンティンが汽車にひかれようとしているとき間一髪で救ってくれているのである。そのことは本人たち以外、誰も知らない。世間では彼女をただほうっておいているようだが、トントンのおじいちゃんのように親身になって心配して目をかけている人もいるし、ただぶらぶらしているだけであるような彼女も誰も知らないところでちゃんと人の役に立っている。これがまさに共同体であり、コミュニティというものだろう。町全体、持ちつ持たれつで血が通い合っている。そういうことが、べつに助け合いだのヒューマニズムだのということでなしに、ごく自然なあり方として当たり前に描けている。そこに町の体温とでも言うべきものが感じられ、ひいてはそれが映画のぬくもりになっているのだ。

恐怖の経験もある。昼休みに道端で昼寝している労働者たちから金や時計を奪っている若い二人組の強盗がおり、もし目をさましたら頭にぶつけてやろうと、強盗のひとりは大きな石を持ちあげている。偶然子どもたちがその傍を通りかかる。強盗たちは、早く行け！と子どもたちをうながす。こんな怖い出来事が、田舎ののんびりした情景の一場面のようにさらりと現れるので、怖いような、おかしいような、奇妙な面白さになる。この強盗たちが、じつはダメな叔父さんの友達だということが分かり、警察に通報していいのか悪いのか子どもには判断しにくくて途方にくれてしまうあたりも、たんなる児童映画にない本格的なドラマ性である。実際子どもは、大人たちの指示が矛盾すると、困ってどうしようもなくなるものである。そんな深刻なトラブルも、おじいちゃんがダメな息子をきっぱりと叱り、きちんと警察にも通報して解決してくれる。このおじいちゃんを演じる俳優がじつに風格があって素晴らしい。うるさい子どもたちに腹を立てながら、怒るわけにもゆかなくて、「メッ！」としかめっ面をするあたり、じつに楽しくて気持ちよく笑ってしま

「冬冬の夏休み」

う。このおじいちゃんの病院が昔風の日本式の建築であることもなつかしく、まるでかつての日本に戻ったようだ。

「新文字先生」（一九九八年、モンゴル、監督B・バダルオーガン）

「新文字先生」というモンゴル映画がある。ソビエトの影響下で社会主義体制だった頃の話である。町の寄宿制の学校に行っている小学生の男の子が夏休みに草原の遊牧地に帰ってくると、村長から教師をやるようにと言われる。

政治的な理由でモンゴル人はモンゴル文字を捨ててロシア文字を使わなければならなくなったのに、まだ習っていない大人が数人いる。彼らにロシア文字の読み書きを教えるようにというのである。自分もまだ子どもなのに大人に文字を教えなければならない。困ったなあと思いながら、彼は早速その授業にとりかかる。

やがてこの国はソビエトの影響下を脱して社会主義をやめる。そして昔のモンゴル文字が甦る。しかしこんどは大人はもうロシア文字しか知らない。だからまた、モンゴル文字を新たに習っている子どもからそれを習うことになる、というオチがつく。

実際一九九〇年以後この国はそんなふうになった。風刺的な作品だから、子どもが大人に文字を教えるというのは半分は冗談だが、まじめに受け取ってもいい話であるような気もする。

いまの子ども、とくに日本の子どもは、大人から一方的になにかを教わる期間が長すぎるのではなかろうか。教わることばかり多すぎて自分から教えるということがなさすぎると、人間はダメになるように思う。

昔は日本の子どもも、それこそ小学生になるともう、自分より幼い弟や妹の世話をさせられたものである。大きい子どもが小さい子どもをおぶっているのは日常よく見る光景だった。あれは過酷な労働だったが、一面、責任感とか思いやり、信頼感という感受性を育てるのには有意義だったとも言えるだろう。

子どもは過酷な労働からは解放されるべきであるが、子守のような仕事で養われたよい精神もあったと思う。それに代わる責任のある仕事が与えられないと、子どもには果てしなくただ学ぶことは退屈きわまる精神労働になってしまうのではないだろうか。

「僕が９歳だったころ」（二〇〇四年、韓国、監督ユン・イノ）

これは一九七〇年代頃の韓国の地方の小学校の子どもたちの友情や喧嘩の日々をほほえましく描いた愛すべき映画である。原作はベストセラーになった小説だが、描かれている時代はユン・イノ監督の小学生時代と重なるので、監督は自分の思い出もたっぷり盛り込みながら映画化に当たったという。はじめにことわっておきたいが、この映画に出てくる韓国の小学校の先生は、なにかというと生徒に体罰を加える。叩いたり、立たせたり、ただ立たせるだけでは足りなくて、口に運動靴をくわえさせたり。

この映画がアジアフォーカス福岡映画祭で上映されたとき、ゲストで来ていたユン・イノ監督に観客のひとりが、「韓国の小学校では先生はあんなに生徒を叩いたりするんですか」と質問した。

監督は苦笑して答えた。「これは三〇年ぐらい前の軍事政権の時代の話です。その頃は生徒をビシビシ叩いて叱る先生がいい先生だと言われていたので、私もよく叩かれました。しかし、いまはそんなことはありません。体罰なんかしたらすぐ生徒が警察に電話するでしょう」。

よく分かる話である。日本でも軍人が政治にも教育にも口を出していた軍国主義の時代には、小学校まで軍隊式になって、やたらと生徒を叩く先生が珍しくなかった。

一九七〇年代というと、朝鮮戦争でこの国が激しい戦火にさらされてからもう二〇年たっているので、ようやく荒廃から立ち直り、そろそろこの国も高度経済成長の入口にさしかかろうとしている頃である。だから主人公のヨミン少年の家など、まだまだ見るからに貧しそうであるが、他方、ソウルから転校してきてヨミン少年と同じ机で並んで勉強することになる美少女のウリムなど、なかなかお洒落で見るからに金持ちのお嬢さんふうである。先生は怖いが教室の雰囲気は決して暗くはない。むしろ明るくて、九歳の子どもながらみんなそれぞれ存分に個性を主張している。いじめっ子もいじめられっ子もいるが、人望のないいじめっ子はみんなに打倒されて勢力が交代するなど、けっこう民主主義の実験みたいなことが自然発生的に成り立っているところが面白い。

韓国は軍事独裁政権を民衆が自力で倒して民主化を実現した国である。そういう活力が、まだ貧しかった時代の小学校生活の描き方などにも自ずから表れていて、そこがいちばんの見どころだと思う。

ヨミン少年は頭もよさそうだし喧嘩も強いが、決してガキ大将になろうとはしないし、母親思いで、片目が不自由な母親のためにサングラスを買ってあげたいと思ってアルバイトをしている孝行者である。そういう模範的なよい子が、転校生のウリムに初恋を感じて胸がいっぱいになったばかりに、ちょっと意地悪なところのある彼女から恥をかかされてキレそうになったりする。それでも彼女が嘘つきであることが分かったときなど、それを知った数人の他の悪ガキたちに、彼女に恥をかかせてはいけないからといって堅く口止めする。ここらが本当に素晴らしい。

男らしい男の子が女性に恥をかかせてはいけないと気を遣うというのは、男尊女卑のアジアより中世の騎士道物語の貴婦人崇拝の伝統を引きずっている西洋のメロドラマにふさわしい行動パターンである。だからもしかしたらこれはアメリカ映画の影響かもしれない。それとも韓国の儒教文化にも、士大夫と呼ばれるような立派な男性は弱い女性の自尊心にも気をくばるというような伝統が成立していたのかどうか。川で溺れそうになったウリムを助けて礼を言われたヨミンは、「男は女を守るものだと父さんに教わった」と言う。これは素晴らしいセリフだ。これは韓国の庶民的な伝統なのか。私にはちょっと判断しかねるが、いずれにしろヨミンのこの思いやりの立派さは、日本の児童を扱った映画にあまり見かけない大人びたものである。

「僕が９歳だったころ」

このあと、ヨミンのウリムに対する初恋は、子どもっぽいやりとりの範囲を超えて本格的なラブシーンに近いところまでエスカレートしてゆく。九歳の少年少女の物語でそれを不自然なく演じさせることは至難である。とくに韓国のように、つい近年まで儒教的文化にもとづく男女交際についての厳しい壁があったところではそうだと思う。しかしこの映画は、むしろそうだからこそ、若者や子どもの自由な交際に精神的な輝きを持たせることに力をつくしている。そしてそれを九歳の子どもたちにまで及ぼして、男と女が互いに相手を尊重してひたすら相手から精神的な高まりを与えられるように努める。そんな西洋的恋愛思想の古典的なあり方に、嫌らしさもキザっぽさもなくこの内容を一致させることに成功している。

無邪気な子どもたちの社会のほほえましくも子どもっぽいやりとりを、なつかしく、回顧的にふり返っているにすぎないように見えて、じつはこの映画は、厳しく抑圧された軍事政権下にありながら、韓国の民主化が社会の土台のところで着実に進んでいたということを描いた映画だと見ることもできると思う。先生はまるで軍事政権の手下ででもあるかのように生徒をビシビシ叩くけれども、子どもたちはちっともそれにはスポイルされず、明るくハキハキと言い合いながら、思いやりに富んだクラスを作りあげてゆく。

九歳の少年がその初恋の心を正確に語り、彼の誠実さに救われた少女がそれでも貴婦人のような気位の高さを崩すことなく、このうえなく素直な反省の言葉を述べる。自分に都合のいいことばかり言う先生の俗物ぶりや、恋人にラブレターを送ることにも苦労してなにか絶望的な哲学を述べて死ぬ詩人など、大人たちが韓国の当時の現実を表しているとすれば、子どもたちはもうこの国の発展の未来を先取りしているのだ。

ただ可愛いという以上のこの内容を、子どもたちがじつに自然に演じている。傑作だと言わずにはいられない。

「冬の小鳥」（二〇〇九年、韓国・フランス、監督ウニー・ルコント）

この映画の脚本を書いて監督したウニー・ルコントという女性は、韓国生まれの韓国人であるが、幼い頃に家庭の事情で父親の手でキリスト教の児童養護施設に入れられた。そして一一歳でフランス人夫婦に養子として引き取られた。フランスで成長して、そこの国立映画学校のシナリオ講座で学び、自分の子どもの頃の経験をもとにしたこの脚本を書いた。それを韓国の映画監督のイ・チャンドンが読んで感動し、自分でプロデューサーを買って出て、彼女に監督もさせて韓国とフランスの合作映画として完成させたのである。

経験そのままではなく、事実をもとにして作られた創作であるが、しかしやはり、実際の体験がもとになっていることの強さは圧倒的である。ジニと名づけられた主人公の少女はお父さんが大好きで、お父さんも決して悪い人ではなさそうなのだが、なぜか娘を施設に入れて去ってしまい、行方が知れなくなった。なにか複雑な事情があったと想像されるが、正確なことはなにも分からない。ジニには信じられないことである。さいわいこの施設は、院長先生も誠実な人だし、シスターたちも子どもたちの心を傷つけないよう、よく気くばりをしてくれている。子どもたちの間にもとくに目立ったいじめなどもないようである。常時二十数名の、五、六歳から一二、三歳の女の子たちがいるが、年上の子が年下の子の面倒を見るようにして、だいたい仲よくやっている。しかし、いくらうまくいっているといっても、子どもたちの心の中には不安があり、つらい思いがある。その気持ちの微妙なところが、見ていてなるほどそうだろうといちいちうなずけるように描けているあたりはやはり、体験にもとづく強味だと思う。

　みんな仲よくやっている施設だからといって、大人たちはことさらやさしそうな表情や甘ったるい言葉を使っているわけではないし、子どもたちも盗み食いぐらいはするし、また、夜中に小さな灯りを囲んで花札の占いで一人ひとりの幸不幸の予測に夢中になったりする。ときどきアメリカ人の夫婦などが養子を選びに来ると、選ばれようとして可愛くふるまったりもする。障害のある子が、自分などに老人の介護役として貰われてゆくぐらいしか養子にしてもらえる機会はないだろうと思ってあせって、施設に出入りする青年にけんめいに救いを求めるラブレターを書いたりする。とくべつ目立ったいじめやつらい出来事はなくても、それらのひとつひとつの小さなエピソードから彼女たちのつらさと悲しさがそくそくとこみあげてくる。

　たぶん、この子たちの多くは親のいない孤児なのであろう。それに対してジニは、自分は父親がいるのだから孤児ではなく、父親はいつかきっと迎えに来てくれるはずだと思っていて、それを心の支えにして意地を張っている。みんなとは違う、自分はみんなより少しマシな立場だから一緒に扱われるのは嫌だ、という態度でシスターなどに反抗したりするのだ。しかしそれだけに、お父さんはもう迎えになど来てはくれないという現実は受け容れ難い。そこで自殺の真似事のようなことを試みる。何野原に穴を掘って横たわり、自分で土をかぶって死のうとするのだが、そんなことでは死ねない。何事もなかったように穴を出て施設に戻り、もうシスターたちを手こずらせるようなことはしなくなる。

　幼いながら腹をきめ、現実をしっかりと受け止めるようになったのだ。こういう少女の精神の成長の過程を微妙なところまで具体的に描いているところが、この作品のあまり類のない素晴らしいところで、それはやはり、作者の体験にもとづいているということの強味だろう。ただし、それらのエピソードがみんな実際の体験かというと必ずしもそうではないだろう。なぜなら、ここに描かれているのは、もう父親を恨むことはやめて、あの穴から自分で這い出したあと、生まれ変わった気持ちで改めて見直して整理した経験だからである。その立場から見ると、こうだった、というだけでなく、こうであるべきだった、と考えられたエピソードも出てくるだろうし、一緒に暮らした仲間の一人ひとりの行動も、新しい解釈で新鮮に見えてくるものもあったに違いない。それらを加えてはじめて芸術作品としての輝きが生じるのである。

これは決して、ただ悲しい運命を生きた子たちの哀話ではない。つらい境遇の中でこそ自分というものをしっかり見つめて確立することができた少女の心のドラマである。

「地球でいちばん幸せな場所」（二〇〇七年、アメリカ・ベトナム、監督ステファン・ゴーガー）

トゥイは一〇歳のベトナムの少女である。素直で利発で心の温かいよい子だが、両親の亡きあと彼女を引き取って自分の竹工場で働かせている叔父さんがあんまりバカバカと言うので、怒って家出してホーチミン市で花売りの子どもたちの仲間に入る。叔父さんも悪い人ではなく、肉体的な虐待を加えたりするわけではないし、心配してさがしにも来るのだが、子どもをあんまりバカ扱いするのも精神的な虐待だということが分かっていないのだ。子どもにもプライドがあるということを知らねばならない。

ものおじしないトゥイは大人にもどんどん話しかけて親しくなる。彼女がまず目をみはったのは動物園の飼育係のハイ。なんだか象とも心が通じて話ができるみたい。尊敬しないではいられない。それと客室乗務員のランさん。花を買ってくれただけでなく常宿のホテルに泊めてくれる。

この二人の大人がともに恋愛問題に悩んでいるので、トゥイはその相談に乗ったり忠告したりする。日本の社会ではちょっと考えられないことで、ストーリーの誇張がすぎるんじゃないかと疑問も生じるところだが、トゥイを演じるファム・ティ・ハンという少女はぜんぜん嫌味なしにいい感じでやっている。

この映画の字幕翻訳者の秋葉亜子さんはこの映画のためのパンフレットでこの疑問に触れて、ベトナムの子どもは頭がいいと書いている。子どもでも新聞が読めるし外国語もうまく、「とくに、家族の柱となって働いているような子どもは、生きぬくための知性が研ぎすまされているように思う。かといって悲壮感はなく、明るく、そしてたくましい」と。

私もそれにつけ加えて言うと、世界で子どもがいちばん子どもっぽいのは日本ではないかと思う。映画の中でも現実でもそんな感じがする。ヨーロッパやアメリカの映画と比べてもそうだが、アジアの映画でもイラン映画に出てくる子どもたちなど、じつに大人びてしっかりしているのである。

トゥイはハイとランさんを互いに紹介し、二人が愛し合ってトゥイを子どもとして引き取り、家族になって、メデタシメデタシとなる。

悲しい孤児の物語ではなくて明るく元気な少女の映画である。主役のファム・ティ・ハンが本当にさわやかで気持ちがいい。自分でカメラも回しているベトナム系アメリカ人のステファン・ゴーガー監督は、ほとんど手持ちのカメラによるホーチミン市のオールロケ撮影で、活力に満ちた現地の雰囲気を鮮やかにとらえている。ロサンゼルス映画祭の観客賞というのがうなずける。

この映画で、親代わりの叔父さんからいつもあんまり「バカ、バカ」と言われるのが嫌で家出するベトナムの少女を見て愉快になって、以前に読んで感銘を受けていた一冊の本を思い出した。関連があると思うので、当時書いた書評を参考までに再録したいと思う。「バカ、バカ」に限らず、子どもにあまり否定的なきめつけをするものではないということは、大人が考えているほど軽い問題ではないのだ。


ユルク・イェッゲ著、小川真一訳『むずかしい時期の子供たち――学習障害児たちとの経験』（一九八八年、みすず書房）

頭が悪くて勉強ができなくて、普通学級の教室では教師からもサジを投げられて「お客さま」扱いされており、みんなからもバカにされて、知能指数も低いと「科学的」に判定されている。そんな生徒が、どこの小学校でもたいていのクラスにいる。

日本では、だからといって小学校で留年ということはちょっとないが、ここスイスではどんどんそうするようである。そして、それでもダメな場合、「軽度の知的障害」とか「言語障害あり」とか「自己表現不能」といった所見つきで補助学校と呼ばれる特殊学校にまわされてしまう。

この本の著者はその補助学校の教師である。彼はこの本で、自分のところにまわされてきた、これら「愚鈍」というレッテルつきの子どもたちの多くが、じつは「軽度の知的障害」どころではなく、ちゃんとした頭の持ち主であり、ただ、親や教師など大人たちとの正常な関係を確立することができなくて、勉強に対して心を閉ざしてしまっていただけなのだということを主張し、論証している。

なぜ、彼の生徒の多くが決して頭が悪くはないと証明できたかといえば、この本にはそれらの生徒たちの作文がたくさん引用されているからであり、それらの作文が非常にすぐれているからである。

彼らははじめは教師である著者を手こずらせる。実際、勉強はまるでできないし、勉強を強いても拒絶反応が生じるばかりである。無理に勉強させようとすると暴力をふるったり狂乱状態になる子もいる。

著者は、そういう反応を徹底的に受け容れる。つまり叱らない。怒らない。あくまでもその子の身になって考え、理解し、話しかけ、なぜ自分がそんなに勉強を嫌うのか自分で考えるように仕向ける。そして、ある時期が来ると、自分はバカだと思い込んでいた子が急に自信を持つようになり、勉強を始め、遅れていたぶんを急いで取り戻してしまう。

もちろん、その過程はそう簡単なものではなくてジグザグしている。従順期、反抗期といった時期を経て、教師と人間的な信頼関係が確立されると、はじめてその子は自我を発見する。つまり、大人たちや仲間たちの顔色を見て動いていた状態から自分の判断で行動できるようになるのである。大人たちや仲間たちの理不尽な扱いに対して、どうせ自分はバカなんだと、すすんでバカになってへつらい、そうすることで自分を守り、そのため、ますますバカ扱いされるという悪循環に陥っていたのが、ある日とつぜん、自分は自分だ、ということに気づくのである。そうするとバカでなくなってしまうのである。

作文どころか、ろくに文字も書けなかったような子が、こうして勉強をするようになり、長い筋道立った文章を書くようになり、すぐれた演劇を見て討論したりするようにもなる。

この本にふんだんに引用されている子どもたちの作文の多くは、自分がどうしてバカ扱いされるようになったか、またそのとき自分はどんな気持ちでどんな反応をしていたかということについての内省的な記述である。

ある長い作文の一部を引用してみよう。

> ぼくは、父の心配がたえないのは、ぼくのせいだと思うようになった。うしろめたい気持に、いつも悩まされているうちに、ぼくは不安のとりこになってしまった。いますぐ、なにかが起こるに違いない、とぼくは思った。ほとんど毎晩、ベッドの中でぼくは泣いた。それほど苦しんだ。その後、ぼくはある時、「もしもぼくが、誰とも口をきかなくなったら、どんなことになるだろう」と思った。ぼくは、誰ともいっさいつき合わなくなった時のことを、頭の中で描いた。ぼくはとても悲しい気持になった。ぼくは、こんなことを想像した、――朝、母がぼくを起こしに来る。母はぼくにおはようという。だがぼくは母の挨拶には答えない。ぼくは黙って、起き上がり、食事をし、一言も言わずに学校の道具をカバンに入れ、学校へ出かける――。そのような想像をしながらも、ぼくは、そんなことがやりおおせるものだろうかと自分で疑った。最後には降参してしまい、結局、やりとおせないだろうと思った。そう思いながら、ぼくは一言もしゃべらないことにしようと決心した。

こうした文章がいくつもあるのだが、著者はこれらについて、「正書法上の誤りを訂正したり、あまりにもひどい文章を直したりしただけで、それ以上のことはしていません。したがって、これらの報告は、大体において原文どおりと言えるでしょう」と述べている。どんなにつたなくても、完全に原文どおりで採録したほうが、もっと説得力を増したのではないかと思うけれども、「大体において」でもこうした文章を何ページにもわたって書ける子どもを「軽度の知的障害」と呼ぶことはできない。

こうして、これらを証拠に著者は、なにがこの子たちをバカにさせたかを論じている。

典型的な例は、子どもが家庭でスケープ・ゴート（贖罪の山羊）の役割を担わせられていた場合である。もともと愛し合っていないのに、母親がその子を妊娠したためやむを得ず結婚したというような夫婦がおり、たえず夫婦仲が険悪になる。そのとき、なにか子どもの欠点を見つけては嘆きを共にすることで、かろうじて夫婦が連帯感を持つということが起こり得る。

子どもは敏感にそれを感じとり、親を心配させるようなことを繰り返すことで一家の絆を保つような役割を演じてしまい、そこから本気で自分はバカだと思い込む悪循環が始まってしまったりする。

これは一例であり、他にもさまざまな場合があることを著者は具体例で記述している。また、家庭だけではなく、そうした子どもの心理を見ぬけない教師がその子をバカ扱いして自信を喪失させるし、さらに、自信のない子は知能テストでもいい点は取れないということを考慮に入れない学校システムが、科学的判断の名の下にそうした子たちを特殊学級へ排除して、生涯にわたる自信喪失を強いる。

これはスイスの話である。日本とはいろいろ事情の違うところもある。前述のように日本では義務教育中の留年なんて原則的にない。が、しかし、そうした違いはあるにしても、大筋で言えば、日本でもバカ扱いされている子どもたちの多くに似たようなことが言えるのではあるまいか。

少なくとも、そういう子どもたちが、外見上の鈍さのかげに、じつはどんな深刻な内面の葛藤に苦しんでいるものであるかということは、国や制度を超えて共通しているものであると思われる。「愚鈍」と言われている子どもはどこにでもいる。彼らが「愚鈍」な大人になる前に、まわりの大人がその心の葛藤を治してやらなければならない。そういうことに気づかせ、その方法を教えてくれる本である。

第9章　イスラム世界の子どもたち

イランの児童映画

イラン映画は、アッバス・キアロスタミ監督の一九八七年の「友だちのうちはどこ？」の国際的な成功から世界の映画館に進出するようになった。田舎の小学校の生徒たちの話である。教室で隣の席の友達が、指定されたノートに宿題を書いてこなかったために先生に叱られていることに、主人公の子どもはオロオロしている。退学させるぞ、などと言われているからである。それなのに彼は、うっかりその友達のノートを家に持って帰ってしまう。さあ困った。すぐ友達の家を訪ねてこのノートを渡してやらないと、友達は退学になるかもしれない。家では母親から用事を言いつかっているのだが、その前にひとっ走り友達の家に行ってこなければと、母親をごまかして丘の向こうの友達の家を訪ねてゆく。しかし、じつは、それまでそこには行ったことがないのだ。行ってみるとその村はみんな同じ苗字で、どれが友達の家なのか分からない。日が暮れて家に帰って、仕方がないから友達のノートに自分が宿題をみんな書いて、

「友だちのうちはどこ？」

翌朝早く学校に行って友達に渡してやろうとするのだが……。

これは本当の気持ちのいい児童映画の傑作だった。童心をきれいにさわやかに謳いあげる映画は世界じゅうにあるが、この作品ではそこに教師の怖さなども描き込んであるところがにくい。しかし明らかに低予算の小品だし、俳優もほとんど素人だと思われる。そんな商業主義に背を向けたような作品を作る余裕はどこにあるのだろう。イランでもスターシステムのエンタテイメント映画は以前から作られていて、アクションものの大ヒット作などもあった。しかしそのイラン映画界の中に「友だちのうちはどこ?」のような純真な児童映画の流れを持ち込んだのは、じつはイラン革命で追放されて亡くなったこの国の王妃だった。

王妃は児童文化に熱意を持っていた人で、イラン革命の直前頃に数回、テヘランで国際児童映画祭を主催している。私はそれに二度招待を受けて参加し、この王妃のパーティであいさつして握手をたまわったこともある。

このとき、たしか児童文化の実験的な研究を盛んにやっているという、劇場と図書館とスタジオを兼ねたようなところに案内され、まさに実験的なアニメ作品などを見せてもらった。どうやらあれが、王妃のポケットマネーで作られたとかいう児童青少年文化協会だったのだ。

キアロスタミをはじめ、一九七〇年代末にイランから実験映画的な児童映画が続々と現れて世界の映画人を驚かせたとき、私はそれらのほとんどがほとんど、この協会の作品であることに気づいた。のちにキアロスタミと親しくなって話を聞くと、そこでは作品はこの研究所で公開されるだけで、やりたいことはなんでもやれたという。王妃が金を出してくれるので、予算を心配する必要はない。作品はそこのホールで上映されるだけでよく、映画館で儲けなくてもよかったのだという。そこで予算も興行成績も気にしないで映画の実験に打ち込めたことがなにより勉強になった、とキアロスタミは言っている。

そこで彼が作った作品のひとつに「ホームワーク」(一九八九)というドキュメンタリーがある。これは小学校二、三年生くらいの子どもたちを一人ひとりカメラの前に呼んで、主として宿題について、キアロスタミ自身が質問するインタビュー映画である。ある男の子は、ひとりでは答えられないからと仲よしの女の子と一緒に出て、ぜんぶその女の子に答えてもらったりする。それでも子どもたちはみんなハキハキよく喋り、この国の小学校が相当に宿題過剰であることを明らかにしていた。「友だちのうちはどこ？」はこうした実験的な習作を土台にして成り立っているのである。それにしても小学校低学年の子どもたちでインタビュー映画を作ることができるという着想がよい。日本ではまだあまり知られていないモハマド＝アリ・タレビの三本の傑作が「ザ・ブーツ」(一九九三)「チック・タック」(一九九四)そして「神様への贈り物」(一九九六)。いずれも幼い子どもたちを主役にした映画であるが、子どもたちの演技が自然で生き生きとしていて、しかも現実社会にしっかり根差したものになっていることにびっくりしてしまう。これらはキアロスタミの「友だちのうちはどこ？」にも共通する美点である。他にもアミール・ナデリの「ハーモニカ」(一九七四)と「駆ける少年」(一九八五)、バハラム・ベイザイの「バシュ

「ホームワーク」

ー、小さな異邦人」(一九八六)など、子どもを主役にした傑作がじつに多い。

なかでも「神さまへの贈り物」は、その天真爛漫な大らかさがいい。ひとりのおばあさんが、近所の幼い子どもと一緒に遠くの街までお米を買いに行くという単純なストーリーが、じつに心豊かな生活の賛歌になっている。街々のたたずまいと、そこに行き交う人々の情味の程のよさ。非常に洗練された描写力によってこそ、素朴という美徳が見事にとらえられているのである。

イラン映画の特色はじつに情味が濃いことである。義理の父と息子の葛藤を扱ったマジッド・マジディの「父」(一九九六)にしろ、詩人を夢見る少年とその周囲の人々の心の通い合いを描いたキュマルス・プルアマドの「パンと詩」(一九九四)にしろ、村や町の人情共同体とも言うべき人間環境がじつにきめこまかくやさしく描けている。児童映画ではないが、イラン・イラク戦争を扱ったアズイゾラー・ハミド＝ネジャド「戦火の中へ」(一九九二)やエブラヒム・ハタミキア「カルヘからラインへ」(一九九三)などにしても、その主眼はまず、戦意高揚どころか人間同士の人情的連帯の追求に置かれている。戦争を抱腹絶倒の喜劇にしてしまったキャマル・タブリジの「夢がほんとに」(一九九六)も、臆病者を主人公にして生きる喜びを語っている。

マジディ監督の「運動靴と赤い金魚」(一九九七)はボロ靴しかない幼い妹のために兄がマラソンに参加して力走する話だったし、先にあげた「友だちのうちはどこ?」も宿題を書くノートを取り違えた友達のために小学生が一日友達の家を訪ね歩く話だった。小学生や中学生ぐらいの子たちの兄弟愛や友情というテーマを扱った傑作がじつに多い。

必ずしも児童映画ではないが、「酔っぱらった馬の時間」(二〇〇〇、バフマン・ゴマディ)という名作も、まだ一〇代の少年が家長として三人の弟妹のために大奮闘する感動的な作品として有名である。

インドも面白くてタメになる児童映画がよく作られる国である。旧ソビエトや中国などでは政策的に児童映画がよく作られていたが、教訓性が鼻につくことが多い。

日本は子ども向きのアニメーションでは世界一だが、一部の秀作を別にすると暴力性が強かったり下品だったりで、家族で楽しむ作品が少ない。

イランにしろインドにしろ庶民の生活は貧しいが、それらの映画で痛感するのは家族愛というモラルが当然のことと確信されていることである。生活のために奮闘している親たちに代わって、お兄ちゃん、お姉ちゃんは喜んで弟や妹の面倒を見るということも自明の大前提としてストーリーが組まれていることが多い。そもそも子どもが親をあんまり頼りにしていない。

日本も昔はそうだったと思うのだが、どうだろう。

「少年と砂漠のカフェ」（二〇〇一年、イラン・日本、監督アボルファズル・ジャリリ）

世界には、自分たちはこういう人間なんだ、こういうことを言いたいんだ、こういうことを分かってもらいたいんだ、ということを映像で表現して世界に知らせる力をほとんど自力では持っていない国がたくさんある。そういう国は、なにかロクでもないことが起こったときだけ、先進諸国からかけつけたニュース・カメラマンたちによってジロジロ客観的に観察されて世界に報道される。いまアフガニスタンがまさにそういう国として、世界じゅうのテレビのニュースで悲惨な憐れな姿をさらしている。テロ撲滅のためにそこに軍隊を出しているアメリカが自分の主張を全世界に知らせることができることと比べて、その力の差はあまりにも大きい。差がありすぎて不公平であり、その面でも本当に気の毒だと思う。アフガニスタンの隣国のイランも、国際的な情報発信力ではアメリカとは比較にならないが、それでも近年はなかなかよい映画を作る国として世界の映画ファンには知られるようになってきたから、映画を通じてイラン人の言い分に少しは耳を貸そうという人たちも出てきた。だからまだマシである。

このイラン映画にはアフガニスタンの難民がよく出てくる。日本での不法滞在外国人労働者と同じく、二〇〇万人以上もいると言われるイランのアフガン難民たちの多くは、見つかると本国に送り帰されるという不安なみじめな境遇にあるのだが、イラン映画では彼らは温かい同情のまなざしで描かれていることが多い。

それもただ、かわいそうだから憐れんでいるというのではなくて、貧しくても立派な自尊心のある人々として人間的な尊重の気持ちをもって描いている場合が多いことに感心する。同じイスラム教徒同士としての親近感のせいだろうか。それともイスラム教自体の中に人類平等思想があるのか。だとするとイスラム原理主義者たちの偏狭さはどこからくるのか。それともこれは宗教以前の素朴な人間性の問題なのだろうか。

イラン映画では、アボルファズル・ジャリリ監督の「少年と砂漠のカフェ」がアフガニスタン難民の少年を主人公にした作品で、ごくつつましい小品であるが、じつに心のこもったよい作品である。

アフガニスタンとの国境に近い一面の砂漠の中のデルバランという小さな町が舞台である。町といっても家は何軒もないようなところだが、トラック運転手や密輸商人や麻薬密売人などが立ち寄って休んだり、給油や車の修理をしたりする。国境警備の警官もときどきやってきてアフガン難民を捕えたりしている。そこに一軒のカフェがあり、経営者の老人は難民を工事現場に斡旋して稼いだりしている。

一四歳の少年キャインはやはり難民で、この店に住み込みで働いてやっと食べている。アフガニスタンで母は爆撃で死に、父はタリバンと戦いをつづけている。姉がまだアフガニスタンに残っているので、少年は金を稼いでその姉に送ってやらなければならないのだ。この映画は、この少年が生活のためにじつにマメにせっせと動きまわり走りまわる姿だけを描いていると言っていい。仕事はいっぱいあるのだ。通りがかりの車がよく故障する。すると修理士を呼びに遠くまで走ったり、隣の町までガソリンや食料を買いに行ったり。仕事ではないが不法入国を取り締まる警官から逃げたり。もう彼はしょっちゅう砂漠の中を走っている。不平を言っている余裕もない。ところが近くにいい道路が出来て、少年が稼ぎに使っていた道路は通行止めになることになった。さあ、どうしたらいいか。

「少年と砂漠のカフェ」

この映画のいいところは、こうして作者自身がこの外国人難民の少年の身になって一緒に悩みながら撮っているような気分がみなぎっているところにある。自分たちの言いたいことを世界に知らせる手段を持っていないアフガニスタン人たちになり代わって、隣人として声を大にして彼らの苦しみを訴え、彼らの人間味を伝えようとしている。

もちろんこの映画は、アフガン戦争が起こってから、それを当て込んで作ったものではない。その前に完成している作品であるし、製作費の足りないところは日本の会社が補っている。日本の会社もいいことをしているのである。

「少女へジャル」（二〇〇一年、トルコ、監督ハンダン・イペクチ）

クルド人問題を扱ったトルコ映画の秀作である。いまイラクでも分離や自治を望む少数民族クルド人の動向が注目されているが、トルコではそもそも政府は彼らを山岳トルコ人と呼んで独自のクルド社会の存在を認めず、公式にはクルド語も使わせない。それに対してこの映画は痛烈な批判を加えている。

主人公の幼い少女へジャルは警察の猛烈なクルド人分離派への弾圧で身よりを失った孤児である。彼女はたまたま居合わせたトルコ人の老人に救われてしばらく一緒に暮らすことになるが、トルコ語は話せない。老人は面倒を見てやろうとしても言葉が通じなくて閉口する。やむを得ず老人はクルド人のお手伝いさんからクルド語を学んで片言で意思を通じさせる。そして言葉が通じれば情も移り、べつにクルド人に同情的だったわけでもない老人と少女の間に心の絆が生まれてくる。その過程を女性のハンダン・イペクチ監督が、やさしくこまやかなタッチで展開して感動的な映画になっている。

そんなわけでこの映画ではクルド語が少しばかり話される。それがトルコでは大問題になった。クルド人の登場する映画はあってもクルド語がトルコ映画で話されることはなく、いわばタブー破りだったからである。そして一時は上映禁止にまでなったが、この映画を支持する人たちの運動がつづいてついにはクルド語の使用や学習まで認められるようになった。言葉を認めないで共存してゆけるか、という正論が通り、映画の人道主義が政治の壁を突破したわけである。

そうした社会的意義だけでなく、これは美しい情感のあふれた愛の物語として立派な出来ばえである。俳優たちもみんないい。

「りんご」（一九九七年、イラン・フランス・オランダ、監督サミラ・マフマルバフ監督）

イランの女性監督サミラ・マフマルバフが一七歳で作った映画である。すでにヨーロッパなどのいくつかの国際映画祭で上映されて賞を貰ったりして好評を得ているが、一九九八年の東京国際映画祭でコンペティション部門の正式出品作品に選ばれて上映されたときには、一八歳（映画祭当時）の少女にこんなちゃんとした映画が作れるわけがあるもんか、と信用しない批評家たちがいた。彼女の父親が有名なモフセン・マフマルバフ監督で、この映画の脚本と編集も担当しているので、本当は父親が作ったんじゃないか、と疑ったわけだ。そもそもそんなに若い映画監督というのは見当たらないので疑う気持ちも分からないではないが、昔、

「りんご」

マキノ雅弘は二〇歳でキネマ旬報のベストテンで一位になった「浪人街」(一九二八)という傑作を作っている。一八歳ではちゃんとした映画は作れるはずがないときめつける根拠はない。むしろ稚気あふるるまでの純真な映画というのは若くなければ作れないとさえ言えるかもしれない。いま私は日本映画学校という専門学校の校長をしていて、若い学生の実習作品をよく見るが、その経験からもそう言える。

さて、この映画は実話である。イランの首都テヘランで下町の一画の住民たちが役所に連名の嘆願書を出したことがあった。一二歳の双生児の姉妹で、小さいときから両親によって家に閉じ込められたまま一歩も外出できず学校にも行かせてもらえない子たちがいるから、福祉事務所の力でなんとかしてほしい、というのである。じつは母親が目が見えないため、父親が働きに外に出るときには用心のために鍵をかけて出るようにしていただけで、父親としては監禁していたつもりはないという。福祉事務所としてはいったん姉妹を施設に引き取ったあとで、父親に家に鍵はかけないと約束させて姉妹をもとの家に戻す。虐待さえなければ子どもは両親と一緒に暮らすのがよいという判断からで、それからは福祉事務所の女性職員が定期的に訪ねて行って、姉妹を外出させて近所の子たちと遊べるようにしてやったり、父親が約束に背いてまた姉妹を閉じ込めて鍵をかけると、こんどは父親を閉じ込めて鍵をかけてしまったりする。

こうしてほとんど喋ることも簡単な買物などもできなかった姉妹が、近所の子どもたちとやっと遊べるようになり、買物などもできるようになるところで終わりになる。地域社会が地域の子たちの健全な成長をやさしくそっと見守る力の素晴らしさというものが、押しつけがましくなく感じられる素朴な佳作である。子どもたちの演技の自然さなど、監督も子どもに近いところから一緒に遊ぶ気で無理なく出来たものかもしれない。

ところで、この一家の人々を演じたのは本人たち自身なのである。この事件が新聞やテレビで報道されてイランじゅうの話題になると、当時父親の映画の助手をやっていたサミラは早速話題のその一家のところにかけつけて彼らと話し合い、彼ら自身に自分自身を演じさせる企画を立て、父親の撮影中のフィルムを分けてもらい、父親のスタッフの協力を得て撮影に入った。福祉事務所の人だけは職業俳優が演じているから劇映画には違いないが、あらかじめ用意したシナリオはなく、出演している一家の人々と話し合いながらストーリーを考えていったので、半ばドキュメンタリーのようなものである。そしてこのことは作品の内容にとって非常に重要だ。というのは、世間からは娘たちを監禁した無知で野蛮な男として非難を一身に浴びたその父親の言い分やものの考え方を、ただ高見から見下して批判するのではなく、彼自身に表現させたことにより、そこにはいわば世間からはのけ者扱いされている人間の自己主張が見られるからである。

父親はマスコミによって世間の批判にさらされたことを、一家の恥として身も世もなく憤慨する。娘たちのため以上に、外からの侵入者をひどく怖がる目の見えない母親のためにやむを得ずやったことだったのだ。だから世間に後ろ指をさされぬよう、娘たちには自分が教育もしていると言うが、それではとても追いつかない状況であることが痛ましい。この父親を愚か者と言うことは簡単だが、これほど貧しく悲惨な生活をしている人の中にも世間に恥をさらすということを極端に恐れる感情がくっきりとあって、それが本人自身の文字どおり身も世もないような身ぶり表情によって鮮やかに表現されていることに私は感動した。監督がまだ一八歳の少女だったからこそ、彼は臆することなく自分の言いたいことが言えたのかもしれない。

「子供の情景」(二〇〇七年、イラン・フランス、監督ハナ・マフマルバフ)

以前、映画祭で行っていたテヘランで、一晩、モフセン・マフマルバフ監督の家に招かれたことがある。そこで家族の人々にも紹介されたのであるが、じつは、と彼は言った。長女のサミラが高校三年でもうじき卒業だというのに学校には行きたくないと言い出して困っている。そこで自分が映画学校を始めて、娘たち、息子たち、それに奥さんまで、みんな学生にして自分で教えることにした、というのである。そこで教育問題など語り合ったものだった。その後何年かしてサミラが新進監督として認められるようになってから彼女に会う機会があり、私が「お父さんの映画学校はどうでした?」と聞くと、彼女は大略次のように答えた。

「父はたいへんよく教えてくれました。映画の作り方だけでなく、文学や科学など一般教養もです。妹のハナはまだ小学生でしたから、読み書きから教えてくれたのです。そのために父は仕事を犠牲にして自分も勉強したのです」

どうやらマフマルバフ一家にとっては、その学校というのは、単に娘の学校嫌いをもて余してやむを得ずやったというような消極的なものではなく、自主独立の理想の教育を求める積極的なものだったようだ。モフセン自身、革命運動に参加して逮捕されて高校を中退している。映画作りは独学でやった。イランには有力な女性の映画監督もいるが、一般的に言えば女性の解放は遅れている。その中であえて、自分の仕事を犠牲にしてまで娘たちに自分流の学習を伝えようとするのはなぜか。彼はイスラム革命に参加したが、その成果に疑問を持っていることは「パンと植木鉢」(一九九六)などの自己批判的な作品を見れば分かる。彼が望んだ革命の理想は達成されていないのだと思う。これは勝手な想像だが、あえて自分の映画学校で娘たちを映画監督に育成するのに打ち込んだのは、男性の宗教家たち本位のイスラム革命ではなしとげられなかった理想を、女性のオピニオン・リーダーの成長に託しているからではないか。私にはそんなふうにさえも思える。

前置きが長くなった。映画「子供の情景」はこんな前置きなどなくてもそれ自体十分に評価できるユニークな作品であるが、一九歳の少女が作った映画だということが、ひとつの注目点になっていることは確かである。それで、なぜそんな年齢で本格的な映画を作る機会を得られたかというと、マフマルバフの映画学校の存在に注目しないわけにはゆかないのである。血気盛んな革命少年だったモフセンは、イスラム革命に足りなかったものはなにかと考え、それは女性の目であり子どもの心であると思ったのではないか。

姉の作った「りんご」「ブラックボード・背負う人」(二〇〇〇)「午後の五時」(二〇〇三)、妹のハナ・マフマルバフの作った「ハナのアフガンノート」(二〇〇三)、そしてモフセンの妻のマルズィエ・メシュキニの作った「私が女になった日」(二〇〇〇)など、いずれも、子どもの視点か女性の視点、あるいはその立場からの発言ということが鮮やかに印象づけられる作品である。モフセンは彼女たちが各自、自分の主張というものを自信を持って打ち出すように教え励ましたのであろう。

ハナ・マフマルバフの映画「子供の情景」はタリバンが石仏を破壊したことで世界に衝撃を与えた

アフガニスタンのバーミヤンの、その石仏のなくなった岩山を背景にして撮られている。それはいわば、現在のアフガニスタンの悲劇的な状況を代表する風景である。その風景の前で子どもたちによる単純なドラマがくりひろげられる。

バクタイという六歳の幼い女の子がいて、隣家の男の子のアッバスが学校で字を習ってきて本を読んでいるのをうらやましいと思い、自分も学校に行きたいと考える。学校に行くにはノートと鉛筆がなければならないとアッバスに言われて、まず町で卵を売ってそれらを手に入れようとするなど、さんざん苦労する。やっとノートを手に入れ、鉛筆はお母さんの口紅を代わりに使えばいいということにして学校に行くが、そこは男の子だけの学校で、女の子の学校はずっと向こうだと言われる。イラン映画では子どもがただ可愛いだけでなく、自分でなにか希望や目標を持って努力するという話がよくあって、小さいのに大人だなあ、と感心させられるのだが、これは六歳だというので、ひときわほほえましい。

しかし、彼女が元気を出して遠くの学校まで行こうとすると、途中で男の子の悪ガキたちがいていじめられる。このときこの男の子たちが、「女は勉強してはいけない」とか、「髪の毛を見せる女は石投げの刑だ」とか言い出すのにはゾッとさせられる。タリバン支配下の時期にはイスラム原理主義で有罪とされた女たちは公衆の前で処刑された。隣国のイラン人としては、タリバンのそうしたやり方を批判することには同じイスラムとしての自分自身への自戒もこめられているわけで、無邪気な子どもたちの遊びだと見逃すわけにはゆかない痛切な思いがそこにはこもっている。

ひとりの女の子はサッカー選手の写真のついた包み紙のガムを持っていたために、覆面のような紙袋を頭にかぶせられて洞窟の中に入れられる。これも偶像崇拝否定のイスラム原理主義の影響を示している。イランではいまはこれほど極端ではないが、イスラム革命の初期には映画館の焼打ちが行なわれたことがある。映画が映像による偶像崇拝だからで、その後も歌舞音曲の制限は厳しい。だからこのエピソードなどもイラン映画としては決して他人事ではないのである。

バクタイはやっと女子校につくが、自分の席はない。それでも学校は楽しく、彼女の積極的な行動性は笑いを引き起こす。こうして子どもらしい無邪気な笑いの中に、ほとんど無造作なまでにズカズカと戦争の恐怖やイスラム原理主義の行きすぎ、さらには子どもには不可解な大人の言動のわけの分からなさといったことが入ってくる。そこが子どもの視点で撮った映像としてじつに面白い。まるで狂言のように単純で力強くてぬけぬけとしたユーモアにあふれている。そして同時に、いまなおつづく戦火への恐怖も痛切に描き出されている。子どもの視点を大いに活用してはいるが、その範囲に閉じこもっているわけではない。バクタイが帰り道でまた悪ガキどもに捕まっていじめられたとき、友達のアッバスは彼女に死んだふりをしろ！と言う。これは子どもの知恵というよりは大人の処世術である。大人たちは権力者たちの無理無体をそうやって切りぬけてきたのだ。アッバスのそう叫ぶ姿をこの映画は決して無邪気なユーモアとしては見せていない。それは明らかに屈辱的なものだ。バクタイは死んだフリをするために倒れる。

モフセン・マフマルバフはあの石仏が破壊されたのを、あれは壊されたのではなく、石仏自身が己の道徳的感化の無力さに恥ずかしくなって自ら倒れたのだ、とエッセイに書いた。それがこの映画の原題「ブッタは恥辱のあまり崩れ落ちた」にもなっている。バクタイはもう少し大きくなったら、アッバスとは違って、死んだフリをすることを恥ずかしいと思うようになるのではないか。見ていてそう痛切に思う。

「母たちの村」(二〇〇四年、フランス・セネガル、監督ウスマン・センベーヌ)

私がこれまでに出合って最も強い印象を受けた映画人のひとりがこの映画のセンベーヌ監督である。かつて国際交流基金のアフリカ映画祭のためにアフリカに行く途中のパリで会ったのだが、私が映画祭の趣旨を述べて協力を頼むと、作品の上映料について聞かれた。文化交流のためだから代金は……と言うと、日本は経済的にアフリカを搾取しているのだから、文化まで搾取しないでほしい、と言われた。その言葉には、自分がアフリカ映画を代表しているのだから他の国々のためにも安易な妥協はできないという自負があった。といって、べつに敵意や反感を示しているわけではなく、すぐにうちとけることができた。

私がそれ以前に最初に見た彼の作品はモスクワ映画祭で見た「エミタイ」(一九七一)だった。第二次大戦中のアフリカのセネガルの田舎で、宗主国フランスによる徴兵や食糧徴発に抵抗する村人たちを描いた簡素で格調高い作品である。まず、女たちが村の広場に座り込んで徴発反対の意思を静かに強く示す。子どもたちが心配して陽よけの傘などをとどけにくるのを兵隊がこづく。そこで女たちは立ち上がって抗議し、食料を運ばされていた男たちも食料袋を投げ出して不服従の意思を示す。フランス軍の指揮官の命令で、彼らに銃を向けていた黒人兵たちが村の男たちに発砲する瞬間で終わりになる。

いまにして思えば、村の女たちの毅然とした抵抗の姿勢が男たちをも動かしてゆくという基本のモチーフは、三〇余年を経たこの「母たちの村」でも同じである。センベーヌはまず労働者出身の小説家として世に知られた。港湾労働者としての体験をフランス語で書いたのである。しかし彼は、フランス語では自分がいちばん読んでほしい自分の母親には読んでもらえないことが残念だった。そこで彼は母親が話す言語である西アフリカのウォロフ語で映画を作るべく、モスクワ映画大学に留学して映画の作り方を学んだと聞いている。

このエピソードは単純に言えば彼の親孝行ぶりを示しているし、もっと一般化して言えば、自分が訴えかけなければならない相手は旧宗主国の言葉であるフランス語を話す教育のある層ではなく、もっと一般のアフリカの民衆なのだ、というプロレタリア作家的な自覚を示している。さらに言えば、伝統の自覚の思いもそこにある。自分が立脚しようとする黒人アフリカ社会の精神的伝統、世界に向かって、これこそが自分たちの誇りとするに足るものだと胸を張って押し出せるものとして、こういう村落社会における女たちの団結と、村の子どもたちをみんなの子として大事にする精神を描いている。そういう彼の思想的な探究心からこそ、母たちへの呼びかけの思いが導き出されたのであると思う。彼自身、なにかの機会に、黒人アフリ

「母たちの村」

カの精神的伝統として母性崇拝をあげていた。「エミタイ」で提起したその基本的なモチーフを大きく発展させたのが「母たちの村」だと考えると、彼にとってのこのテーマの奥行きの深さに思いいたるのである。

はじめて「エミタイ」を見たときにもうひとつ強く印象に残ったこととして、ラスト・シーンがフランス兵たちが一斉射撃をする瞬間で終わりになって、そこで生じたであろう死体の山などは見せなかったことがある。描写に非常に節度があり、人々の端正な立居ふるまいだけを見せて荒々しい映像は見せないあたり、小津安二郎などと共通する美意識がそこにはある。アフリカだから粗暴で荒々しいものがあるのではないかなどと思ったらとんでもないのである。「母たちの村」でも、村の男たちが主人公の女性に対して暴力的制裁を加えるのを見かねた兵隊さんと呼ばれる商人が、彼女を助けたために殺されるというエピソードで、やはり彼を追う村の男たちの不気味な列を見せるだけで殺人の場面はない。「エミタイ」以来のセンベーヌらしい美意識で、たんにそういう省略の仕方がうまいというのではなく、全体を品位と風格のある簡素さに仕上げてゆく映画的なスタイルの見事な完成をここに見ることができる。

センベーヌの作風については、西アフリカにおける土着のアニミズムと外来思想としてのイスラム教の歴史的葛藤を痛快で洒落た時代劇に仕上げた「チェド」(一九七六)や、イスラムの一夫多妻制を痛烈に風刺した「ハラ」(一九七四)、いまも微妙な関係にあるキリスト教徒とムスリムの問題を扱った「ゲルワール」(一九九二)など、語るべきことは多い。アフリカを代表する映画作家として、植民地支配を批判すると同時に、黒人アフリカ社会の伝統を掘り下げ、その遺産のマイナスの部分を批判し、同時にまた、そこから堂々と受け継ぐべき部分を誇り高く美しく謳いあげようとする。そこには黒人アフリカ世界の文化的リーダーのひとりとしての使命感と責任感さえ感じられて、見た目の素朴さやシンプルさを超えて内容は大きい。

『母たちの村』は主にアフリカに広く行なわれてきた女子の割礼という因習を批判し、やめさせることを直接的な目的とした社会啓蒙映画である。直接の目的はそうであるが、センベーヌの思想と作家的力量は、たんに特定の地域の因習についての啓蒙という枠を超えて、これを母たちの連帯、女性の連帯こそが世界を変えるという、より普遍性のある主題の高らかなマニフェストにしている。

村のまだ幼い少女たちが四人、どこからか逃げてきて、集落の一角に住むコレという女性に助けを求めるところから話は始まる。少女たちは他の多くの少女たちと一緒に森に連れて行かれて、性器の一部を斬りとる女子割礼を強制されようとして、怖くて逃げてきたのである。実際この手術で死ぬ者もいるのだが、これは大昔から行なわれてきた聖なる儀礼で、この手術を受けないと女は生涯結婚できないのだと村人は信じている。

コレは自分の娘にこの割礼を拒否させ、村では変わり者と見られているが、女たちの間では、自分ではそこまではやれないけれども彼女は立派だと思っている者も少なくない。

彼らの社会にはさまざまな掟がある。命を保護してほしいと言って逃げてきた者は守ってやらなければならないということもそのひとつであるし、そこでコレが、家の門にあたる場所に紐を一本張るだけで、そこを聖なる保護区にしてしまうモーラーデという宣言をして少女たちを保護するのも掟の賢い使い方である。これらの掟のいわれや具体的な内容については私はなにも知らないが、昔の日本にも駆け込み寺その他、この種のものがあったことは知られている。一見不合理な遅れた社会と見られている時代や場所にも、宗教的権威や迷信を巧みに利用した人権保護の工夫はあったわけだ。この映画はそうした人間の知恵の活用の仕方の物語としても面白い。

しかし、こういう制度があるからといってことは容易には解決しない。コレは少女たちに対してはこの頼もしいおばさんにまかしとけ、というようなさわやかな笑顔をしているが、どうやらはじめから、これは命がけの大仕事になると覚悟してかかっている風情だ。そこらの何気ない決意の示し方などが一見素朴なこの映画の高度に洗練されたメリハリの利かせ方になっている。

コレおばさんは怒り狂った村の長老とその手下たちから村の広場に引き出されて、鞭打ちでモーラーデを中止しろと脅迫される。しかしコレおばさんは堂々と鞭に耐えつづけて、決してモーラーデを解こうとはしない。

このコレおばさんの気迫と誠意が、村の長老たちとそれに従う男たち、見るからに保守反動の割礼執行係の怖い女たちといった村の主流勢力に対抗して味方の女たちを動かし、さらには徐々に男たちの中にも味方を生じさせてゆく。日常的なさりげない味わいに富んだ場面、劇的に盛り上がる場面、ユーモラスな場面、抒情的な情感の豊かな場面、サスペンスさえ感じさせる場面と歓喜のあふるる場面など、全体にシンプルなスタイルを保ちながら場面ごとにしっかりアクセントを刻んでゆくあたりのうまさは円熟した名人芸である。はじめから腹を据えて難題に取り組んでいるヒロインのコレはともかくとして、普通の男たちが状況の進展の中で良心を問われてまっとうな決断をしてゆく過程のひとつひとつが無理なくのびのびと描かれて納得でき、ラストの歓喜を心温まる自然なものにしている。

まことに見事だと思う。

「少女は自転車にのって」（二〇一二年、サウジアラビア・ドイツ、監督ハイファァ・アル＝マンスール）

中東のイスラム諸国の中でも、エジプト、イラン、トルコなどでは映画製作は活発だが、他はがいして映画は活発ではない。まあ、北アフリカのイスラム地域ではアラビア語が共通なので、エジプト映画でまにあうという事情もあるが、映画が持ち込みやすい享楽的な風潮にイスラム教が厳しい、ということも影響しているかもしれない。その証拠に、かつてのイラン革命のときにはイスラム過激派から目の敵にされたのか、しばしば映画館が暴徒の焼討ちにあっている。そしてイスラムの戒律がいちばん厳しいらしいサウジアラビアには映画館はないという。

「少女は自転車にのって」

そのサウジアラビアで、たぶんはじめて映画が作られて外国の映画祭などで評判になっており、日本でも公開されることになった。

映画館のない国で映画を作って誰に見せるのだろう？　という疑問がまず浮かぶが、これはだから、世界の各地の映画祭を窓口にして、まず外国人に見てもらいたいという計算で作られている映画である。すでにいろんな有力な映画祭で好評を得ているようである。

主人公はワジダという一〇歳の少女である。元気で活発で少々オマセな、先進諸国のどこにでもいる頭のよさそうな中産階級の女の子だ。豊かな家庭の子たちを集めているらしい私立の女子校に通っている。学校には女子しかいないが家庭では近所の男の子とも遊んでいる。男の子が自転車を乗りまわして得意になっているのがうらやましくて、自分にも自転車を買ってと親にねだるが、母親は危険だと言って買ってくれない。

そこでワジダがお小遣い稼ぎにあの手この手を考える。まず、恋人にラブレターを渡すのに苦心している若い恋人たちの間を走りまわって恋文をとどけること。なるほど、男女交際に厳しい制限のあるイスラム社会ではこういうことはあるだろうな、と思う。じつは戦前の日本もこうだった。

しかし、その程度の小遣い稼ぎでは自転車は買えない。ワジダは次にはもっと不遜なことを考える。学校で行なわれているコーランの暗唱コンテストに参加してその賞金をねらうのである。ちょっと不良っぽくマセているワジダは、いつもはコーランの暗唱などに熱心ではない。しかし猛勉強をしてコンテストにのぞみ、見事一等賞をとる。そして賞金はなにに使いますか、と校長先生に聞かれると、「自転車を買います」と答える。ここらはワジダがまだ幼くて無邪気だからなのか、それともあえて先生の嫌がることを言っているのか、興味深いところだ。美しくて理知的な校長先生は、それをぴしゃりとたしなめるように、「そんな使い方はいけません。パレスチナに寄付しなさい」と言う。

このとき、ワジダは反抗的に、校長先生に皮肉を言って返す。じつは校長先生の家に泥棒が入ったという噂があるのだが、ワジダはそれを、恋人がしのび込んで騒ぎになったことのゴマカシの噂だろうと察している。そのことをチラッとほのめかすのである。

結局、別の大人がワジダに自転車を買ってくれて、彼女はめでたく男の子の友達と自転車を楽しむことができる。映画はそんな楽しげな場面で終わる。しかしこれは決してメデタシメデタシのハッピーエンドではない。

この映画の中では他にもお父さんお母さんの結婚のあり方についての問題提起もあって、イスラム社会における女性の立場の不利さが批判的に描かれている。ワジダはまだ恋をする年頃ではないが、彼女が繰り返し見せる反抗的な態度は、こんなに男女交際の規制が厳しいことでいいのだろうか、という主張に向かっている。

パキスタンの少女が女性の教育を受ける権利を主張してイスラム過激派の男から銃撃された事件は世界的な反響を巻き起こし、それでも屈せず国連で同じ主張を演説した少女にノーベル賞を贈るべきだという声さえ起こった。

サウジアラビアの、たぶん最初の映画だと思われるこの「少女は自転車にのって」で主張されているのも共通の動きである。女性であるハイファ・アル＝マンスール監督は、この映画ではイスラム社会の女たちのヴェールをぬいだ姿をとても美しく描いている。ワジダも可愛いが、敵役的な立場に置かれている校長先生も、ヴェールをぬぐとじつにのびのびとした近代女性である。少女に厳しい説教をする校長先生だからといって憎たらしく描くようなことはしない。先生にも素敵な恋を公然として ほしいのです、と言わんばかりなのである。こういう映画が果たして受け容れられるのかどうかはイスラム諸国の将来にかかわることなので注目したい。サウジアラビアの女性も世界の映画の動向は知っている。美しいラブシーンで競争をいどんでくる時代がくることを歓迎したい。

第10章　いい教師と困った教師

映画に描かれた教師たち

マシュー・ロビンス監督の「コルベット・サマー」(一九七八)というアメリカ映画を見た。勉強のあまり好きでないケニーという高校生が主人公である。彼は自動車マニアで、高校では自動車部に属している。ある日スクラップ工場で、衝突事故かなにかでポンコツになってスクラップされる直前のスポーツカー、コルベット・スティングレーを発見して買いとり、学校へ運び込んで、これをピカピカの新車同様に改造する。そして部員みんなで得意になって街を乗りまわしているうちに、ちょっとした隙で自動車泥棒に盗まれてしまう。警察や学校の先生は、保険金が貰えるからそれでいいんじゃないかと言うが、ケニーはそれではおさまらない。ラスベガスでこの車を見かけたという噂を頼りにカリフォルニアからヒッチハイクで出かけて行き、夏休みの間いっぱいかかって、さまざまな冒険の末にその車を取り戻し、おまけに恋まで手に入れて帰ってくるのである。

まあ、たあいのないおきまりの青春恋愛冒険ものなのだが、驚いたことがひとつある。じつは自動車泥棒の手先は高校の自動車部の先生だったのである。ラスベガスで盗まれたコルベットを発見したケニーのところへ、先生が訪ねてきて、じつは自動車泥棒の親分は以前の自分の教え子で、自分が手引きしてコルベットを盗ませたのだと白状する。憤慨するケニーに、先生はみじめな弁解をする。私の年収は一万三〇〇〇ドルでしかない。貧しくてやってゆけない。そこに教え子がやってきて悪の道に引き込まれた。君が警察に訴えれば私は刑務所に行かなければならないが、許してくれないか——と。

勉強嫌いのケニーは、高校在学中、この先生から自動車の改造の仕方を教わることに熱中していたおかげでかろうじて落ちこぼれなかったようなものなので、腹は立ったけれども先生を訴える気にもなれない。結局、先生のことは無視したまま自動車泥棒の親分と対決して車を取り戻す。

近年、日本でも、教師を悪玉とした映画は必ずしも珍しくはなくなったが、しかし、まだ、教師がじつは泥棒であったというような映画は作られていない。そこでこのアメリカ映画に見られる教師の株の下落ぶりに驚くわけだが、考えてみるとヨーロッパやアメリカでは古くから、教師をかなり意地悪い目で見た映画が作られている。

マレーネ・ディートリッヒの出世作として有名なジョセフ・フォン・スタンバーク監督のドイツ映画「嘆きの天使」(一九三〇)は、謹厳実直な高校教師が、生徒を取り締まるつもりでエロチックなショーをやっている寄席に出かけ、逆に踊り子の魅力のとりこになって職を捨てる話である。この一座が旅興行の末に再びもとの町に戻ってきたときには、彼は道化師として老醜をさらしている。最後には彼は発狂し、夜の街をさまよって、かつて勤めていた高校の教室で死ぬ。

同じくドイツ映画で、レオンティーネ・ザガン監督の「制服の処女」(一九三一)では、かつてのプロシャの軍国主義的な女学校の良妻賢母主義の教育で、心理的に追いつめられた女子生徒が、自殺寸前にまでいたる。この作品では、生徒に理解のある女性教師も登場するが、規律と威厳を第一とする校長の権威主義が迫力をもって描かれている。

「嘆きの天使」も「制服の処女」も日本でも封切当時、評判になっている。日本映画はその頃、外国映画の目ぼしいものは片っ端から模倣するという段階にあったが、これらの作品は評判になったわりには模倣はされていない。それというのも、日本では戦前は検閲によって教育批判は慎重に監視されていたからである。

フランス映画などでも、ジャン・ヴィゴ監督の「新学期 操行ゼロ」(一九三三)は教師罵倒映画の傑作だが、フランスでは検閲で当時上映を禁止された。これは規律の厳しい寄宿学校の話である。校長は小男でそれがやたらと威厳をふりまわしている。

DER BLAUE ENGEL
映画史に生きつづける
不朽の愛の名作――
ついに今、
完全ノーカット版公開!
嘆きの天使
「嘆きの天使」

またチャップリンの真似を得意とする教師は、生徒を引率して街へ出ると、きれいな女の人の尻を追ってばかりいて統率がとれなくなる。

スウェーデン映画で、イングマール・ベルイマンがまだ監督になる前の青年時代のシナリオによって、その師匠のアルフ・シェーベルイが監督した「もだえ」(一九四四)という秀作があるが、これは変質者の教師の意地悪な迫害によって高校生がノイローゼに追い込まれかけるという内容だった。

もうひとつ、一九世紀イギリスのウェールズの炭坑地帯を舞台にしたジョン・フォード監督のアメリカ映画「わが谷は緑なりき」(一九四一)にも、忘れ得ぬ悪玉教師が登場する。坑夫の子がまだ一般に学校へなど行かなかった時代に、主人公の子どもは向学心に燃えて炭住街から遠くの小学校へ通う。すると学校の教師は、坑夫の子に学問なんかできるかとばかり、露骨に差別するのである。少年が歯をくいしばって我慢していると、事情を察した炭坑夫が学校へ乗り込んで行って、教師を殴り倒す。

「新学期 操行ゼロ」

もちろん、ヨーロッパやアメリカの映画に出てきた教師がいつもこうだったというわけではない。イギリスのパブリック・スクール名門校の名物教師の好ましい人間像を描いたアメリカ映画の「チップス先生さようなら」(一九六九、ハーバード・ロス)のような作品もあるし、やはりアメリカ映画で、落ちこぼれの黒人生徒たちを熱心に教育する白人教師を描いた「コンラック先生」(一九七四、マーティン・リット)もいい映画だった。しかし、よい教師の登場する佳作も少なくないとはいえ、前記の「嘆きの天使」「制服の処女」「新学期 操行ゼロ」「もだえ」「わが谷は緑なりき」などが、いずれも世界映画史上のきわめつきの名作であるのに比べると、どれも小粒である。

ヨーロッパやアメリカでは、教師は生徒のよき友、よき指導者であるだけでなく、ときには、しばしば権力者として子どもたちの上に恐るべき力をふるうこともある者として認識されているのであろう。ルイス・マイルストン監督のアメリカ映画「西部戦線異状なし」(一九三〇)は、第一次世界大戦で前線に向かうドイツ軍を見送りながら熱狂しているドイツの高校の教室で、教師が生徒に、軍隊へ志願するよう激しいアジ演説をやっている場面から始まる。この教師の演説に感激して志願して戦争に行った主人公の少年が、戦場でさんざんひどい目にあって休暇で故郷の町へ帰り、母校を訪ねてみると、かつて熱狂的な演説をした教師は、いまは見るかげもないしょんぼりした老人でしかなくなっている。

私なども、戦争中に義務教育を受けて、教師の指導の下に少年兵に行ったので、こういうタイプの教師がかつて日本にもたくさんおり、むしろそれが主流だったと知っている。しかし日本映画はそんな教師を批判的に描くことはなかなかやらなかった。前述したように、戦前は検閲によって教師批判や教育制度の批判は許されなかったのであるが、戦後、検閲はなくなってもやらなかったのは、映画人や観客の心の中に、教師はそっと大切にしておこうという気持ちがあったからである。

アメリカでは、反知性主義という伝統が開拓時代からあり、学問はなくても腕っ節が強くて人望があるような奴をインテリよりも格好いいと思う傾向が根強い。それにヨーロッパでもアメリカでも、道徳教育は教会や家庭が行なうものだという考え方がある。だから、学校がいくら威厳をとりつくろっても、それを冷静に見て、むしろ威厳をとりつくろいすぎているところに風刺や罵倒を加えるような映画を作る余裕もあったのだろう。

一九七四年からアメリカで放送された「大草原の小さな家」という連続テレビドラマがある。開拓時代の西部各地を転々とした一家の物語だが、そこに、ある町で住民たちが相談して小さな学校を作るというエピソードがあった。生徒はぜんぶで一〇人ほどだったろうか。教室はひとつだけ、教師は若い女性ひとりである。日本の寺小屋のようなもの、と言いたいところだが、お芝居などで見るかぎり、寺小屋のお師匠さんというのは、浪人している武士だったり、ご隠居様ふうの地域社会の教養人が老後の社会奉仕でやっているような印象である。謝礼も現金では失礼だから畑の作物を裏口からとどけるといった具合だったのではなかろうか。近隣の親たちからはそれなりの敬意を受けていて、それは子どもたちにも分かっていただろう。

「大草原の小さな家」で、地域の親たちから雇われる教師も、もちろん子どもたちから先生として敬意を受けてはいる。しかし、親たちがどこからか雇ってきた若い女性でもあり、敬意の払われ方には日本の場合とは微妙な違いがあっただろう。ヨーロッパの貴族はだいたい家庭教師を雇って子どもの教育はまかせていた。家庭教師は召使いとは違うが、それでも使用人であることに違いはなく、生徒の親たちにうやうやしく頭を下げる存在であることは映画にもよく出てくる。

ヨーロッパやアメリカの教師が普通の人だったのに対して、日本の寺小屋のお師匠さんは、身分的にちょっと敬意の払われ方が多かったように思われる。少なくともお師匠さんが寺子の親たちに頭を下げることはなかったはずである。

もともとそうだったうえに、明治に始まった学校制度では、天皇の神聖なる「教育勅語」を親たちをとび越して子どもたちに伝える一種の聖職者として教師を身分づけた。お師匠様とは比較にならない権威的な立場である。お師匠様は、あまり寺子を殴ったりはしなかったと思うのだが、学校の先生からはよく殴られたものであると、戦争中に小学生だった私などはここではっきり証言しておかなければならない。私の通っていた小学校では、小学校高等科(現在の中学一、二年)の過程から少年兵を志願する者が少ないといって、海軍当局の意向で海軍兵曹の身分を持つ教師が二人、転任してきて、猛烈に生徒を殴りまわり、とうとう生徒がひとり、学校が怖くなって登校しなくなり、どこかに就職して去っていったことがあった。そう公式に説明されたわけではないが、みんなそう噂しており、そうだろうと納得した。他のクラスの担任だったので私はその二人のひとりにいちど殴られただけだったが、その翌年、海軍の少年兵に入隊して、現役の兵曹から連日殴られる破目になり、なあに小学校高等科ではもっとすごく殴られたことがある——と、うそぶくことができたぐらいだった。あの殴る自信は「教育勅語」を背負っていたからだと思う。

道徳教育は「教育勅語」にもとづいて学校がやるものだという考え方は、教師を権力者にして家庭の道徳教育を弱めたと思う。日本の伝統では武士は忠義を最高の徳目としてきたが、百姓町人にとっては親に孝行をすることが最高の道徳であったのだ。それを学校では教育勅語によって百姓町人にも武士なみに忠をトップに逆転させたのである。

日本の場合は学校は、身分の低い家の子でも努力次第で出世することができる場所であった。その意味で学校は、古い身分制度をつき崩してゆく社会進歩の推進力であった。また、自由民権思想にしろ、天皇中心主義にしろ、大正デモクラシーにしろ、軍国主義にしろ、民主主義にしろ、受験第一主義にしろ、一〇年ごとぐらいにくるくる変わってゆく新しい思潮をまっ先に生徒に教え込み、古い思想を捨てよという精神教育の主な場でもあった。宗教も家庭教育も、学校で生徒に教えられる新思想に太刀うちできるものはなく、お説ごもっとも、ということになって、学校は大衆に対する精神的指導者の位置も確立した。そのあげく、もともとは家庭の領域であった躾まで、学校によろしくお願いしますというのが、おかしいことでもなんでもなくなってしまっている。つまり日本では、学校は上から民衆を教化指導する強力な機関であると同時に、下からのし上がろうとする人間にとって最も頼りになる機関でもあった。それに、戦前までは小学校の教員は師範学校で養成されたが、師範学校は官費で学ばせる学校だったから、貧しくて中学や高校に進学できない秀才の集まる場所となった。つまり、学校の教員自体が、下層階級出身であっても努力すれば中産階級の一員になれるということを実証している存在であったので、学校は民衆にとって自分たちの希望を託せるものとなった。

そんなわけで、日本人にとっては、ヨーロッパ人やアメリカ人にとってよりもずっと神聖な有難い場所だったのである。たとえ検閲で学校や教師への不信をかきたてるような映画を作ってはならないと規定されているわけでなくても、日本の映画人はそういう映画を作ろうとはあまり考えなかったのであろう。むしろ逆に、かつて日本映画で名作とされているものには、教師への尊敬を謳いあげたものがじつに多い。「路傍の石」(一九三八、田坂具隆)「綴方教室」(一九三八、山本嘉次郎)「太陽の子」(一九三八、阿部豊)「新雪」(一九四二、五所平之助)「手をつなぐ子等」(一九四八、稲垣浩)「青い山脈」(一九四九、今井正)「山びこ学校」(一九五二、今井正)「二十四の瞳」(一九五四、木下恵介)、その他、その他である。

これらの名作の中の教師たちに共通する美徳は、貧しい不幸な生徒を明るく励ますということであり、ときにはそれに、地元のボスの子などのひねくれた性質を巧みにいましめるという事件が加わる。一般的に言えば、それら、教師の励ましを必要とする子どもたちは、親がきわめて無力であったり無知であったりする。また彼らは、学校の教師以外にはよき指導者の役割を果たしてくれる大人をほとんど持っていない。学校の教師の励ましだけが、貧しいがよい素質を持つ子どもをいじけさせずに伸ばしてゆくのである。

「手をつなぐ子等」では、知的障害児を普通学級であずかった先生が生徒の義侠心に訴える。障害児をよく指導できるのは教師よりもむしろ友達だと考える先生は、同じクラスの生徒たちに彼のよい友達になってくれるように頼み、それを快く引き受けた同級生たちの努力で知的障害のある主人公は明るく伸びてゆく。笠智衆がその先生を演じて、小津安二郎作品の彼よりもむしろもっといいくらいの闊達な名演であった。また「青い山脈」では、封建的な同級生たちに意地悪された田舎の女学校の女子生徒がそのことを女性教師に訴えると、女性教師は彼女の味方になってくれるが、そのことでむしろ他の女子生徒たちや同僚教師たちの反発を買う。そのとき、孤立した彼女たちを助けてくれるのは、地元の旧制高校の生徒たちであり医者などの知識人である。

「手をつなぐ子等」

つまり、いくつかの作品では教師の指導以上に、生徒同士や生徒の仲間の連帯こそが不幸な状態にある子どもを救ううえに重要だということになっている。しかしその場合でも、そうした仲間意識をゆり動かす核になるのは学校の教師である。

教師や学校が批判的に描かれた作品がないわけではない。家城巳代治監督の「ともしび」(一九五四)も、進歩的な教育を行なった若い情熱的な教師が、村のボスたちの意のままになる校長や教頭

「ともしび」

によって左遷されてゆくさまを描くことによって、学校の反動性や偽善性を告発している。しかし、学校の否定面を告発するのはやはり情熱的な教師なのであり、その教師の情熱は生徒たちによって受け継がれてゆくのである。

学校主導型の社会の近代化という状況が、古くからある儒教的な聖職という考え方と結びついて、教師に対する深い信頼と尊敬を生んだのであろう。そして、現実には教師にも俗物が多いと分かっていても、その俗物性が正面から攻撃されることはなく、よりよい教師がきっといて、その教えによって生徒は俗物教師の害からはまぬがれるというつじつまの合わせ方になったのであろう。

教師はたんに生徒に知識を授けるだけでなく、貧しくて無力で無知な親たちに代わって、人間の理想を教え、情熱を吹き込んでくれる聖職者であるというこの一貫したパターンが崩れ始めてくるのは、高度経済成長の時代からである。そのさきがけとしてまず、石原慎太郎の原作によるいわゆる太陽族映画で、市川崑監督の「処刑の部屋」(一九五六)がある。この映画で、見るからに俗物的な大学教授が街で主人公の学生に声をかけると、学生はいきなり、ものも言わずにこの教授を殴り倒す。それから一〇年後に爆発的に燃えさかる学生反乱を予告したような印象的な場面だった。

石川達三の小説による山本薩夫監督の「人間の壁」(一九五九)は、日教組が製作した映画であり、当然、日教組にはこんないい先生たちがいて文部省の反動的な政策と闘っているという内容であったが、じつはこの映画の面白さは、むしろ、かつてないほどにはっきりと教師の退廃した部分も描き出していたところにあったと思う。高橋昌也が家庭教師業にばかり精を出して組合を冷笑している教師を好演していたし、南原宏治が演じた組合専従教師は、組合を足場にして出世しようとしてそれが失敗するとたちまち保守反動に寝返ってしまう卑劣な男だった。

この頃から、映画においては教師をあまり悪く描くことはしないというタブーは取れてしまったようである。藤田敏八監督の「非行少年　若者の砦」(一九七〇)では、高校生の少年が女友達とキッスしているところをエロ写真マニアの市会議員にカメラで盗み撮りされ、怒ってその市会議員を叩きのめしたうえ縛りあげる。後日、その市会議員は学校にやってきて、教頭に案内させて教室をひとつひとつ覗いて少年をさがす。少年はそれに気づくと、市会議員に対してではなく教頭に対して憤激して、チェーンをふりまわして教頭を体育館に追いつめ、滅多打ちに殴る。少年は警察に逮捕され、工員をしている年上の友達にだけ自分の気持ちを話すと言い、工員を呼んでもらう。その工員は、かつて母親が朝鮮人であることで中学の教師から差別され、そのとき激怒して教師の掌をナイフで枕の上に串刺しにして少年院に送られたことがあるのである。少年は彼だけは自分の気持ちを分かってくれると思うのである。

それまで、せいぜい権力に弱いとか事なかれ主義だとか理想より出世が大事だとかいった俗物性を批判されるだけだった教師が、この作品あたりでははっきり、市会議員というような小権力者の走狗《そうく》となって生徒を管理し、監視し、ときには小権力者に売り渡すという端敵《はがたき》という役割で登場するようになったのである。

田中登監督の「女教師」(一九七七)では、高校の女性教師が男子生徒たちに輪姦される。これを盗み見していた男の教師が、事実を知りながら犯人の生徒をかばい、その生徒の母親をゆすったり関係を持ったりする。ついには犯人の生徒のほうが憤慨して、その男の教師を殺そうとして逆に殺される。

つい二〇年前ぐらいまで、教師といえば民衆の善意を代表し、彼らの指導者であるように描かれるのが普通で、批判はきわめて慎重にしか行なわれなかったものが、この急激な変化はいったいどうしたことであろう。教師の実体もある程度変化したのかもしれないが、昔もひどい教師はいたし、いまもいい先生はいる。全体としてそう大きくは変わっていないと思う。変わったのは教師を見る世間の目のほうであろう。

ヨーロッパやアメリカでは、古くから教師を批判的に描く映画があり、いまもあるが、とくにその傾向がエスカレートしているということはない。よい教師を描いた映画も、昔もいまも、ときどきある。つまりヨーロッパやアメリカでは、教師の実体もそれを見る世間の目も、あまり大きくは変わっていないのであろう。

日本でなぜ、教師を見る世間の目の大きな変化が生じたのだろうか。これは大きな問題であって、簡単に答えを出せないことだと思うが、いくつか理由を考えてみたい。

第一は、かつて教師にあまりに大きな期待をかけすぎたことへの反動である。学校から知識を授けてもらうだけでなく、人格教育から新しい時代思潮の教育まで期待した。本来家庭で行なわれるべき道徳教育も学校に依存し、学校はそういう過重な期待には応えられないのだということがはっきりしたとき、学校への幻滅が生じ、憎しみさえ生じてきた。もちろん学校への幻滅の直接のきっかけは、進学が必ずしもエリートへの道を意味するものでなくなったことであろう。

第二に、学校が若者の将来を左右する決定的な機関になってしまったことである。昔もひどい先生はいたが、卒業までの期間が短かったから、辛抱しやすかった。また、社会に出てからが本当の勝負だと考えて、学校をそれほど重大には考えないですんだ。ところがいま、在学期間はのび、その期間のうちに人生のコースがほぼ決定されてしまう傾向が強化されていると感じられる。個々の教師は自分を権力者などとは感じられなくても、生徒の側から見れば、教師のよしあしや教師とウマが合うか合わないかということによって自分の人生は大きく左右されると感じられる。つまり自分の人生が教師の手に大きく握られていると感じられる。昔なら嫌な教師は敬遠してすませていられたが、いまでは嫌な教師は憎まずにいられないのである。

第三に、人々の教育程度が一般に高くなったため、教師をとくに高い教養を持った人間だとして尊敬する傾向が薄れてきたことである。

戦前の日本映画は検閲で厳しく取り締まられていた。その検閲の条項のひとつに、みだりに教師を悪く描いてはいけない、ということも含まれていた。教師あるいは教育に対する批判はタブーだったのである。敗戦後、検閲が廃止になってからも、自主規制機関として発足した映倫の条項には、しばらく同様の趣旨の条項が残っていた。教育批判をタブーとすることは打破されたけれども、もしマスコミで教師がコケにされたりした場合、そこから教師をあなどる風潮が生じたりしたら、そもそも教育は成り立ち難くなる、と考えられたわけである。そんなわけで、以前、とくに戦前の日本映画には学校や教師を批判的に描いたものはまれにしかない。まあ、夏目漱石の『坊ちゃん』の映画化などには何人かの中学教師の俗物ぶりが笑いものにされているけれども、せいぜいその程度である。

一九三六年の熊谷久虎監督の「情熱の詩人啄木　ふるさと篇」は、その点、かなり異色である。田舎の小学校の代用教員(師範学校を出ていない無資格の教師)ではあるが、世界に開かれた豊かな文学的思想的教養を持つ青年の石川啄木が、教室での授業だけでなく、生徒たちを引き連れて野山を散策しながら即興の歌を教え、近代的な思想を語る。そのほとばしるような熱意と知的な内容に子どもたちも酔いしれたようになり、嬉々として従う。教育における至福の時と言うべきか。

しかしその、奔放で傍若無人のところが校長などには気に入らない。教頭や郡視学、村の助役などと彼の追放を図り、因習的な村の人々もそれに追従して、とうとう啄木は、「石をもて、追われるごとく」家族をあげて村を去ることになる。しかし思いもかけず彼を慕う生徒たちが群れをなして村の境まで彼を見送ってくれるのである。

この映画では校長や教頭はどうしようもない俗物や権威主義者として描かれており、ほとんどカリカチュアに近い。当時としては教師を批判的に描くことの限界のぎりぎりの線であろう。もっとも現実には石川啄木には天才を自負した常識外れなまでの自己中心的な一面があったらしいから、校長たちはまた校長たちなりの言い分があったとも考えられるし、「薄幸の天才詩人」ともなればとかく感傷的に美化されるものであるけれども、とにかくここに、自由と個性と内発的な感激を重んじる教育と、型にはめることしか考えない権威主義教育の対立の原型があると言える。

こうして例外的に校長などが批判的に描かれた例はあるが、これはあくまで例外であって、学校や教師を描いた映画といえば、原則として教師は好もしいよい人物として描かれてきたものである。とくに一九五〇年代頃まではそうであったと言える。戦前の検閲や、戦後も映倫の審査の条項でみだりに教師を悪くは描かないことというふうに定められていたこともさることながら、社会全体に教職を尊重する気風があり、映画作家たちもそれを自然に受け容れていたからである。

多くの理想的な教師像がとくに古い日本映画には描き込まれている。ともに一九三八年の作品であるが、東京の場末の貧しい町の小学校で生活綴方教育に打ち込む教師を描いた「綴方教室」、進学できないために悩んでいる教え子に人間的な誇りというものを鮮やかに教える先生が印象深い「路傍の石」。前者は滝沢修、後者は小杉勇、ともに名優の名演である。戦争中の一九四〇年に作られて上映禁止になった映画に、「煉瓦女工」という当時の東京のスラムを描いた力作があるが、これには夜間小学校が出てくる。昼間は子守りなどをやらされて学校に来られない子たちのために夜のクラスを開いているのである。貧しい子たちに本当に親身になって接している教師たちの姿が、淡々と、しかし非常に印象的に描かれていた。

小津安二郎の一九四二年の「父ありき」は、ひとりのもと中学教師とその息子の、父と子の愛情の年代記である。笠智衆の演じる父は長野県で中学教師をしていたが、修学旅行のとき生徒のひとりを湖で事故死させ、その責任をとって辞職する。そして息子を地元の中学の寄宿舎にあずけ、単身で東京に行って会社勤めをする。以来、父ひとり子ひとりの親子は別れ別れで暮らし、やがて息子も教師になり、秋田の中学で教えるようになる。二人はときどき、伊香保の温泉で会って一日一緒に過ごすことにしている。こうして久しぶりに会ったあるとき、佐野周二の演じた息子は父親に、お父さんと一緒に暮らしたいから中学の教師をやめて東京で就職したいと相談する。すると父親は、それはいけないと言うのである。教師という仕事は、生徒やその父兄から信頼されてはじめて成り立つ天職である。自分の個人的な都合でみだりに変えられるものと思ってはならない、と諄々と父親は説き、息子は反論ひとつせず、むしろ、やっぱりお父さんは立派だなあと嬉しそうにそのお説教を聞く。息子はそのまま教師をつづける。次に息子が上京して父親を訪ねたとき、父親はもとの同僚の娘と息子に見合いをさせ、二人がめでたく結ばれたのを見とどけたうえで、とつぜん脳溢血で倒れて死ぬ。新婚の息子夫婦がこの父の遺骨を持って秋田へ帰る汽車に乗る。その車中で息子はしみじみと、いい父親だった、と呟くのである。

この映画は、ごく普通の、とくべつ目立つところもない実直な父と息子の人生を描いているが、この父親がじつに立派で、ひとつの理想の人生だと見える。実際問題として、息子が父親と暮らしたいから教師をやめたいというのはごく自然なことであり、親孝行なことでもある。なにも教師だけが立派な職業というわけでもないのだから、教師をやめるべきではないという父親の説教には必ずしも理屈としての強い説得力はない。にもかかわらず、聞いていてうなずく息子の気持ちに共感でき、こんな父親がいたら素晴らしいと思う。それはこの父親が、自分の人生にひとつの信条を持ち、その信条を無理なく美しく貫いて生きている人として、まことに尊敬に価するからである。この父親を尊敬できることの喜び、そのために息子は反論もせずにうなずいたのだと思う。

かつて教師は聖職と呼ばれていた。いまではほとんど死語に近いが、そういう呼び方を心から信じ、それにふさわしい責任感をもって身を処した、親子二代の教師の物語である。

のちの木下恵介監督の有名な「二十四の瞳」では、瀬戸内海の小豆島の小学校の大石先生（高峰秀子）

は、昭和一〇年代の軍国主義の時代になって軍国調の教育を要求されるようになると、自分にはそれはできないと言って教職をやめる。積極的な戦争反対ではないけれども、これも教師をたんなる労働ではなく一種の聖職として、ある信条なしにはやってはいけない仕事だというふうに自覚している行動である。

天職とか聖職といういかめしい言い方はいかにも古いものになってしまったが、第二次大戦の敗戦後には教師こそが新しい民主主義思想の啓蒙者であり伝導者でなければならないという信念を強く持った映画が何本も作られた。まずこれは軽い喜劇的な作品であるが、一九四九年の石坂洋次郎原作、今井正監督の「青い山脈」がある。田舎の封建的でひねこびた旧制女学校の気風に対して、都会からやってきた女性教師(原節子)をリーダーとする女子学生や旧制高校生のグループが、男女交際の自由を求めるということを旗印に結束して大いに楽しくがんばるという話である。原節子が輝くように美しく、その美しさが民主主義建設の美しい理想にだぶって感じられたものだった。

同じく今井正は、一九五二年に「山びこ学校」を作る。山形県の寒村の中学教師の無着成恭(木村功)が、活きた社会科教育をやろうという使命感から生徒たちに熱心に生活綴方を書かせたという事実にもとづく劇映画であるが、生活綴方という教育方法以上に、なにかにつけ絶えず生徒に、民主主義的あるいは科学的と彼が思う考え方を、具体的で身近な事実に即して情熱的に語ってやまない姿が感動的な作品であった。この二年後に作られたのが先程の「二十四の瞳」で、心から生徒たちに慕われるやさしい女性教師を描いて教師の理想像となった。

少年院を舞台にして非行少年たちと教師の人間的なぶつかり合いを描いた映画は古くからしばしば

作られているが、なかで古典的な傑作と言える作品のひとつに一九三八年の阿部豊監督の「太陽の子」がある。

原作は真船豊の戯曲である。北海道にあるキリスト教系の非行少年たちの更生施設である家庭学校をモデルにして、大自然の中で働くことを通じて立ち直ってゆく少年たちを描いている。院長の樫戸(大日方伝)はもと手に負えない非行少年だったのが更生して、いまはもうひとりの教師とともに二〇名ばかりの非行少年たちの教育に当たっている。院長が少年たちと一緒に労働し、学び、祈る。この生活の中で少年たちは院長を信頼し、非行を克服してゆく。樫戸の真正直でたくましい、なんでも率先してやる堂々たる男らしさが少年たちを心服させるのだ。大日方伝は器用な演技者ではないが、小細工せずにすっくと立っているだけで力を感じさせるスターだった。阿部豊のメリハリの利いた明快な演出が、それを鮮やかに生かしている。

この爽快なまでに自信に満ちた男が正子(逢初夢子)という不幸な女と出合って魂を奪われ、すぐに結婚するが、彼女はいつもなにかに脅えているような様子である。そしてある日、不意に行方不明になる。樫戸は狂ったようになって彼女をさがし、自殺未遂で雪の上に倒れている彼女を救う。なぜか理由は分からない。樫戸は身も世もなく懊悩《おうのう》し、正子を責め、もう少年たちの教育どころではない。少年たちも荒れて、院は危機的な状況になる。正子はじつはもと娼婦で、誰の子とも知れぬ子を妊娠していたのだった。そのことを知って樫戸はやっと立ち直る。正子に乱暴に問いつめたことをわび、院の少年たちにもすべてを説明して、その子は自分たちの子として立派に育てようと言う。少年たちも多くは私生児だった。彼らは樫戸と正子が苦悶のどん底から必死に立ち直ろうとする姿に感動する。

そしてみんなで叫ぶ。生まれてくる子はみんな太陽の子なんだ、と。

問題のある子たちの施設を描いた秀作のひとつに一九四一年の清水宏監督の「みかへりの塔」がある。笠智衆が厳しさとやさしさを兼ねそなえた本当に人柄のよい先生を演じている。清水宏は童心を描くことの名人として高く評価された監督であるが、戦後の一九五五年にも「しいのみ学園」という秀作がある。小児マヒの後遺症のある子たちのための学校で教育に打ち込む先生たちを、宇野重吉や香川京子が演じ、自然に人柄のよさを見せていた。

知的障害児をどう教育するかということを学校の教師の一部が真剣に考えるようになるのは一九三〇年代頃からのようである。教師だった田村一二という人がいくつかの著作で問題提起をし、太平洋戦争末期に伊丹万作がそれをとりあげてシナリオを書いたが、彼は戦後まもなく亡くなった。このシナリオを伊丹万作とは名コンビだった稲垣浩監督が映画化したのが、「手をつなぐ子等」である。

京都の小学校の話になっている。はじめに寛太という知的障害のある児童が授業中に机を廊下に出されてひとりで遊んでいる場面がある。知的障害児が学校でもて余し者扱いされるのは当時はどこでも見られるありふれた様子だった。しかしそれを見るのは親にとって本当につらい。なんとかこの子なりの教育をしてもらえないものだろうかと母親(杉村春子)が校長先生に頼みに行く。校長は松村という先生(笠智衆)に寛太をゆだねる。松村は寛太の教育にはクラスのみんなの協力が必要だと考えて、みんなに、仲よく親切にしてくれるように頼むと言う。命令ではなくて頼むのである。級長の奥村など、みんなは感激して寛太の面倒を見るようになる。寛太も学校が好きになって、朝早く用務員さんが校門を開けたときにはもうそこに待っているくらいになる。

ところがこのクラスに、山金というアダ名の生徒が転校してくる。彼はいつもいばっているガキ大将で、寛太がクラスのアイドルになっているのが気に入らない。そこでさんざん意地悪を仕掛ける。地面に首だけ出して埋まっていると頭がよくなると言って寛太を実際に埋めたりする。しかし寛太は他人に悪意を持つということを知らない子どもなので、山金の意地悪につねに善意で応える。それでとうとう山金も寛太の無邪気さ、善良さには負けてしまう。

この映画で笠智衆が演じた先生は、たぶん「二十四の瞳」で高峰秀子が演じたオナゴ先生と並んで、日本映画に描かれた理想的な小学校教師の双璧であると思う。どちらもとくべつに授業がうまいわけではない、うまいのかもしれないがそういう面はとくに描かれてはいない。ただ子どもたちに権威的な態度をとることがなく、誰に対しても親身になってやることができるのでみんなから慕われている。だから先生が本気で言えば子どもたちも本気で応じるのである。

日本映画はこうして、情熱的な教師、誠実な教師、とくに貧しい子や障害のある子や問題のある子に対して本気で親身になれるよい教師像を繰り返し描いてきた。ここに述べているのはそのごく一部であって、他にもたくさんの感動的な例をあげることができる。しかし高度経済成長の時期のあとでは、だいぶ状況は変わってきたと言わざるを得ない。教育における情熱と誠実さの必要が失われることはないが、豊かな社会になるとそれだけではうっとうしくもなってしまう。かつてのように勉強する意欲はあるのに貧しくて進学できないという子たちに対しては教師の情熱と誠実さがなによりの支えになり得たが、進学競争の過熱の中で学校のあり方自体に疑問を持つようになっている、いまの児童生徒たちにはそれだけでは足りないのではないか。そこで現れたのが、映画ではなくテレビドラマだが、「三年B組金八先生」をはじめとする一九八〇年代はじめの一連の学園ドラマだ。そこでは生徒たちの友達になれるユーモアが教師に求められていた。道化的な要素と言ってもいい。

さらに一九九二年の映画、平山秀幸監督の「ザ・中学教師」では、生半可な誠実主義や生徒に媚びているにすぎないような親身さというものが真っ向から批判の対象になっている。そして、それに対比して主人公の中学教師は技術主義に徹してみせている。叱るにしろ誉めるにしろ、生徒たちの集団的な心理を熟知していて巧みに冷静にそれをコントロールしてゆくのが教師の仕事だというわけである。

「学校」

山田洋次監督の「学校」（一九九三）は夜間中学を扱った映画である。貧しさのために中学に行かなかった中高年者、中国残留孤児の子などで日本語を学ぶ必要のある人、昼間の学校にはどうしても登校拒否を起こしてしまうけれども、競争やいじめのない夜間の学校なら通える子などなど、さまざまな理由で昼間の学校に行けなかった人、行かなかった人たちの熱望に応えて、各地のいくつかの公立中学が特別に夜間にやっている学級がいわゆる夜間中学である。正規の制度にはおさまりきらなかった人々のための特別なクラスなのであるが、この映画はあえて、これこそあるべき本来の学校ではなかろうか、という思いをこめて「学校」という題にしている。なぜなら、そこには本当に勉強したい者たちだけが生徒として集まり、教える熱意のある教師が教えていて、進学競争による歪みといったこともなくて、教師と生徒の間に親しくなつかしい人間関係も成り立っているからである。しかし残念ながらいま、こういう学校は例外的である。教育にも万事、画一化とマニュアル化が進行してやまない今日、こういう例外は尊重されなければならない。

この映画に描かれているのは東京の下町にあるそういう夜間中学のひとつのクラスである。卒業式も間近なある日、教師の黒井(西田敏行)は記念文集のため、みんなに作文を書かせる。この学校での思い出である。その内容と、それにかかわった黒井の思い出によって、一人ひとりの生活と学校体験が語られてゆく。孫もいる年齢で食堂の経営者になっているが、かつて貧しさのために学校に行けなかった在日韓国人の女性、ツッパリで昼間の学校に行き損なった少女、昼間は重労働でくたくたになって通ってきて居眠りが多いのにヘラズ口ばかりたたいている青年、残留孤児の母と一緒に中国から帰国して日本社会のあり方にどうもなじめない青年、不登校の少女、そして体をこわして田舎に帰っている読み書きもろくにできなかった中年男(田中邦衛)などなどの、それぞれにけんめいの生き方が描かれ、彼らと全人格的につきあって喜怒哀楽をともにする教師のあり方が、じつに感動的に描き出されている。

じつはこの映画が企画されてから実現するまでに一五年ほどもかかっているのだが、山田監督が寅さんシリーズで忙しかったこともさることながら、はじめはシナリオがあまりに感動的なエピソードばかりになって、かえって映画にならないと思い、もっと普通の話にしようと努めた結果だそうである。しかしこの人々の善良さには本当に心を打たれずにはいられない。この映画では西田敏行演じる教師の黒井は、情熱的で誠実であると同時に道化と見えることもあえて避けないほど気さくでユーモアがあり、また一見とぼけているようで生徒たちの微妙な心理に十分配慮しながら授業を進めている。教師に求められる資質はますます複雑になってゆくということであろう。

「中年の哀楽」（一九四九年、中国、監督サン・フー）

一九四九年、日中戦争が終わって四年目、中華人民共和国成立の直前の中国で作られた中国映画。シー・フイ主演のホーム・コメディである。名優シー・フイが演じているのは、中年というよりは初老の学校の先生。かつて中国の学校の多くは私立だったようだ。彼は、かつてほんの十数人の生徒で学校を始め、いまでは数百人の生徒のいる学校の校長である。最初の場面は卒業式で、校長が訓辞を述べている。自分がこの学校を始めたとき十数人しか生徒がいなかったのに、いまではこんなに大きな学校になった。だから人間は努力すればなんでもできるのだ、という内容で、これが訓辞のオハコらしい。本当にそう信じ、まじめに教師の職に打ち込んでいる善良な先生であるようだ。生徒を叱らなければならないことがあると、その生徒を職員室に呼んで、手のひらを広げさせ、定規でピシャピシャと叩く。たいして痛くもなさそうな罰だが、なにより、日本の教師のように頭を殴らないところがいいと思う。頭が人格の中枢である以上、頭を殴るということには人格的におとしめるというイメージがともなう。その点、手のひらを叩くほうがずっとマシである。わざわざ職員室に呼んでやるというのも、人目を避けるという配慮だろうし、わざと人前で叩く日本流と違う。台湾の映画でも同じような場面を見たことがあるが、これは中国文化の伝統なのか。余談だが、私は子どもの頃、悪いことをすると仏壇の前で母親から手の甲にお灸を据えられた。ずいぶん熱かったが、それでも頭を殴られるより誇りを傷つけられなくてよかったと思う。

しかしこんな軽い罰でも、校長がそれを手なれたルーティン・ワークのような調子で生徒に与えていると、若い進歩的な女性教師が、体罰は教育的によくないと批判する。すると、校長は素直に反省してやめることにする。しかし、もうクセになっているので、なにかのひょうしでまたやってしまったりすると、まずかったかな？というような表情をする。ぜんぜんいばったところのない、ずいぶん人のいい校長先生と言えるだろう。暮らしぶりも庶民的で、散髪は街の道路で靴みがきやなにかと同じように、椅子をひとつ置いてやっている街頭床屋さんで気軽にやってもらうし、通勤はもちろん満員の市街電車で揉まれながらである。これらの描写は日常的な淡々とした写実を基調とし、その中でシー・フイをはじめとする達者な俳優たちが、ほとんど役を楽しんでいるという感じで軽妙に動いている。いや、シー・フイの場合、床屋さんで何気なくぼんやりしているようなときの風情がとてもいいのである。

彼は妻と死別して現在は独身であるが、息子が銀行の頭取の娘と恋愛結婚する。息子を演じているハン・フェイがまた、とてもうまい役者で、人はいいがちょっと貫禄がないオッチョコチョイの人物などが得意の役どころである。そしてこの役もまさにそういう人物である。この息子は、父がそんな庶民的な生き方をするのが気に入らない。満員電車に揉まれている父を自分の車の中から見て、無理に電車から降ろして自分の車に乗せたりする。そしてついに、学校まで退職させて隠居生活を強いる。

それを息子夫婦としてはなによりの親孝行と思っているらしいが、教育一途に生きてきた主人公としては、引退の記念に貰った懐中時計を眺めて憮然とするばかり。なにもすることがなくて退屈している彼を見て、息子夫婦は釣りやらなにやら、いろんな趣味をすすめるが、どれをやってみてもロクなことがない。ここらは喜劇として大いに笑わせる。

彼があんまりつまらなそうなので、息子夫婦はこんどはプレゼント攻勢である。そしてある日、ついに墓地をプレゼントされて彼は憤然とする。わしはまだこんなに元気だぞ、とばかり、彼は若い女性教師と恋をする。子どもが生まれる。そうして人生の再出発をすることになった彼は、墓地にとプレゼントされた土地に寺小屋のような小さな学校を作る。そして開校の日、一〇人ほどの新入生に訓辞をする。「私が前にやっていた学校もいまと同じ人数から始めたが、のちに数百人の大きな学校になりました。この学校も動じように発展させるために、みんなもよく勉強しましょう」。お得意の話である。

「山びこ学校」（一九五二年、監督今井正）

いま学校というものの評判はおしなべて悪い。いじめ、不登校、学級崩壊などが絶えず話題になっている。学校を創造性に富んだ楽しいところにしなければならないということが改めて問題になり、その一環として「総合学習」ということが文科省から提案された時期があるが、それは具体的にはどういうことなんだ、さっぱり分からん、どうせこれも失敗するにきまっているんじゃないか、という受け止め方が一般的だったし、その時期の生徒たちは成績が悪いと見られたりする傾向があるようだ。

いまでも第三世界の映画には学校こそが明るい未来を約束してくれるというテーマの作品が少なからず作られつづけているが、かつての日本も、敗戦直後の頃には学校こそが日本の復興と発展の土台になるという希望があったもので、その具体例として人々が熱っぽく語ったのが山形県のある中学校の、ひとクラス全員の作文を集めた文集としてベストセラーになった『山びこ学校』だった。

それまでにも天才的な作文の書き手として評判になった小学生などがいて、子どもの目で自分や家族や地域社会の生活の実態をリアルに書くことが生活綴方と呼ばれていた。そしてそれが上から押しつけられる教科書本位の教育とは違う内発性のある教育として、進歩的な教師たちから注目されていたのである。

『山びこ学校』はクラスの全員が書いた文集という点でそれまでとは違っていた。内容は生活記録的な綴方から村の行政レポートといったものまで雑多で、論理的なうまい文章から一見稚拙とも思える単純な詩までを含んでいるが、全体として自分たちの生活を見つめながら改善し向上しようという意欲があふれているところが感動的なのであった。

この文集を指導した教師の無着成恭はじつは作文教育が目的ではなく、当時まだ社会科教育に適当な教材がなかったことから、それなら生徒たちに家族や村の暮らしなどの身近な社会を観察させ、そのレポートで授業をやろうとしたのだった。

この文集を原作とする今井正監督の映画「山びこ学校」は、文集の内容よりは、無着成恭という一教師がクラスのみんなにどう話しかけ、どんな指導をすることによって、それら雑多であるにもかかわらず全体に一貫した理想が響き交う文集が創造されていったかを描いている劇映画である。実際にその授業の行なわれた学校でロケーション撮影をやり、貧しい独立プロで資金のないぶん、現地の村の家々に分宿させてもらうなどして作られたもので、演じているのは無着成恭役の木村功やその父親役の滝沢修など、みんな俳優だが、本物だけが持つ質実で内面的な輝きに限りなく迫ることに成功したすぐれたドキュメンタリー・タッチの秀作であった。

生徒が貧しい家の暮らしを正直に書くと親から家の恥をさらしたという苦情がくる。無着先生はその苦情がもっともであることを認めながら、より高い次元の教育のために理解を求めて親たちと語り合う。生徒が低俗な歌謡曲をニヤニヤ歌っていると、その歌詞の意味を本気で討論させたうえで大まじめに合唱させる。生徒がいたずらで樹木の皮をむくと、そこで木にとって生命とはなにかという授業になる。

のちに文科省が積極的にやろうとして失敗して悪名だけ残した「ゆとり教育」というものの、模範例としてイメージされたのがこれだったと言っていいだろう。

「授業・からだといのちと食べものと　鳥山先生と子どもたちの一カ月」（一九八五年、監督四宮鉄男）

東京・中野区の桃園第二小学校の鳥山敏子先生はユニークな教育の実践者である。たとえば彼女は、四年生の教室に食肉卸売センターから殺された豚を一頭まるごと運び込んでもらい、生徒たちの前で内蔵などを取り出し、生徒にソーセージを作らせる。残酷なようだが、人間が食べ物を食べて生きるということは具体的にはどういうことなのかを経験させ、さらにその意味を深く問うためなのである。食べるということは他から生命を貰うことだという厳粛な事実に気づかせるのだ。これは一例であって、鳥山先生のクラスではさまざまな試みが行なわれている。子どもたちが植えた大根を教材にして、大根の根はなぜ曲がっているか、という討論になる。大根になってみなければ大根の気持ちは分からないというユニークな結論が導き出される。対象を理解するためにそのものの気持ちになってみること、それは鳥山先生の教育のひとつの原理でもある。たとえばカマキリを理解するのにカマキリになってみる。卵から飛び出し、脱皮し、共食いし、交尾し雄が雌に食われて死ぬ。その過程をみんなでパントマイムでやってみる。前記の豚からソーセージを作る授業でも、その前にまず、この授業に参加する子どもたちが子豚から親豚になる過程を、想像でその気持ちになって追体験してみるというレッスンがあるのだ。四宮監督はじめスタッフは、この授業を長期にわたってありのままに取材して興味深い長篇ドキュメンタリーに作りあげている。

「授業・からだといのちと食べものと　鳥山先生と子どもたちの一カ月」

「チップス先生さようなら」（一九六九年、アメリカ、監督ハーバート・ロス）

ジェームス・ヒルトンの有名な小説のミュージカル映画化作品である。ミスター・チップスはイングランド南部の田園地帯にあるパブリック・スクールの教師である。まじめ一方の、あまり冴えない先生で、生徒たちには敬遠されている。ところがこの先生が結婚したからみんなびっくりした。お堅いPTAの人々や校長はいい顔をしない。先生は彼女をかばって大奮闘。そのせいか人柄も丸くなって生徒たちにも理解されるようになる。やがて名物教師として惜しまれながら退職する。

イギリスのパブリック・スクールはエリート養成の中等学校である。少数のジェントルマン階層以上の子弟だけを集め、田園地帯の広々としたキャンパスで全寮制で人格育成に主眼を置いた教育をする。受験本位の知識の詰め込みなど軽蔑して、スポーツなどを盛んにやる特権的私立校だ。それで生徒は、悠々と私立のエリート大学に進み、イギリスの支配階級にくみ込まれていく。まことに理想的な教育制度のようであるが、学園反乱の時代に作られたリンゼイ・アンダーソン監督の「ｉｆ、もしも……」（一九六八）では舎監や上級生による意地の悪いいじめの実態が暴露されるなどしている。

ハーバート・ロス監督のこの映画は、そういうエリート教育の実態への疑問といったことはぬきにして、かつてパブリック・スクールが理想の学校と見られていた頃の美化されたイメージを謳いあげたものである。

日本でも戦前の旧制中学や旧制高校には、まじめな人柄で生徒に畏敬される教師がいたものだとしばしば伝説的に語られているが、この映画のチップス先生がまさにそれである。原作の小説ではそのまじめぶりに重点が置かれていて、昔は教師は生徒の機嫌など気にしなくてよかったとノスタルジアをそそる。しかしアメリカでもミュージカルとして映画化されたこの作品では、堅物の教師もおよそ不釣合いとしか思えない女優との恋愛で人気が出たというところに重点が移動する。堅いだけで教師が尊敬された時代から、人間的な柔らかさを期待される時代へという変化がそこにある。

「子供たちの王様」（一九八七年、中国、監督チェン・カイコー）

中国の文化大革命の時代に教育の破壊を経験した世代の作者たち（原作のアー・チョン、監督のチェン・カイコー）が、あの時代をふり返って、教育はいかにあるべきかを真摯に問いかけた力作である。かつて彼らはただイデオロギーだけをひたすら詰め込まれて教育の破壊につっ走った。その中でかろうじて彼らを支えてくれたのは、字が読めたことと古典の教養があったことだった。チェン・カイコーは家庭で母親が漢詩を教えてくれたことが自分の教養になったと私に話したことがある。アー・チョンは実際に雲南の田舎で子どもたちに字を教えていたという。

文化大革命が終わったあとで彼らが痛切に考えたのは、自分たちが権力者の言うことをまったく無批判に信じて、言われるままにつっ走ったということだった。自分の頭で考える批判精神を持たなければいけないということだった。まず字を覚え、教科書の丸暗記をやめて、自分の読書力で知識を獲得してゆくこと。イデオロギーの押しつけを排し、知識を得ることの喜びを知ること。教育と学習の出発点はそこにあるということを、彼らは学校へ行かずに農村で労働した年月の間に身にしみて学んだのだ。映画「子供たちの王様」は、彼らがもう文革の時代に逆戻りはしないという決意を簡潔きわまる映像で表現した力作であり、傑作である。

中国の文化大革命の最中の話である。山の中の僻地の農村に下放されている都会から来た知識青年（といっても高校の課程の途中なのだ）が、村の小学校の教師に任命される。しかし教科書も一冊しかないような学校である。

前任者はただそれを丸暗記させていた。彼はなにを教えていいか分からない。丸暗記もダメだと思う。ただ、なにを学ぶにしろ字を覚えることは必要だと思い、それに熱中する。生徒も喜んでついてきた。しかし教科書を教えない彼はクビになった。もう字も丸暗記ではいけないと言い残して彼は去った。

「あの子を探して」(一九九九年、中国、チャン・イーモウ監督)

チャン・イーモウ監督の秀作である。中国の田舎の小学校の話だが、たったひとりの女性教師がお産かなにかでしばらく学校に来られなくなり、村長が中学を出ただけの女の子を連れてきて代用教員にする。この少女は教員としての訓練を受けているわけではないから教師らしいことはできないが、たった一冊しかない教科書の文章をそっくり黒板に書くことはできる。彼女はそれを書き、子どもたちに口うつしで読ませ、またノートさせる。彼女が先生としてできることはそれだけだが、それだけでも立派な教育である。子どもたちもけっこうそれでついてくる。

「あの子を探して」

　授業の他に彼女が村長から言われていることがある。貧しい村なので子どもたちは学校をやめて近くの都市に出稼ぎに行きたがる。収入は得られるが、それでそのまま行方不明になってしまう者が少なくない。だから子どもたちを見守って逃がさないようにしろ、というのだ。少女はその命令を忠実に守っているが、でもやっぱり、男の子がひとり、逃げて都会に行ってしまう。少女はこの子を追って都会に行き、はじめてのその都市で歩いてさがしつづける。オール・ロケで隠し撮りもやって、ドキュメンタリー・タッチの面白い映像になっている。テレビ局の人が彼女を知って、テレビで公衆に訴えることができるように取り計らってくれて、テレビ放送に出ることになる。素人から選ばれて主役を演じているこの少女が本当に人さがしをしているような気持ちになって、泣きそうになりながら人々に訴える。この場面が迫力があって素晴らしい。しかしこの映画でいちばん感心したのは、田舎の学校の教室での少女による授業である。教科書を黒板に書き写して音読を繰り返すだけなんて、あまりに素朴でこれでも学校かと言いたいところだが、これこそ学校というものの基本中の基本だろう。そして私はルソーの教育論の古典『エミール』のはじめのほうにある次のような言葉を思い出して、なんとなく愉快になったのだった。

「一般の意見に反して、子どもの教師は若くなければならない。賢明な人であれば、できるだけ若いほうがいい、ということだ。できれば教師自身が子どもであれば、生徒の友だちになって一緒に遊びながら信頼をうることができれば、と思う」。(今野一雄訳、岩波文庫版より)

「ザ・中学教師」(一九九二年、監督平山秀行)

この作品の中心人物は三上(長塚京三)というひとりの公立中学の教師である。タイプとしてはいわゆる管理教師である。同僚から非難の意味をこめてそう呼ばれ、本人は文字どおり胸を張ってその言葉を受け止め、よき管理教師であろうとふるまう。いささか自信にあふれすぎて小面憎い感じもあり、人のよさなんて関係ないと言わんばかりの長塚京三の持ち味と相まって迫力十分であるが、しかし自信過剰まではゆかない。一歩踏み越せばその先にどんな危険があるかは心得ており、現在の教育状況下でこれ以外の選択はないと腹をきめているいさぎよさがある。その微妙な線を過不足なく臆せず描くために、脚本、演出、演技のすべてに、息をつめて慎重に模索している気配があり、それがこの作品のおちつきはらったスタイルとなっている。

三上は生徒を決して甘やかさない。しかし野蛮な体罰派ではない。管理教育が批判されるのは、それが今日の学校の状況では非常にしばしば体罰と反抗のエスカレーションをともなう悪循環に陥るからであるが、では体罰をぬきにして厳格なルールに生徒たちを従わせる管理教育を進めることは可能か？　三上はそこで生徒に自治を強制する。ルールに違反した生徒に罰は加えるのだが、それを生徒の自治というかたちでやらせるのである。ただしこれは高度の技術と気迫がなければやれることではない。無分別な子どもたちにルール違反の度合いに応じた適切な裁定をさせるのは難しいから、そこは教師自身が乗り出してコントロールしなければならない。そうしなければ生徒同士の間に怨恨を残す恐れもある。だから結局は教師が生徒管理のためにルール違反の生徒には罰を加えるのであるが、それが公開の討論で公正に行なわれ、しかもクラスの生徒たち全員がそれに関与しているから、やはりこれは自治なんだということになる。しかしそこにはコントロールされた自治というあいまいな部分が残る。それを欺瞞と思わせず、有無を言わさずやらせるためには教師に生徒を威圧する貫禄と迫力がなければならない。よく言えばそれは権威であり敬愛される風格であるが、教師が人間的に立派でありさえすればクラス運営は自ずからうまくゆくというのでは納得し難い。そこは管理教育派の教師でも、教師という立場の権力に居直れば持ち得る程度のこわもての迫力という範囲におさめている。

彼をそれ以上の聖職派や誠心誠意の人にはせず、むしろそれをベテランの職人芸として、熟練によって達することができる技術としてとらえているところがこの映画のユニークなところである。三上は技術派とも言える。たぶん彼は、授業もうまくて、基本的にはそこで生徒を心服させる力があるのだろう。

とはいえ、中学生ともなれば生徒たちもそう容易にコントロールはされない。それを自治だと思い込ませ、自発的にやっていることだと思わせるために、三上は生徒たちをおだてたり怒らせたりして自分のめざす方向に誘導する。これこそが彼の教育技術である。それがうまくゆくかゆかないかというところにサスペンスを設定している。このサスペンスの解決はいささか都合よく運びすぎるきらいもなくはないが、教育を技術ととらえるところからくる三上のクールな態度はかなり魅力的に描けている。さあ、こんなふうにゆくのなら管理教育も悪くないのか、どうか。管理教育派の三上の対立者として自由放任派の長内純子という女性教師が登場するが、こちらは最初から進歩派のカリカチュアのような存在なので、三上とは勝負にならない。管理派対自由派の名勝負物語という具合にはゆかないから、ストーリーを楽しむ映画としてはいまひとつということになるだろう。敵役が立派でなければならないのはシリアスなドラマもアクションものも変わりはない。ともあれこの映画は、安手の自由派の手には負えない現代の中学生の薄気味の悪さをことこまかに描くことにおいてずばぬけたものがあり、面白く、かつ重厚な味わいがある。

「パリ20区、僕たちのクラス」（二〇〇八年、フランス、監督ローラン・カンテ）

パリ20区というのは、パリでもアフリカやアジアからの移民が多い地域である。この映画はこの地域のある中学校を舞台にして、黒人、白人、アジア人など多様な民族の、フランス語がまだあまりうまくない子たちも含んだひとつのクラスを描いている。主役のフランソワというフランス語教師を演じているフランソワ・ベゴドーは、実際にそんな学校の教師だった人で、彼が自分の体験をもとにして書いた『教室へ』という本を原作にしてローラン・カンテ監督がこの映画を作った。

だからこの映画は、フィクションのドラマとして作られているが、極力実際のそうした地域の中学校の実体に即した内容表現になっているようである。実際見ていてまるでドキュメンタリーであるかのようなリアリティを持っているのにびっくりする。カンヌ国際映画祭で最高賞のパルムドールを受賞しているのも、この、ちょっと信じられないくらいの本当らしい表現によるものであろう。しかしドキュメンタリーでは、ちょうどうまい具合に重要な発言をした人物を適切な位置で撮影し録音するなどということはできない。だからすべて予定どおりに撮影されたドラマである。

「パリ 20 区、僕たちのクラス」

まるでドキュメンタリーのようなこのドラマをどうやって作ったか。監督の説明によれば、まず実際にパリ20区にある中学校で、生徒から希望者をつのって週一回集まってもらって話し合いをつづけ、七カ月かけて彼らの一人ひとりの個性を観察し、最後まで残った二四人を選んで撮影のためのクラスを作ったそうである。どの子はどういうことを喋るかということをよく見たうえでドラマを組み立てていったわけである。ただし、ぜんぶがぜんぶ、そういうふうにして配役したわけではない。この作品の試写会に来日した監督に私は直接インタビューする機会があったが、いちばんお喋りなエスメラルダという女の子を演じた少女などはほとんど地のままだが、授業中にカッとなって暴力をふるって退学になるスレイマンという黒人の生徒を演じた男の子は、実際にはおとなしくて頭のいい少年だけれど、こういう少年こそがこの生徒を演じられる、とあえて配役したそうである。

ドラマの内容は七カ月の話し合いの中で生徒たちから出てきたエピソードで出来ている。どんなふうに彼らが発言し行動するかもそこで観察して、この子にこういうことを言わせようということもきまっていったのだそうである。

で、内容だが、教師が一方的に喋りつづける日本の学校とはまるで違うのにびっくりする。フランスの学校がみんなこうなのかどうか私には分からないが、教師の一言一言に教室じゅうがじつに騒がしく反応する。中学生のことだから反応もたあいのないことが多いし、なかには屁理屈に類するものも少なくない。日本でも生徒同士や家庭の中だったら、屁理屈で相手をへこますのが面白くてたまらない年頃だ。日本なら、いやたぶんフランスでも、大人なら「うるさい、黙れ！」と言うところだ。しかし、フランス語教師である主人公のフランソワは、そんな屁理屈をいちいちとりあげては、その言葉づかいの誤りを正してやったりする。じつにいい先生だと思う。しかし、生意気ざかりの子どもたちは先生を与《くみ》しやすしと思うと調子に乗って屁理屈をエスカレートさせるし、その発言の中には単純に「黙れ！」とも言えないものもあって、まじめにつきあっていると先生のほうがついカッとなって頭に来て、冷静なときなら決して言わないような、悪い言葉を使ってしまう場合もある。それを生徒のほうも黙っていないで、「差別だ！」とついてくる。さすがフランス人、子どもも人権意識がしっかりしている、と言うべきか、ちょっと意地が悪い、いい先生なのにかわいそうだ、と言うべきか、迷うところである。そこがドラマとしてうまい。そのとばっちりで根は純情と見える黒人の生徒が退学になる。面倒な生徒たちを一生懸命指導しているフランソワ先生も、自分の立場があやしくなるとちょっと保身的なあいまいな態度になって、熱血先生みたいないい格好を見せることはしない。そこらが本当にリアルで、教育の難しさということを本気で考えさせる力がある。

息子の退学を宣告された黒人の生徒の母親が、それでも息子を信じると職員会議の教師たちに言う姿に、親バカとは違う毅然とした姿勢があって見事だった。教育は難しいが、希望もあるのだ。

「スティーヴィー」（二〇〇二年、アメリカ、スティーヴ・ジェイムス監督）

人物を撮るドキュメンタリーにはいつも難しい問題がつきまとう。被写体が否定的な人間や、批判されるべき人間、さらにははっきり悪い人間となると、会うことも撮ることも、インタビューすることも困難だということである。

人は誰しも、自分を好意的に撮ってくれると思われる撮り手に対しては喜んで会うだろうが、自分に批判的な相手や、ましてや敵意を持っていることが明らかな撮り手に対しては会いたいとも思わないし、肖像権という法律上の権利を主張して拒否したり、撮られたくないのに撮られて公開されたと言って訴えることさえできる。

勝手に撮って公開してかまわないのは社会的に影響力のある公的な立場にいる人、たとえば政治家などで、その人を社会的に批判したり論評したりすることが国民の知る権利や言論の自由にとって必要だと判断できる人である。

そんなわけで人物を追うドキュメンタリーでは、よい人はたくさん出てくれるけれども、困った人、問題のある人、犯罪者などは滅多に出てこない。

もちろん、いい人しか出てこない映画がいけないということはない。アマチュア映画に多い家族の仲のよい姿を描いた作品など、たとえおきまりのものだと思っても見ていい気持ちになれる。なかには素晴らしい傑作もあって、たとえ人間観などが甘いと思っても、そんな甘さこそが社会の土台、基本でなければならないと積極的に思うことも少なくない。

しかしどんな好人物同士でも難しい問題はかかえているだろうし、それが暗示的にでも匂っていないと他人を感動させる普遍性は持ち難い。なにも問題がなくて幸せ、という作品だけ作っていたのでは観客にあきられてしまうプロのドキュメンタリー作家たちは、そこで批判の対象になるような人物をなんとか公然と納得づくで撮ることはできないかと苦心する。

二〇〇三年、山形国際ドキュメンタリー映画祭で山形市長賞(最優秀賞)をとったアメリカのスティーヴ・ジェイムス監督の「スティーヴィー」は、プロの作品ではあるけれども、限りなく個人映画に近い規模のもので、この問題をくっきりと浮かび上がらせている作品として興味深い。

アメリカのほぼ全土の州にある組織で「ビッグ・ブラザー」と呼ばれている制度がある。児童虐待、不登校、貧困、家族のトラブル、そして非行など、各種の問題のある少年や少女に大人が兄貴分やお姉さんになったつもりでつきあって相談にのってやるというものである。

　ジェイムス監督は学生だった頃にスティーヴィー・フィールディングという少年のビッグ・ブラザーをやったことがある。この少年は幼児期に母親から虐待を受けていた。母親を憎んで大きくなった彼は、扱いにくく、じっとしていることのできない、みじめな少年となって、ビッグ・ブラザーの助けを必要としていたのである。

　さて、ジェイムスは映画を志してこの地方を去り、一〇年近い歳月を経てから、彼についてのドキュメンタリーを撮りたいと考えて連絡をとった。そして彼は、その間にさまざまな犯罪で一〇回以上も逮捕歴を重ねている青年スティーヴィーに再会した。一見したところそれほど悪党にも見えないが、どこかおどおどした貧相な青年である。

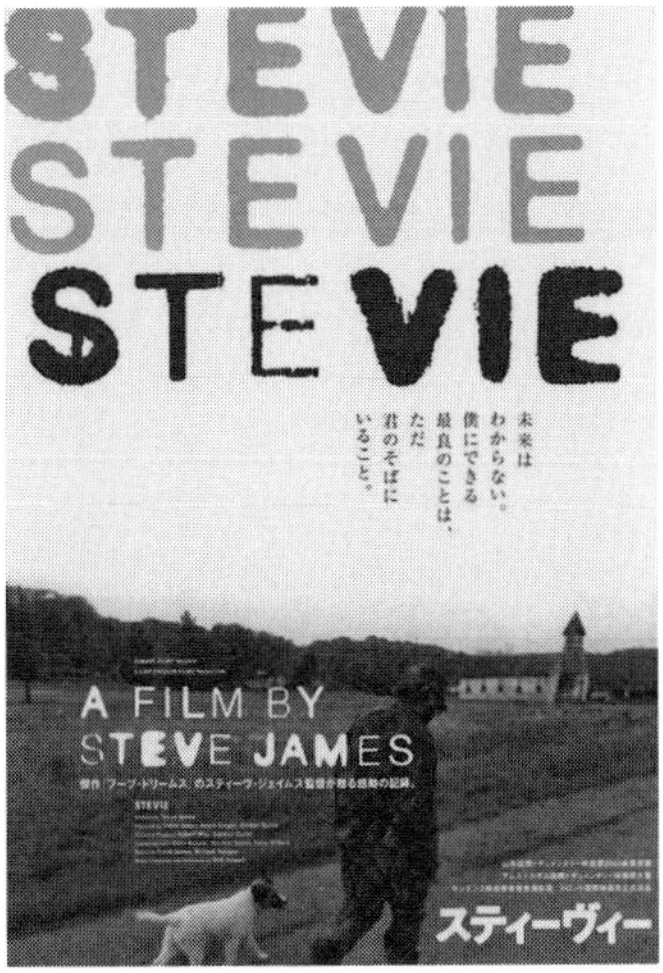

「スティーヴィー」

　スティーヴィー本人は撮影に応じた。監督を自分の味方だと信じ、自分のために弁明してくれると思ったからである。

　すぐ隣に住んでいる母親に撮影に応じるよう説得することは困難だった。スティーヴィーは母親に虐待されたと言うし、それが彼の非行化から犯罪歴につながる最大の問題点であることは誰の目にも明らかである。彼女自身は、ただちょっと叩いたことぐらいはあるという程度のことだと言うが、自分が非難されることになりそうな取材には誰だって応じたくはないだろう。

その交渉自体が撮影されているが、母親はしかし頭からその取材を拒否するわけでもない。たしかに聡明そうな女性ではないが、とくに悪女でもなく、感情に流されやすいよくあるタイプで、自分なりの弁解をしたい気持ちもあるからだろう。

そういう、どこにでもいそうな普通の女性が児童虐待をやることがあるというところにこの問題の根の深さがあるわけで、ぜひとも取材に応じてほしいところである。

監督は粘り強く説得をつづけ、決して興味本位の作品ではなく、みんなの問題解決に役立つ誠実な作品にしたいのだということを理解してもらう。こうしてスティーヴィーをよく知る義理の祖母など、何人かの人々の出演で撮影が始まる。

しかしその頃、ジェイムス監督自身にプロとしての仕事のチャンスがあって、しばらく取材を中断する。そしてその間にスティーヴィーが親族の少女に性的虐待をした罪で捕まり、告発されるという事件が起こる。監督は彼のところにとって返して再び取材をつづけることになり、こうしてのっぴきならず彼にかかわってゆくことになる。

それまでは監督は、問題のある、しかし根はそれほど悪でもないひとりの少年を外側から観察しながら、その家族のあり方などを検討して問題点を指摘するドキュメンタリー作家だった。

しかしスティーヴィーがこれほど重大な犯罪者になってしまうと、たんなる観察者ではすまなくなる。かかわりつづける以上は特別弁護人のような存在にならざるを得ない。そうでなければ取材もつづけられないだろう。そうまでしてかかわる必要があるのか、意義があるのか。そこで監督はじめスタッフも悩む。それがじつはこのドキュメンタリーのいちばんのテーマになるのである。

監督はこんどこそ本当のビッグ・ブラザーになるのだと決心して撮影をつづける。人間不信こそが彼の非行の原因だったのだから、自分がまた彼の不信の原因になるわけにはゆかないと考えたのだろう。そこにはあるいは、この映画を成功させたいという監督としてのエゴもあるかもしれないが、少なくともこうして監督が真剣にスティーヴィーとその母親とにかかわりつづけていくことによって、この親子の間に和解のきざしが生じる。

そしてこれが素晴らしいクライマックスになる。カメラとマイクを向けられると、ふだんは感情的な言い合いしかしない人々も、真剣に弁明を試みるし、それが感情的な反省も生むことがある。

映画を作る過程にはこうして相互に不信や無関心に陥っている人々に、再び人間同士の心の結びつきを呼び戻す力があると思いたい。

「隣る人」（二〇一一年、監督刀川和也）

「光の子どもの家」という児童養護施設の子どもたちと職員たちの日々の暮らしを描いた感動的なドキュメンタリーである。

この施設の特徴は、ひとりの保育士がそれぞれ二人ぐらいづつの子どもを、とくにしっかり見守る責任担当制というやり方をしていることと、多くの職員と保育士たちが子どもと寝食をともにしていることである。こうすることで子どもたちは、施設の大人たちに対する信頼感がわき、実の家族とは離れていても家族の中にいるような安心感を保つことができる。こうして子どもたちの脇にいて深い信頼感を持たれている人のことを、この施設の責任者の菅原哲男は「隣る人」と呼んでいる。

そして彼は、人は思春期までにそういう人に出合えれば、あとはひとりでやっていける、と考えているそうである。普通は母親をはじめ家族がそういう役割を果たしているが、養護施設でもこういうやり方をすれば子どもたちの「隣る人」になってあげることができる、というのだ。

「隣る人」

この映画ではしかし、以上のような考え方をいちいちこまかく説明はしない。よく見ていれば職員会議で話し合っていることなどで、だいたいこのことは分かる。

それらを言葉で言うより、まずは本当にそうして愛情豊かな大家族のような暮らしがそこに成り立っていることを見てもらうことが大事と言うように、この映画は言葉で説明することを避けて子どもたちの行動や保育士たちの仕事を密着取材している。

そこでたとえば、施設の都合で、ある子どもの責任担当者の保育士が他の人と交代することになったときの様子が描かれている。その子にそのことを告げると、その子はそれまで担当だった保育士にむしゃぶりついて「嫌だ嫌だ……」と言って泣いて離そうとしない。保育士たちが困って二人がかりでいろいろ説明しながら離れさせるまでの、悩んでいる様子をカメラはずっと撮っている。担当者が途中で交代するなんて、それでは親代わりとは言えないのではないか、とも思うが、同時に子どもが泣いて抱きついてきて離れようとしないぐらい熱い人間関係が出来ていることが大事なので、これはもう他人ではない。まさに「隣る人」であると思う。

ドキュメンタリーにもいろいろな作り方があり、分かりやすくするためにナレーションで説明したり、必要な知識を聞き出すためにインタビューしたりすることが普通に行なわれているが、この作品はそこに作者の主観が入ることを警戒したのだろう、それらを排除しているのが少々分かりにくいところもあるが、事実だけの純粋な感動がここにはある。

よい先生と問題のある先生

かつて日本映画には、学校の先生を悪く描いてはいけないという了解事項があった。教師というものは児童の保護者をはじめ世間一般から尊敬されていることによって生徒に対する権威を保てるのであるから、教育を大事と思うなら、みだりに教師の権威を失墜させるような映画を作るのはまずい、という考え方が、検閲で禁じられる前に映画人に広く受け容れられて常識になっていたからである。だから戦前の日本映画では悪い教師が登場する作品は私は見たことがない。戦後になるとさすがに、若干ではあるが否定的な教師を痛烈に批判する作品も現れるようになった。しかし全体的に見れば映画では教師は善き人間として描かれるべきだという「常識」は確固として受け継がれていると言ってよく、「二十四の瞳」の高峰秀子の大石先生から、テレビドラマ「三年B組金八先生」の武田鉄矢の熱血教師まで、よい人間の代表のような存在としての教師像は繰り返し繰り返し描きつづけられている。

二〇一二年、映画「悪の教典」では、なんと、一見優秀な高校教師がじつは殺人鬼で、クラスの生徒をライフル銃で理由なく皆殺しにしようとする。もちろん荒唐無稽なエンタテインメントで、血みどろの殺人場面の名手の三池崇史監督がその腕を存分にふるっている。それでけっこう一種のホラー映画としてヒットしているようである。教師の権威が地に堕ちたというべきか。あるいはそんな深刻な意味があるわけではなく、単に、これまであんまり善人として扱われすぎてきたことから生じる意外性を利用されたにすぎないと見るべきか。いずれにしろ教師のイメージの危機である。とくに昨今、いじめで自殺する児童が増え、それに対して教師は無力であるどころか事実を隠そうとする傾向がありありと見えると、熱血先生はどこにいるんだ、と言いたくなる。もっとも本当に熱血先生がいて、いじめ問題など事前に解決していれば、それはニュースにはならないわけだから、先生の質が低下している、などと言える根拠もない。

教師こそよい人間であってほしいという一般の人々の願いは根強い。その願いをよく示している新作映画のひとつとして、武富健治のマンガが原作で、古沢良太脚本、河合勇人監督の「映画　鈴木先生」(二〇一二)を紹介したい。

三鷹の高校教師である鈴木先生(長谷川博己)は、ダメ教師ではないが熱血教師でもない。教え子の美人の女子生徒の夢をよく見て、そんなことでいいのかと反省ばかりしている俗人である。教育には熱心だし授業もうまいようで生徒たちからは信頼されているようだ。しかし教育に特別な理論や見識を持っているわけではなくて、生徒たちから学校のあり方をめぐって問題をつきつけられるたびに、ああでもない、こうでもないと悩む。熱血先生もいいが、あれは性格の問題で誰もがあんなふうに調子よく動けるわけではないという意味では、この鈴木先生のちょっと半端な誠実さがより現実的だと言える。

原作ではいろんな問題が出てくるが、この映画版がとりあげているのは生徒会長選挙のあり方である。この高校では無記名で投票をやらせるとふざけた文句を書き込んでくる者が少なくないので、投票は記名にすることとする。こうすると投票しなかった者は誰かということも分かるので、進学の推薦などに不利な扱いをされることを恐れて全員まじめに投票するから、民主主義の教育に役に立つ。

精神的に少々頼りないと見られているのに、そう言って強力にこの方法を推す女性教師がいる。教師たちはべつに反対する理由も思いつかず、みんなあいまいに賛成してそれで選挙の準備が進む。ところが生徒の一部がこれに反対する。無記名でデタラメな行動をする少数者の自由を認めろ、というのである。彼らは前にいた学校で、子役として知名度の高い生徒を生徒会長にしようとする学校側に反対して行動したが記名制の投票で敗れ、この学校に転校してきたのだった。いいかげんな少数者の存在を肯定しろ、という問題提起に鈴木先生は感心して先輩の先生と一緒に考え込む。こういうところが新しい。じつに素直な大人である。

生徒のほうから記名制投票のマイナス面を教わって、なるほどとは思うが、うまい解決法も分からないうちに生徒たちのほうがどんどん見事な解決を見出してゆく。その間、鈴木先生は卒業生の異常者が引き起した暴力事件を命がけで解決したことで生徒の信頼は維持するが、生徒を正しい考え方で指導するということはあまりない。ただこの学校の先生たちのいいところは、自分たちの誤りを生徒から正されても決してメンツをつぶされたなどと思わず、よかったよかったと受け容れることで、この点は学校や教師を扱った映画としてまったく新しい。

「まぶだち」(二〇〇一年、監督古厩智之)

教師の批判はなるべく避けるようにしてきた日本映画で、例外的に真っ向から教師の批判をやってのけたすぐれた作品としては二〇〇一年の古厩智之《ふるまやともゆき》脚本監督の「まぶだち」がある。題名は俗語で親友の意味である。

長野の田舎の中学校を舞台にした話である。いつも一緒に遊んでいる数人の中学生の仲間が、遊びのつもりで集団で万引きをやっていたことが分かって担任の教師からこっぴどく叱られる、ということがストーリーの核になっているのだが、この担任教師のキャラクターがじつに興味深く描けている。中年のベテラン教師らしく自信満々で生徒全員を上から圧迫するような態度を崩さない男である。彼には自己流の独特の人間観と教員観があって、生徒をこいつはもう人間だと認めていい者と、まだ人間にはなっていない者、その中間にある者などに分け、それを教室の黒板に書いて並べて、折にふれ、その序列を移動させながら説教する。冗談で笑いながらやるというのでなく、けっこう理屈っぽく倫理、道徳、心理には一家言あるという調子で大まじめにドスの利いた声でそれをやるので、まだ人間とは言えないとされる生徒はすくんでいるし、人間と認められる生徒も居心地が悪くてどうしていいか分からない風情である。こうして彼は頭ごなしで生徒を委縮させる態度が身についていて、自分が歩くのに邪魔だと生徒を払いのけるように押しとばすから、彼がそもそも生徒たちを人間として尊重していないことは明らかなのだが、なまじ「人間とはなにか」みたいな理屈を交えるので、生徒としてはかえって正面きった反抗ができない。この先生が得意なのは生徒に反省文を書かせることである。できない生徒はそこでできる生徒を頼りにするし、できる生徒はどんどんずるくなってゆき、そんな自分に嫌気がさしてゆく。

「まぶだち」

反抗するすべのない生徒たちは、ただ先生から、罰を与えられたとき、この先生が複数の罰を提示して生徒に選ばせたりするので、あえてきついほうの罰を選んで本当に自分がまいってしまうまでがんばるというような抵抗の仕方をする。校庭を延々と走りつづけたり、水を入れたバケツを持ちつづけたり。過剰に従順な態度をとることが、せめてもの、せいいっぱいの自己主張であり、意地なのだ。

その意地にも疲れた生徒二人が、すっかりゆううつになって、大きな川にかかっている橋の欄干の上を二人で歩いてゆく、前を歩いていたできる生徒が、ふっと後ろのできない生徒をふり返ると、できない生徒のほうが切なくほほえんでそのまま川に落ちて流されて行ってしまう。あとで、できる生徒は先生から、あれは自殺ではなかったのか、と問われるが、いいえ、足を踏み外したのです、と彼は答える。さすがに先生は思い当たるフシがあって気にしたのだろうが、それで反省した様子はとくにはない。最後に出てくるコメントでは、この先生はのちに校長になったという。

こんなひどい先生が本当にいるだろうか、と見ながら思うが、作者はよく知っているモデルでもいるかのようにリアリティのある人物像を描きあげている。実際学校の授業というものが公開されて一般の良識の批判にさらされるものではない以上、また生徒による反論もほとんどあり得ないものである以上、原理的にはこういう独善的な教師は存在し得るし、もっとひどい場合も考えられる。あるいはこういう過剰な一家言をふりまく教師こそが教育界では高く評価されるということもあるかもしれない。

これはフィクションであって、これほどひどい先生は実際にはいないと私は思いたいが、戦争中に小学生、中学生(当時は国民学校高校科)だった私は、愛国教育の名の下で行なわれた無茶な精神教育の被害を決して忘れない。あの時代にも教師たちは自信を持って生徒を、「愛国者」と「非愛国者」に分類して、まだ「愛国者」になっていないと見なした生徒を精神的に虐待したものである。教師が生徒にとっては権力者である以上、その権力が乱用される恐れはつねにあるのだ。教育の恐ろしさはつねに警戒されなければならないし、「まぶだち」は教師の生徒に対する精神的虐待に警告した珍しくも貴重な傑作である。

「みんなの学校」(二〇一四年、監督真鍋俊永)

これは素晴らしい映画だ。大空小学校という、大阪にある普通の公立小学校の、生徒たちと先生たちとの日々を、一年間じっくり観察したドキュメンタリーであるが、とても面白いし感動する。

この学校には、よその学校で不登校になって転校してきた生徒が少なくない。そういう子をこの学校は生徒たちみんなで受け容れる。そして彼らが学校を好きになって通えるよう、教師も生徒も根気よくつきあうのだ。その過程が丁寧に記録されている。

たとえば、そんな転校生のひとりが、朝、学校まで母親に連れられてきて、母親が帰ったあと、ひとりで教室には行けなくて、帰ろうかどうかもじもじしている。その様子を二階から見守っていた校長先生が、傍らにいた生徒のひとりに、「あの子を迎えに行ってあげて」と頼む。するとその子が行って、ゆっくりとなだめながら、荷物まで持ってあげて教室の方に行かせる。とても気持ちのいい場面である。

「みんなの学校」

こんな、子どもたちに無理なく親切の示し方を身につけさせるような教育の実例を、この映画ではたくさん見ることができる。

この校風を作り出したのが、校長の木村素子先生であることはすぐに分かる。生徒たちにも、先生たちや保護者にも、また撮影スタッフにも、校長は積極的に話しかけて自分の考え方を言葉にする。

その言葉に勇気づけられるようにして、先生たち同士も生徒たち同士も、じつによく話し合う。議論にもなる。若い教師のいたらないところを校長が叱りもする。子ども同士の喧嘩もある。ただそれは学校への信頼に貫かれていて、明るい。

地域で噂になっている乱暴者や、どこの学校に行っても不登校になった子などをどう受け容れるのか、生徒たちがちゃんと話し合うので、その中で問題のある子も少しずつ微妙に変わっていく。その変化がいちいちちゃんと分かるように撮影され、編集されているのが見事である。どこで誰がどういうことをやりそうか、よほど一人ひとりをよく理解していないとこうは撮れない。撮影は大窪秋弘、関西テレビ作品。

第11章　児童虐待の映画

「トリュフォーの思春期」（一九七六年、フランス、監督フランソワ・トリュフォー）

まことに愛すべき、可愛らしい映画である。日本流に言えば小学校六年生と思われる、フランスの地方都市の小さな学校のひとつのクラスの子どもたちを描いたもので、優等生、いたずらっ子、問題児など、さまざまなタイプの子どもたちと、その親たち、教師たちが、スクリーンのうえで鮮やかに生活している。

「トリュフォーの思春期」

かつて、トリュフォーが日本に来たとき、市川崑監督が二歳の赤ん坊を主役にして「私は二歳」（一九六二）という映画を撮ったと知って、そんな赤ん坊をどうやって主役にできるか、しきりと質問していたという話を聞いたことがある。そのとき市川作品を見たかどうかは知らないが、トリュフォーのこの映画に団地の窓から赤ちゃんが落っこちるという同じエピソードがあるのはほほえましかった。

もっとも「私は二歳」では通りがかりの商店の御用聞きがとっさに抱き止めて助かるのだが、トリフォーは、それをもうひとねりして、土の上に尻から落ちたら、かすり傷ひとつ負わなかった、という意表をつくしめくくりにしている。

もちろん、トリュフォーは市川崑に刺激されて、この映画を作ったというのではない。かつて非行少年だった彼の長篇第一作の「大人は判ってくれない」(一九五九)は、親にも教師にも理解されない子どもの孤独な反抗心を描いたものだったが、それ以前の習作の短篇「あこがれ」(一九五七)も、やはり小学校六年生ぐらいの男の子たちの、年上の若い娘へのほのかに性的な匂いもするあこがれを描いた好個のスケッチだった。

あれらの初期の作品が、子どもの側の自己主張に力点を置いて、大人の抑圧の隙をぬってあふれ出る自由への欲求を謳うものだったのに比べると、こんどの作品は微妙に違っている。思えば「野性の少年」(一九六九)のときにもすでにそうだったが、子どもの立場を代弁する以外に、子どものよき理解者としての大人の、あるべき姿を描くことにも力をそそいでいる。トリュフォー自身も大人になり、反抗に自分の思いを託するより、よき親でありたいという気持ちを語ることのほうがぴったりとくるようになったということか。

そのせいかどうか、いたずら坊主どものやんちゃぶりを描くあたりは、ほほえましいという範囲を大きく出るものではないが、パトリックという優等生タイプのよい子の日常が、嫌味なく、しっとりと、じつにいい雰囲気で描けている。足の不自由な父親の言うことをよくきき、不良がかっているひねくれた転校生のジュリアンとも気さくにつきあう。友達の美人ママに憧れており、みんなから冷やかされながら、同級生のいちばんきれいな女の子とはじめてキッスを交わして動じないという度胸もある。こういう、万事に優秀なマセた男の子というのが、こんなに淡々と、気持ちよく描かれた映画を思い出すことは難しい。

問題児のジュリアンを結末でどうするか、反抗を描くのか、ペーソスで押すのか、見守っていると、最後に突如として、じつは彼は冷酷な親たちに虐待されながら歯を喰いしばって我慢していた気の毒な子だった、ということになって、教師の正義派的な熱弁を聞かされることになる。

あらかじめ伏線はいろいろ張ってあるので、必ずしも取ってつけたような結末ではないが、トリュフォーの映画が、道徳的な雄弁でしめくくられるとは思わなかったので、意表をつかれた。よき親でありたいという願いは、そうとう、本物らしい。

なお、この映画はフランスの小学校の授業を丁寧に見せるという点で、教育的な面でもとても興味深い。モリエールの『守銭奴』のテキストをみんなにくばって、芝居のセリフをそれらしく朗誦させるとか、授業の終わりのベルが鳴れば教師がどうあろうと生徒はもう質問にも答えなくていいとか、教育もお国ぶりでずいぶん違うことが描写の端々で分かるのである。

「愛を乞うひと」（一九九八年、監督平山秀幸）

長い間見られなかった児童虐待という現象に真っ向から取り組んだ映画であり、この年の日本アカデミー賞を総ナメにした秀作であった。敗戦直後の時代を舞台として家庭内で徹底的にいじめられる幼い娘が描かれる。いじめるのは実の母親であり、この母親と、のちに成長して現れる娘とを原田美枝子が一人二役で熱演して彼女の代表作と言える力のこもった作品になった。

しかし批評家や観客には一種のとまどいも生じた。その母親がなぜ実の娘を虐待するのか、その理由が分からない、と多くの人が言った。たしかにこの映画には、なるほどと納得できるような原因はなにも描かれてはいなかった。そうしたことの多くは、じつは親自身が幼い頃に親から虐待されたという、本人自身も自覚することが容易でない心の深いところの傷から生じる、ということを、やっと専門家たちが言い出したばかりの頃だからである。

幼い頃、実の母親から徹底的に虐待され、高校時代に家を逃げ出して自立して成長するこの映画のヒロインは、しかし大人になって娘を持っても、心の傷でまた子どもを虐待するということはない。彼女には幼い頃に死別した父親の思い出があり、この父親があくまでも娘をかばってくれたという記憶が心の奥で救いになっているのである。中井貴一が好演して印象的だったこの人物が台湾人であったというところにこの映画のもうひとつのテーマがあった。大人になった娘は、自分の心の支えだった父親の、行方の知れない遺骨をさがし出してとむらうことを念願とし、そのなりゆきで父親の友人や親族を訪ねる台湾への旅となる。児童虐待ということの陰惨な実態に容赦なく迫った前半から、後半はこうして、台湾の心やさしい人々とのしみじみとした心の触れ合いという、明るくて伸びやかで、しかも必ずしもきれいごとではない展開となり、見事な癒しの映画となっていた。

日本と台湾は非常に近い関係だが、考えてみると日本映画で台湾人がこんなに親しみと敬意をこめて描かれたことはかつてない。その意味でもこれは画期的な作品である。国の内外で多くの賞は得たが、封切り当時興行的によくなかったのが本当に残念であった。

児童虐待の映画

児童虐待が近年よく話題になる。実際、子どもが大人による虐待で死んだというような事件がしばしば起こり、報道されるからである。親が子どもを虐待して死なせた、という事件がとくに多い。昔はそんなひどいことは滅多に聞くこともなかったのに、どうして近頃は多いのか、それだけ近頃はダメな親が多いのか。あるいは親戚関係が遠くなったり、地域社会の連帯の強さが崩壊したりで、危険な状態に置かれた子どもを身近で見ても保護の手をさしのべてくれる大人が少なくなったからではないか。さらには昔だってじつは児童虐待はたくさんあったのだが、あまりにいまわしいこととして人々が口をつぐんで話題にしなかったから事件として広く話の種にはならなかったということか。いろんなことが考えられる。

映画では、昔はたしかに児童虐待が描かれるなどということはまずなかった。ただ年上の映画批評家の友人から、継子いじめで死んだ子どもの事件が映画になったことがいちどあったと以前に聞いたことがある。一九二二(大正一一)年の松竹蒲田撮影所の「地蔵物語」がそれで、当時一週間で新しいフィルムに変わるのが普通だったのに、珍しく三週続映という大ヒットだった作品である。

どんな映画だったのか。「キネマ旬報」の一九二二年九月上旬号の「本邦製作映画界」欄に次のような紹介と批評が掲載されているので、ある程度、見当がつく。

地蔵物語（四巻）　松竹蒲田映画
原作及脚色者　伊藤大輔氏
監督者　大久保忠素氏
撮影者　小田濱太郎氏

――主要役割――
下足番　専吉　正邦宏氏
その妻　お崎　鈴木歌子嬢
養女　お夏　高尾光子嬢

〔略筋。お夏は何年か前、浅草公園の一偶で松竹館の下足番専吉に拾われて育てられたのであったが、専吉の情厚いに引き変えて、妻のお崎はお夏を虐待して、お夏の身には傷の絶えたこともない、然しお夏は母を怨むこともなく、丁度病の床に臥したお崎の病気平癒をお初地蔵に祈ったのであった。或日口八釜しくお崎に言われて、泣く泣く薬取りの帰り、自動車に衝突して傷を負うたが、尚母お崎のことのみ案じて、之を口走るので、流石のお崎も悔悟の涙。ああ私が悪かった、許してお呉りゃれ、のうお夏、とばかり涙を流した。お夏の傷も治れば、親子三人揃って、お初地蔵に参ったと云う、めでたしめでたし。〕

日活でも此の「お初地蔵」の事件を脚色撮影に取かかったそうだが、お初のことをそのまま仕組もうとしたので到底許可されそうもない。で、中止となったそうだが、松竹の此の映画は、此に当込だ際物、お初を一寸エピソードとして、うまく横道を逃げたので、中々うまいことをやったものではあるが、かなりそこに不快も感じられる。大久保忠素氏の監督、之と云う特長もないが、ソツのないなだらかなところを見せている。俳優をもっと生かしたかった。鈴木歌子嬢などは、もう少し何うにかなった筈だ、役柄ではあるが、かなり演り憎そうに見えた。高尾光子嬢は、可憐だが、少し綺麗に塗り過ぎている、まだ顔の動きなどはない。正邦宏氏は之も一寸演り—憎そうだった。撮影は綺麗に出来ている。

この批評を読むといろんなことが分かる。まず、お初という少女が児童虐待の犠牲になって死に、そのことがたいへんにショッキングな事件として世に知られたらしいこと。その霊をなぐさめるために、地蔵様が作られて祭られ、お初地蔵と呼ばれてたいへん参詣者を集めたらしい。

その評判にあてこんで日活と松竹が映画化を試みたが、日活はこういう死にいたる残酷ないまわしい事実を描いたら検閲に通るはずがないと気づいて製作をやめた。描写を手かげんするかどうかという問題ではなく、この事件と真っ向から取り組むこと自体が忌避されるということのようであり、そう考えることが当時としては常識だったのであろう。残酷さの程度の問題ではなく、親が子を殺すという事実そのものがいまわしいということであろう。その点、このあとまもなく時代劇映画の巨匠になる伊藤大輔が、まだ新人時代にシナリオだけ書いたこの松竹作品では、お初はもう死んで地蔵に祭られており、罪深い児童虐待者に悔心をうながす存在となっている。この地蔵様への祈りを通じて現に虐待を受けている児童である別の創作された少女、お夏が義母の悪しき心のために祈り、義母はそれで反省する。これでは実際の事件が当時の人々に与えたであろう恐怖は薄められて、ただの嘘っぽいお涙頂戴劇にしかならなかったであろうと想像されるのであるが、それでも当時としては異例の三週続映という大ヒットだった。観客大衆はよほど、お初の死に心をゆり動かされ、せめて事件の周辺をいじっただけの創作にしろ、まさにその周辺にでも集ってみたかったのだろう。あってはならないことがあった、という衝撃だったのだと思う。

ただ、当時児童虐待という事実がそんなに珍しいことだったかどうかは分からない。継子いじめという言葉はよく使われていたからである。死にいたるまでの虐待ということでお初の事件はセンセーションを起こしたわけだが、口汚くののしったり叩いて傷をつける程度ならよくあって珍しいことではなく、その多くが継母であることのせいにされた。児童虐待を継母のせいにすることで、継母という少数派の被差別階層を作り出し、それを差別することで意味なく優越感を誇る「実母」たちがいたからかと邪推したくもなるほど、継母という言葉には悪意がこもっていた。しかし、昭和初期に児童に人気のあった雑誌『少年倶楽部』の編集長は、継子いじめというような話は自分の雑誌では徹底的に排除した、とかつて私に言っており、それが心ある人の態度で、おかげで今日、もう「継子いじめ」という言葉も死語になっている。ただそんな言葉が一時期よく使われたところにも、児童虐待を、実の親子ならそんなことはあり得ないというふうに条件づけて安心しようとする心理が働いていたのかもしれない。そこで逆に、田坂具隆監督の「母子草」(一九四二)のように、継母が継母であることを秘密にしたまま子どもたちを立派に育てあげ、成人した息子たち娘たちに感謝されるという映画が大好評でヒットすることにもなる。

太平洋戦争開戦の翌年に出来たこの「母子草」は、日本の母性愛の理想像としてヒットし、早速、占領下のフィリピンで日本のよさを描いた映画として上映された。このとき報道班員としてフィリピンにいた小説家の石坂洋次郎は、戦後の一九四六年に「外地で見た日本映画」というエッセイを書き、その中でこの映画についてフィリピンのある新聞記者が自分にこう言ったと次のように報告している。

どうも分らない。フィリピンの家庭にも義理の親子はたくさんあるが、しかしこちらでは最初から継母は継母、先妻の子は先妻の子というふうに身分をハッキリさせて、お互いの人間的な愛情と信頼で明るい家庭生活を営んでいく風習である。あの女学生(註、「母子草」の継子である長女)が母親が継母であると分った曖間から、母親の側でも娘の側でも、じつにネチネチした、執拗な苦悶がはじまるようだが、実の親子でないということが、どうしてあんなに深刻な苦悩に値するのか、またあの母親が、自分が生みの母でないということを、罪悪でもあるかのように考えているのは、どういう訳なのか、私どもは了解に苦しむ。もし日本の家族主義というものが、ああいう暗い気分を基調にして成り立っているものならば、私どもはそれに好意をもつことが出来ない。

石坂洋次郎は戦後、人間は理性的であろうと努めさえすれば、次元の低い多くの悲しみ、つまり感傷からは脱却できるということを主題にした面白くてタメになる啓蒙小説をたくさん書いて片っ端から映画化され、ヒットし、それらは戦後日本の青春映画の主流を形成した。感傷は理性を曇らせ、非合理な争いに人間を巻き込むことになりやすいと日本人に警告したのである。「青い山脈」(一九四九)や「乳母車」「陽のあたる坂道」などがそれで、あとの二つは「母子草」の田坂具隆監督によって一九五〇年代に映画化された。

たぶん石坂洋次郎としては継子いじめ物語を当然のことのように思っていた日本人の常識への疑問は戦前から抱いていたものであり、だからこそフィリピンの記者の疑問は大いにわが意を得たものだったに違いない。継母継子の葛藤こそ出てこないが石坂洋次郎はすでに戦前に『暁の合唱』という小説で人間関係を明るく理性的に処理してゆける少女を描いており、これは映画化もされているからである。

前に引用した「地蔵物語」の「略筋」でいちばん嘘っぽく作り話だと思えるのは、現に血のつながりのない継母のお崎に虐待されているヒロインの少女お夏が、自分を虐待しているお崎のためにお初地蔵に祈るというところであり、それを知ったお崎がはじめてお夏の真情に打たれて後悔し悔悟するというくだりである。そんなバカなことがあってたまるか、と思う。しかしこれがあったから、当時の批評も示唆しているように、児童虐待という本来なら映画にすること自体が無理だと思われたこの題材の映画化が可能だったらしい。これを単に検閲をゴマ化す策略と見てもいいが、子どものほうがダメな母親のダメさ加減をよく理解していることで和解の道が開けるという、大衆的なメロドラマの極意がそこにあったと想像できないこともない。近代的なドラマ理論では子は親に抵抗し、反抗しながら親を乗り越えるべし、ということが常識になっているが、ここではむしろ、賢い子はダメな親のダメなところを理解し同情して乗り越えることになる。乗り越えるというよりもむしろ、ダメな親に同情できるようになったとき、子は大人になるのである。

ここでいきなり一九六九年の田村孟脚本、大島渚監督の傑作「少年」に連想が飛躍するのは唐突かもしれないが、この作品こそは児童虐待の当の被害者である児童が、加害者である両親を理解し超えているということによって感動的な作品であり、そのことに嘘を感じさせないという離れ業をやってのけた稀有の作品である。

この作品では主人公の少年は両親によって当たり屋をやらされている。少年がわざと自動車にぶつかり、痛いフリをしているところに親たちがやってきて、運転者に警察沙汰にしない代わりに金を出せ、とゆするのである。少年はそれが犯罪であることを分かっている。それでもあえてやるのは、親の命令であるからというよりもむしろ、一緒に旅をしながらこの犯罪を繰り返している家族の中に自分よりずっと幼い弟もいて、自分が家族から逃げ出したりしたらこの弟がどうなるか分からず、責任を感じるからである。母も本当は弱い人間で、夫の命令にやむを得ず従っているだけだということも分かっている。だから母が父に反抗したりすると母の味方をして自分も父に反抗する。しかし犯罪だと百も承知のその行為から逃げ出ことはせず、ひとり悶々と苦悩する。観客は彼が虐待の犠牲者だから同情するという以上に、正義を知っていながら正義の男であることができない少年の苦悩を理解し、その苦悩の高貴さに感動するのである。これは嘘っぽいか。自分を虐待する義母のために祈るという飛躍したお説教っぽさより、よほどリアリティもあり、子どもの苦悩する能力に対する信頼があって、じつに立派だと思う。

一九七〇年の新藤兼人監督作品に「裸の十九才」がある。連続殺人事件で知られた永山則夫の生い立ちを追跡した劇映画で、彼がどんなに厳しい境遇で育ったかを描くのに、彼の両親の、とくに母親の若い頃にまでさかのぼっているところが異色の作品である。貧乏のどん底の生活の描写が次々に出

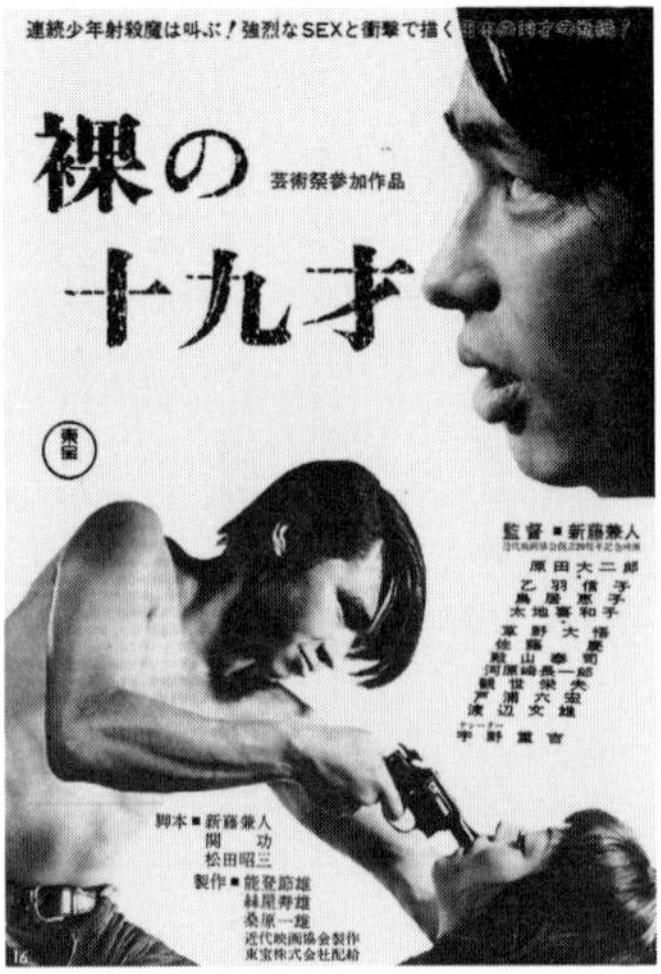

「裸の十九才」

てくるが、なかでいちばん悲惨なのは、永山則夫がまだ幼い頃に兄たちとともに雪の深い北海道の田舎に暮らしていて、ついに母親が都会に逃げ、子たちが残されたという事実である。さいわい近くの村人たちに助けられ、都会に戻ってまた母親と暮らしている。しかしこれは飢え死ぬかもしれない場に居き去りにされたということで、幼い永山則夫にとって深い心の傷になった経験であろう。新藤兼人はこの映画で、これを貧困のもたらしたやむを得ない災難として、あくまでもこの母親に同情的に描いている。

もしかしたら永山の犯罪はこのときの心の傷である程度は弁明できるかもしれない。この映画を作ること自体が、新藤兼人による永山則夫の弁明の試みであるが、ここはとくに全体の白眉である。しかし新藤兼人は永山の母親を告発するためにこの映画を作っているわけではない。この母親に貧困は生涯つきまとったようであり、新藤兼人は永山の人生を描くのに劣らないほどの熱意をこめてこの母親の悲惨な人生を描いている。永山則夫について弁明する以上にむしろ、連続殺人事件の犯人の母という汚名を背負うことになったひとりの女性についての弁明のようにしてこの映画は作られている。映画としてはなにかバランスのよくない作品である。これはしかし、子育てという、うまくゆくかどうか分からない仕事を与えられて悪戦苦闘を強いられる女性たちに捧げられた祈りのような作品であり、たいへんな力作である。

二〇〇四年の是枝裕和監督の「誰も知らない」は、四人の子どもがいる東京のアパート住いの母子家庭から、母親が家を出て長期間帰ってこなかったという、一九八八年に実際に起こった事件の映画化である。母親は男たちを追って出歩くことで忙しかったらしく、途中でいちど帰ってきたり、まれに電話などで連絡もとれるのであるが、一二歳になっていた長男が弟妹を指導して、母の知人から食べ物を貰ってきたりして妹や弟たちを養っていた。幼い子がひとり死ぬが、みんなでその埋葬までやっている。

この事件が話題になったのは、彼らが役所に保護されるまで、アパートの住人も近所の人たちも、学校も、誰もそのことに気づかなかったということである。長男は母が男たちを追って自分たちをほうりっぱなしにしているのだという事情を理解しており、それを恥と感じてか、あえて大人たちに助けも求めず、弟や妹たちにも平気なフリをさせていた。それで、電気や水を止められても、街頭の水道の水を飲むなどの工夫をしてなんとか日々をしのいだ。さらにそんな悲惨な境遇にも、よく見ればそれなりの喜びや悲しみや哀愁があることを、是枝裕和はデリケートな描写でよく描いてカンヌ映画祭で評判になった。長男を演じた柳楽優

「誰も知らない」

弥がまだ少年なのにこの映画祭で主演男優賞という破格の賞を得たが、この賞はこの異色ある作品になにかいい賞をあげたいという審査員たちの好意を示していると思う。作品賞や技術賞は他にそれにふさわしい作品がある。しかしこれは無視できないよさのある作品である。それをなんとか認めたいと審査員たちが思うと、こういう型破りの受賞になるのだ。

この作品が人々を驚かせた理由のひとつは、こんな子たちがけんめいに生きていることに誰も気づかなかったという、現代の大都市のあり方に、いまさらながら気づかされたということであろう。家族や隣近所という、昔なら共同体として相互扶助の機能を果たしたものが機能せず、ほうりっぱなしにされている。誰も隣人のことを気にしていないし、責任をとろうともしない。それでも子どもたちだけでとにかく生きられるという都市の富のあり方も驚きである。しかし観客として見ていて、自分がもしこの街の住人だったら、彼らの異常さをいち早く察知して救いの手をさしのべることができただろうか、と自問し、そうはできなかったのではないか、と自答して、不安にならざるを得ない。

おそらくは是枝監督は、観客がそう自問自答するであろうことを期待して、母親への批判を手びかえているように思う。この映画にほんのちょっとだけ登場する母親は、子たちを置きざりにするひどい無責任な女であるとはとても思えない、むしろチャーミングで、子どもたちと一緒にいるときなど、ほんとにやさしい母親である。くわしくは描かれないが水商売の女性で、棄てたり棄てられたりの男たちとのやりとりがたいへんで、つい家には帰りそびれた、ぐらいの感じである。もちろんだからといって母親の責任を放棄して許されるわけはないが、この映画はそこまで母親のモラルに立ち入ることはしない。それより、現に母親が育てきれない状態の子たちがたくさんいるということのほうを、社会として気づき、考えるべきだから、ここではとりあえず母親は批判の外に置く、ということのようだ。母親の愛というものを神聖視するのはいいが、だからといって子育ての苦労を母親にだけ押しつけるのはよくない。だから夫や男たちも子育てを手伝え、というだけでなく、社会全体で子どもたちを見守ろう、母親だけを責めるのはよそう、というわけで、この映画は母親をむしろ意図的に問題の外に置いている。

「子宮に沈める」（二〇一三）という変わった題名の映画を見た。脚本と監督は緒方貴臣、撮影は堀之内崇。上映時間九五分の劇映画であるが、出演している時間のいちばん長い人物を主役と呼ぶことにすれば、この映画の主演は二人の幼児である。これはたいへん珍しい。市川崑監督の「私は二歳」という作品も二歳の幼児が主役と言ってもいいような変わった劇映画だったが、あれには終始、その幼児を見守っている大人たちが画面に出ていた。ところがこの「子宮に沈める」では、はじめに出ていた夫婦二人は間もなく場面から出てゆき、あとはその幼児二人が部屋の中を這いまわって食べ物をさがし、見つかればそれを食べ、やがてそれもなくなって、部屋の中はゴミの山になる、という描写が延々とつづくばかりである。その描写がつづいたのち、最後に母親が戻ってきて、すでに死んでいる子の遺体を袋につめて片づける。このと

「子宮に沈める」

き、母親は部屋に入ってくるのに、まずドアの隙間などをびっしり埋めていたテープをはがす。なんと彼女は子どもたちが自力で外に出られないようにして出て行ったのだ。計画的な子殺しだったらしい。しかしそれにしては彼女の立居ふるまいにはそれらしい凶暴さはまったく見られなかったし、とくべつな愚かしさも感じられなかった。いったいこれはどうなっているのか。呆然として終わりである。

これも実際にあった事件の映画化だというので、早速その事件について研究した本を買って読んだ。杉山春著『ルポ虐待——大阪二児置き去り死事件』(二〇一三年、ちくま新書)である。

これによれば実際のこの母親は、精神障害とまで言えるかどうかは分からないが、かなり特異な性格の持ち主であると想像できる。厳しい現実や難しい問題に直面すると、すぐ逃げ出そうとするのである。そんなこと、誰だってそうだ、と言いたくなるが、著者の丁寧な記述を読んでゆくと、その程度が度外れており、そしてただ、もっとがんばれとか、しっかりしろと言っても仕方がない人というのは実際に存在するだろうという気になってくる。彼女にはなにか非行で少年院に入れられた経歴もある。しかしその言動には非行少女的なところはなさそうである。すごんだり不貞腐れたりという様子はなく、自分のダメさかげんはよく分かっていて男女関係においても貧乏クジばかり引いている。次々と男たちから捨てられ、ほうり出され、水商売でなんとか子どもたちを育てなければと思っても、お先真っ暗と思ったとき、誰かに相談する気力も出てこなくて、ただただ子育ての現場から逃げるだけだったみたい。

そんなことが言いわけになるか!　と誰もが言うと思うが、それでもそうなるところが問題として考察しなければならないところではないか。そういう母親からも子どもを守れる方法を考えることが必要だと痛感させられる。この事件に市民は憤激した。子どもの泣き声が聞こえるという通報が繰返しあって、市役所から担当者が何度もアパートに行ったにもかかわらず、ついに無断で踏み込むことは避けたために、市役所は猛烈なバッシングを受けたし、市民の怒りを受け止めたかのように裁判では懲役三〇年という異例の厳しい判決が出た。しかしこれで問題が解決するとは思えない。そういう性格の母親から子どもを守ることの工夫が必要であろう。

この小論でとりあげた児童虐待関連の日本映画はすべて、母親が悪い！と言ってすませることを慎重に避けている。子育ての苦労が一方的に母親に押しつけられてきた伝統の中で、そう言っておしまいにするのはまずい、という配慮が強く作用したからであろう。それを言ったらおしまいなのだ。しかし、ではそれで、こうして死んだ子たちをどうしたら救えたか。それが新しいテーマとして大きく浮かび上がってくる。

映画「子宮に沈める」では、この母親は一見普通のやさしいお母さんに見えるだけで、それ以上、彼女の内面や生いたち、特異な性格などはいっさい追究していない。ただただ、飢えて死んでゆく子たちを延々と描いている。そんなことの悲惨さは映画でこれでもかと見せてもらわなくても分かっているのに。

第12章　学生映画と子どもの作る映画の中の子ども

映画学校

私は一九九六年から神奈川県川崎市にある日本映画学校という専門学校の校長をしている。この学校が二〇〇一年には日本映画大学という四年制の大学になったので、私はひきつづき、その学長になった。この学校はもとは一九七五年に今村昌平が設立した横浜放送映画専門学院で、最初は教師はほとんど全員映画の監督、カメラマン、録音技師、編集者、脚本家、俳優などだったものだ。当時映画会社の撮影所が助手の採用をやらなくなったために行き場を失った映画志望の青年たちを集めて、映画作りの実習を主としてやっていたものである。いまでは日本の映画作りの現場で働いている人々の中で出身校を言うと、いちばん多いのがこの学校だと思われる。

私はこの学校で、横浜の創設時代から映画史を教えていたが、今村昌平が自分の映画作りで忙しくなって、頼まれて校長を引き受けた。ただ、映画の実作に関しては私はなにも教えられないのでためらったが、批評家として学生が実習で作る映画は全部見る、と学生に約束した。

学生が実習で作る映画というのは一九六〇年代頃から折に触れかなり見ていたが、昔は幼稚かひとりよがりにきまっていたものである。日本映画学校で見るようになった作品もはじめはそうだった。

しかし、なぜかぐんぐん水準が上がって、映画館で公開されているプロの作品とは違った面白さを持った作品が卒業制作上映会に現れるようになった。

一九九八年の「ファザーレス　父なき時代」(一九九七、卒業制作版監督小宮祐治／一九九八、劇場版監督茂野良弥、指導山谷哲夫)にはびっくり仰天した。この作品は一九九七年のニューヨーク大学の学生映画祭でスタンディング・オベーションを巻き起こし、翌年にはドキュメンタリー映画祭としては由緒あるマンハイム・ハイデルベルク国際映画祭で最優秀ドキュメンタリー映画賞と国際映画批評家連盟賞をダブル受賞した。また、一九九九年には李相日《リサンイル》監督の劇映画「青　ｃｈｏｎｇ」と、松江哲明監督のセルフ・ドキュメンタリー「あんにょんキムチ」が現れ、いずれも劇場公開の機会を得て彼らの監督としてのデビュー作と公認されるようになった。

いま話題にあげた学生映画は、ドキュメンタリーであれ、フィクションであれ、いずれも作者自身の、あるいは出演者自身の少年時代の痛切な個人的体験にもとづいているものである。「ファザーレス　父なき時代」は、少年時代に両親の離婚と母の再婚とで悩んで、そのせいか自傷癖で苦しむようになっている学生がいて、彼のその告白に感銘を受けたクラスの仲間たちがスタッフを組み、彼の両親と義父とに会いに行く彼を、カメラとマイクで追跡したものである。「あんにょんキムチ」は自分が在日朝鮮人の家の生まれであることにどういう意味があるのかを考えるために、韓国の祖父の故郷まで訪ねてゆき、親戚や縁者に会い、改めて現在の自分の家族たちにもインタビューするという、けっこうユーモアを含んだ、いわゆる自分さがしの傑作である。「青　ｃｈｏｎｇ」は作者の出身校である朝鮮高校を舞台にして、在日朝鮮人であることの特有の悩みと誇りを吐露したものである。

これらの体験は普通、個人の悩みとして秘められたままになっており、せいぜいのちに本人が小説家にでもなればはじめて一般に公開されるというものであるが、映画学校の実習という機会があったために、まずクラスの仲間たちに話され、あるいはシナリオとして読まれ、クラスで討論され、スタッフを組んで関係者へのインタビューをするということにもなる。とくに「ファザーレス 父なき時代」の場合、息子が個人で親たちに自分の心の傷をうち明けるということは至難のことだったであろう。相手にされないか、感情的な言い合いやもの分かれになるしかないのではないか。ところがこれが、級友たちとスタッフを組んで、出来上がった作品は最小限でも学校での発表会で公開される映画だとなると事情が違ってくる。親たちも極力誠実にインタビューに答え、自分に否があれば認めてわびると同時に、誤解も極力解消しようとする。それで、それまでは恐らく息子自身にも見えなかった親たちの誠実な面がくっきりと見えてくる。そこがじつに感動的なのである。親たち自身、それで本当に苦しんだらしいし、息子にも親たちとはじめて正直な率直な話し合いができたという喜びが残る。この作品が評判になって学校の外ではじめて公開されたとき、息子として親たちへのインタビューを行なったこの学生が、じつは自分はこの映画が終わったら自殺しようと思っていたが、出来上がったらその気がなくなった、と言っていたのが強く印象に残っている。

この作品に限らず、日本映画学校と日本映画大学で学生が実習で作る映画には、とくにドキュメンタリーの場合、自分が実際に経験したことを題材にしようとすることがしばしばある。そういう作品は卒業生の就職先であるテレビや映画の業界で通常要求されているものではないし、内容的には撮られる人々の誰彼のプライバシーを侵す場合が多くて厄介でもあるから、その点を説明して、やめたほうがいいと忠告する場合が多い。しかし学生たちはしばしばこういうテーマに夢中になる。撮り方などがだいたい法則化されている通常のドキュメンタリーより、人間の内面の未知の部分に迫る機会の多いこの種の作品のほうが創意工夫の意欲をさそう。なにより、自分の心の中でトラウマになっているものの正体を明らかにしたい、告白したい、誰かにぶつけたいと思っている若者は少数でも確実にいるし、彼らはその機会を手にすると夢中になる。こうして、やむにやまれぬような思いのこもった作品がしばしば現れる。

二〇〇五年卒業のグループが作った「アヒルの子」もそのひとつで、二〇一〇年に劇場公開された。監督小野さやか、製作と編集大澤一生、撮影山内大堂、録音伊藤梢。指導した教師は原一男である。この作品では監督した小野さやかがトラウマとしてかかえていた幼少期の二つの問題が扱われている。ひとつは幼い頃に受けた性的いたずらである。見ると、こういうことはきっとかなりの女性が幼い頃に経験したまま秘密にしておいて、それが心の成長の邪魔になり、つまづきになっているであろうと想像できる。誰かがそれを明らかにすることで余計な悩みを解消する必要があるが、そこにはプライバシーの問題がたちはだかる。それを解決することが映画を撮ること以上に大きな問題になる。

もうひとつの問題は両親がある思想集団を信じていて、そこで行なっていた幼児の集団生活に一時期、娘をあずけたことである。そのとき彼女は、自分は捨てられたのだ、と思った。それは錯覚に違いないが、幼児にとっては無理からぬことである。その集団生活は、心の成長のよい訓練になるという理想主義的な善意にもとづいて行なわれたものであることは確かだと思うし、生活を共にした保育士さんたちもいい人たちだったのだろうが、たとえば朝、寝床から起きたとき、誰が寝小便をしていたかをみんなの前で点検される屈辱と恐怖はたまったものではなかったという。保育士さんがいくらそれを明るいやさしい態度でやって一見なごやかそうな集団生活を演出しても、その精神的苦痛はたいへんなもので、それが自分の精神的な成長を阻害したと彼女は思っている。そのことを確かめるために、当時その集団保育を一緒に受けた人々をさがし、インタビューして歩くということがこのドキュメンタリーの主要な部分になっている。

幼児期の苦痛というものはフロイトによる精神分析学の創始以来、もっぱら精神に悪影響をもたらす問題として扱われてきたが、じつはもっと普通の人々の普通の記憶として語られていいものであり、学生の実習ドキュメンタリー映画でそれが可能だということは大きな発見だと言っていいのではあるまいか。幼児期の性的いたずらとか、幼児にもある屈辱感というのはとくに医者に相談しなければならないような個人の異状ではなく、もっと一般的に誰にでもあり得る経験である。それなのに恥ずかしくて語られることがなく、語らずに心に閉じ込められているために苦痛となり、トラウマとなり、ついには性格にまで影響を及ぼすのだ、と少なくとも本人には自覚されている。もっと話し合ったり、カメラとマイクに向かって告白することで公表したりするということも、ひとつの慎重な解決法であり得るわけである。

「アヒルの子」

二〇〇八年に卒業したドキュメンタリーのクラスで作られた「かさぶた」もすぐれた作品であり、限られた範囲ではあるが一般の人々にも公開されて好評を得たものである。これも自分の心にトラウマを持つ学生が、その問題と正面から向き合うところをクラスの仲間たちに撮ってもらった作品である。藤重桂子という学生が、じつは自分は小学生の頃、弟に殺意を持ったことがあるという。弟は最重度の知的障害を持ち、そのために母はノイローゼ気味で、しばらくこの弟の世話はまだ小学生の自分にまかされた。しかしそれは本当にたいへんな仕事だった。それで自分もまいって、そんな気持ちになったのである。もちろんそんなことはできなかったが、以来その記憶が自分の心の重荷になって自分の性格まで消極的にしたと思う、と彼女は言う。この罪の意識をつぐなうために夏休みは家に帰って、母の代わりに弟の面倒を見ようと思う。その自分と弟をクラスの仲間に撮影し録音してもらいたい、というのである。こうして実家に帰った彼女を同級生の吉原健介が撮影し編集した作品である。弟は姉が大好きで、日常生活を万事彼女に世話してもらって嬉々としている。そして夏休みが終わって彼女が学校へ帰るときには、お姉ちゃんと別れるのだと気付いて駅のホームで大声で泣く。涙なしには見られない場面である。重度の知的障害者を持つ家族の苦労も分かるし、幼い頃の彼女の苦労は想像に余りある。じつに感動的である。しかしこの一家のプライバシーを考えると、いい映画だといってもあまり関係ない人々に見せることはためらう。ただ、この映画でカメラに自分をさらし、限られた範囲とはいえ公開のときに、一般の人々の前でこの作品の成り立ちについて語るようになった彼女は、そうして人々に語れるようになってよかったと明るい顔で言う。それでよかったと私も思うのである。

この日本映画学校を母体にして二〇一一年に同じ地域に日本映画大学が設立され、これにともなって二〇一三年には日本映画学校は最後の卒業生を送り出して閉校になった。

ジュニアワークショップ

こうしてこの学校は川崎市の新百合ヶ丘近辺に根を下ろしてきたのだが、そこで行なってきた地域貢献のひとつに、しんゆり映画祭の支援がある。この映画祭を行なっているのは地域の有志による実行委員会であるが、学校の教職員と生徒が積極的に支援した。とくに支援を必要とした事業のひとつに、ジュニアワークショップ映画制作というのがある。

これは中学生による映画制作の試みで、まず教育委員会の協力を得て、地元の中学校いくつかに呼びかけ、一チーム一一人ぐらいで二チームほどの中学生たちを集める。そして各チームに分かれて、六月頃からの土曜日と夏休みに映画作りをさせるのである。映画といってもビデオカメラによるものだが、出来上がった一五分から二五分程度の作品は、毎年、その年のしんゆり映画祭の最終日に会場で多くの大人たちを含む観客に公開され、その観客とのトークや、しばしば市長からも祝辞があったりして、けっこう晴れがましい行事になるのである。

このジュニアワークショップと称する映画制作はあくまでも中学生たちによって楽しく行なわれるのだが、多くの大人たちによって支援されている。はじめに映画学校の教師たちが数人、映画の作り方を講義し、指導する。カメラを持って回しさえすれば映画は出来ると簡単に考えてはいけない。それは数カ月にわたる制作活動の最後の数日にやることにすぎない。

まずは土曜日ごとに中学生たちに集まってもらって、教師の指導の下で映画にする価値があると思われる題材やテーマ、エピソードなどをみんなで出し合って話し合う。テーマがきまると、それにふさわしい物語を作る。この段階がいちばん念入りに行なわれ、シナリオを書きたいという数人が相談しながら書く。他方、小道具を作ったり、衣裳を集めたり、さらにはロケーション・ハンティングも行なわれる。新百合ヶ丘近辺には都市的な地域も住宅街もあり、また田園や川や緑の多い景観にもこと欠かない。こうして準備の段階を丁寧に行なったうえでみんなで合議して配役やスタッフをきめる。撮影に入るのは夏休みになってからである。

このシナリオ・ハンティングから撮影の過程では地元の大人のボランティアたちが重要な役割を果たす。ロケーション撮影に使わせてほしい家屋や店や道路の使用の許可をいただいたり、撮影に当たって地元に迷惑をかけることのないよう注意するのは大人の仕事である。それで参加する中学生たちと同じくらいのけっこうな人数の大人たちが、なにかと中学生たちの世話をやくことになる。編集などのポストプロダクションの作業では、ややこしい機器の扱いは映画学校の学生たちがやって完成となる。

こうして行なわれるジュニアワークショップは、二〇〇〇年に始まり、二〇一三年の第一四回までで、二〇本以上の作品を作ってきた。若干はドキュメンタリーもあるが、ほとんどはドラマであり、なるほど中学生はこんなことを考えているのか、と思うことが多い。

よくとりあげられるテーマには、いじめがある。この問題を考えてみよう、ということになって、ではいじめにはどんなやり方があるのか、というような話し合いになると、こんなやり方がある、あんなやり方もある、と話題がつきないようである。もしかしたら自分が経験したことを話しているのかもしれない。ただ、経験として話すと、ではなぜ告発しないのか、と問題になりそうなケースであっても、フィクションとしてのドラマの創作だということならなんでも話せる、というような事情もあるかもしれない。

ある作品で、仲よしの二人の一方がクラスでいじめの対象になると、仲よしのもう一方が、彼をかばうのでなくいじめる側にまわるという話もあった。あとでいじめる側にまわった少年がその標的にされた友達にあやまって、「でも、どうして、僕を許してくれたのか」と問うと、「そうしなければ僕には友達がいなくなってしまう」と答える。このセリフにはなにか、他人事ではない切実なものがあって胸をつかれた。

二〇一三年の「マイ・グッドフレンズ」もいじめ問題をテーマにしていた。クラスにひとり、やたらと肩ひじ張ってすごんでいるいじめっ子がいて、みんな戦々恐々としているのであるが、じつはそのいじめっ子自身、以前には集団的にいじめにあっていたことがストーリーの進行につれて分かるし、その集団的ないじめのマトにされたのは、じつは同じクラスのおとなしい生徒がいじめられているのを助けようとしたからだった、という事情も分かってくる。いじめられた者が次にはいじめっ子になり、その子に助けられた者はその子に同情してもどうしていいか分からない。

いじめ問題は複雑で、いじめっ子がいじめられっ子になったり、その逆の事態が生じたりするから、人物評価はいちがいには言えないということが、当事者と言っていい中学生たちにはよく分かっているようだ。そこで人間はどう変われるかが、彼らの映画の重要なテーマとなり、議論になる。

変身願望も中学生たちの作る映画にはよく出てくるテーマ、あるいはモチーフである。たとえば二〇一一年の作品「私をかえたクローバー」。言いたいことを率直に言えないということで悩んでいる少女の話である。最近亡くなったばかりのお父さんが、幻影のような姿で現れて、彼女を大胆に話せるように導いてくれる。ラストシーンは彼女が好きな男子生徒に交際を申し込んで、彼からも同じ申し込みを受けるというものである。その様子を見て、幻の父は満足して去ってゆく。

翌二〇一二年の「理想の代償」も変身願望ものの一変種である。同じクラスのA君は、勉強はできないがクラスでは人気者。B君は逆で、勉強はよくできるけれども人気がなく、友達もできない。授業でA君が、いつもながらのB君の秀才ぶりに感心して、廊下に出てから「いちどでいいからB君のようになってみたい」と呟くと、通りがかった女子生徒から、「じゃあ、なればいい」と言われる。この女子生徒は同級生のようであるが、じつは見知らぬ謎の女である。そこでA君が階段を下りようとすると、この謎の女から押されて転げ、階段を上ってきたB君とぶつかって一緒に転ぶ。それでA君とB君は中身が入れ変わる。A君の頭の中はB君のものになり、B君の頭の中はA君のものになる。仕方がないから二人は互いに相手の家に帰り、滑稽なことになる。児童読物にはよくある入れ替わり物語であるが、そこからもうひと工夫がある。B君に変わっているA君が例の謎の女子生徒に出合ったので、もうもとに戻してほしいと言い、そのことをA君に変わっているB君に言いに行くと、A君に変っているB君のほうが面白いことを言う。自分はこれまで勉強一途でやってきたけれども誰からも本当に楽しくつきあってもらうことはできなかった。A君のフリをするとみんなが友達になってくれて嬉しい。だからいっそこのままでいたいような気もする、というのである。結局またもとに戻ることにはなるのだが、違う立場になってみるのもいい、というところが面白い。

たあいのないおとぎ話的な趣向にすぎないと思うかもしれないが、中学生たちが自分たちをまだ未完成の存在と考え、どう変わり得るか、というテーマに熱心であることは認めないわけにはゆかない。

逆に言うと彼らは、大人というのはもう変わることのできない存在だと思っているらしいフシもある。二〇一〇年に「Ｂｌａｃｋ Ｖｏｉｃｅ」という作品がある。これはマイクみたいな機器を向けるとそれを向けられた人の心の奥にある本心が聞こえてくるという話である。それを持った中学生たちが、いたるところで大人たちにそのマイクを向け、大人たちの「本心」を収録する。それはどれもこれも、うわべのきれいごとの逆のもので、大人なんてもう信じられない、ということになってしまいそうだ。

私も彼らの年頃には、ちょうど敗戦のときに一四歳だったということもあって、大人たちが公式の場で言う美辞麗句のきまり文句と、ごくごく身内の人間ばかりのときに言う愚痴などの本音との差異の大きさには腹を立てたものだ。しかし大人がみんなこれほどに程度が低いわけではない。みくびってはいけない。中学生たちの作った映画を見ながら、私もそんなことをけっこうムキになって考えていた。大人たちの本心だっていろいろなんだぞ、と。

ある作品を制作しているとき、ひとりの母親がダウン症の息子を連れてやってきて、この子も仲間に入れてやってもらえないか、と言った。その作品でシナリオを担当したスタッフが工夫して、このダウン症の少年がドラムの即興演奏に才能があることから、学校の部活にやってきてドラムを叩く場面などを書き加えた。これが面白い元気のいい場面になったのだが、のちにこのダウン症の少年の新

「タケオ　ダウン症ドラマーの物語」

倉壮朗（通称タケオ）はドラム演奏の才能で知られて、最近は演奏会などもよくやっている。彼がアフリカのセネガルに行って向こうの演奏家たちと共演するドキュメンタリーなども作られている。常田高志監督の「タケオ　ダウン症ドラマーの物語」（二〇一一）である。

　中学生たちに映画を作らせることは各地で行なわれているようで、私が見ることのできた範囲では、金沢で中江裕司監督を指導者に招いて作ったドキュメンタリーに格別興味深いものがあった。

　中学生の取材チームを編成して金沢の美術館に待たせておき、そこを訪ねてくる主として夫婦と思われる男女のカップルにインタビューさせたのである。話題はもっぱら、二人はどうして出合ってどういうつきあい方をし、どう結ばれたかということ。

　マイクをつきつけられるカップルは、はじめはびっくりするが、すぐ趣旨を理解して、まじめに、しかしにこやかに応対してくれる。取材するのが大人だと、取材されるカップルとしては、これは冗談では話せないことだとして反発したり、避けたりすることが多いのではないかと思うが、相手が中学生ぐらいだと、ここらでひとつ、愛についてまじめに話しておくのも悪くないという気持ちになるのか、教育的配慮を含んだいい話をしてくれる人たちが少なくない。

だいたい日本人は、男女の愛について真顔で話す機会は乏しい。恥ずかしそうに冗談にするか、雑談もどきで片づけて気まずい思いをするぐらいのことが多く、きちんと話すのはキザであるか、サマにならないかだときめてしまっている。それが案外、見知らぬ中学生ぐらいが相手だと、べつにテレもしないで愛についての正論を言えたりする。それでこのドキュメンタリーというか、インタビュー映画は異色ある教育映画として成功したのである。

「Ｂｌａｃｋ Ｖｏｉｃｅ」という中学生たちの作った映画では、大人たちがみんなほとんど画一的に本音とタテマエを使い分けていたことは前に述べた。その画一的な本音のつみ重ねは音の使い方の面白さもあって私を驚かせる迫力があったのだが、こんなふうに大人をあなどらせないためには、大人と子どもがもっと互いの言葉を尊重し合えるような会話をつみ重ねてゆかなければならない。それには大人と子どものナマの会話を映画に撮って鑑賞し研究するということが役に立つのではないか。それ会話というのは声だけでするものでなく、ポーズや態度や表情を含めて会話なのだということを、中学生たちの作る映画の中の大人と子どもの会話を見ていて気づいた。

しんゆり映画祭のジュニアワークショップでも、少数だがドキュメンタリーを作ったことがあり、そこでは中学生たちがかしこまった大人にインタビューをしていた。中学生もときにはかしこまって会話をして、それを映画で見て鑑賞するといいのだ。自分の話し方はどこをどう修正すればよくなるか、いちばんよく分かると思う。

幸せな子と不幸な子

本書の最後に私自身の人生を振り返ってみると、いちばんつらかったのは幼稚園から小学生の頃である。べつに貧しかったわけではないし、母には甘えたが、母と兄嫁とが週に一回ぐらい大喧嘩をするのにはつくづく閉口し、人生を悲観した。

一〇代で映画に夢中になり始めた頃、ジュール・ルナールの名作をジュリアン・デュヴィヴィエが監督したフランス映画「にんじん」(一九三二)を戦後のリバイバル上映で見て、そのはじめに、「家庭とは考えの合わない人間同士が無理して一緒にいる所である」とかいった内容の作文を書いた小学生の主人公が先生に大目玉をくらっている場面があって、ふるえるほど感動した。私が経験したようなことは世間にはよくあることで、世を儚《はかな》むほどのことではないと明瞭に分かったのだ。中学入試を受けたとき、その中学の校長から忠義の心のいたらない奴だと睨まれたらしくて不合格になり、もう学校なんて所になど行ってやるもんかと覚悟した。あのときの不幸感も忘れがたい。

それやこれやで私のルサンチマンは幼年時代、少年時代に集中していて、映画を見ても、不幸な子どもを見るとヤケに同情してしまう。人情史の一環として、幸せな子たちや不幸な子たちの親子関係や学校での教師との関係を扱った作品ついて書いた批評を集めたのは、じつは私自身の感情の歩みを古今東西の映画の歩みの中に位置づけて眺めたみたらどうなるのだろう、という企みが心の中にあったのかもしれない。

あとがき

私にとって、映画とは世界を見渡す展望台のようなものである。映画は森羅万象に興味を示すから、視点は漠然と拡大して、ついには「面白かった」か「つまらなかった」かという感想に終わってしまいがちであるが、ある程度視野と焦点を定め、ノートをとりながら見れば、それなりに価値のある情報や考察も得られるのではないか。

もちろん映画は大いに嘘もつく。私はかつて少年兵だったことがあるが、軍隊に入ってすぐに思い知らされたのは、訓練を受けるということは要するに連日大人の上官からこっぴどく殴られることだということだった。そして、そんなことは入隊前に何本も見た少年兵賛美の映画にはぜんぜん描かれていなかったことに気づいたものだった。

ただし、この種の嘘には法則性があって、どういうとき、どういうふうに映画が現実を曲げるかを心得ておけば、映画に描かれたすべてを疑う必要はない。むしろ、どういうことを誇張するかという嘘のあり方を通じて、その国、その社会の欲望のあり方すら観察することができる。不平不満も観察できる。

昔は外国映画というと、アメリカとヨーロッパの一部の先進大国のものしか見ることができなかったが、いまは各種の映画祭にまで注意すれば、ほぼ全世界の映画を見ることができるようになりつつある。

この本では、世界の子どもたちと大人の関係に光をあてて映画による世界の展望を試みた。といっても、映画批評家として半世紀以上も新聞や雑誌に批評を書いてくると、書いたまま単行本などには収めていない論稿が山のようにたまっているので、その中からこのテーマに合うものをさがして一冊にまとめ、多少の手を加えた、ということなのである。しかし読み返していささか感慨にふけることもあった。

世界は平等を求めている。平等ではないから争いが絶えない。その不平等がいちばん具体的に見えるのは子どもの姿ではないか。子どもは親を選べないし、社会も国も教師も選べない。世界のムキ出しの不平等を、たいていはまあ一見平気で受け容れて、温かい愛情の下でニコニコぬくぬくしていたり、ムキになってがんばったり、大人たちからスポイルされたりしてゆく。

ごくごく大まかではあるがその全体像を映画で展望することができる。それは、ほほえましい眺めだったり、切ないものだったり、しばしば怒りにふえることさえもあるのだが、そこに希望を託すことしかわれわれにはできない。たんなる娯楽や芸術の枠を超えて、そんな世界像を人々に共有させてくれるものとして映画はある。映画批評家という仕事もおろそかにはできない。

いい映画として世界に流通する作品は一部少数の先進諸国でしか作られないと思われていた時代が終わって、世界のどんなところからでも見るべき映画を見出すことができる時代になってくると、映画は世界共通文化としての役割を担うことになる。映画は豊かな国がその国威を世界に示すためにあるのではなく、貧しい国や小さな国がその喜びや悲しみを世界に示すためにもあるのだ。その相互乗り入れで、世界の不平等が相互に理解され、語り合われるようになるといい。まずは楽しく見て、世界を丸ごと愛せるようになりたい。

二〇一六年一〇月六日

佐藤忠男

あとがきに寄せて

伯父・佐藤忠男は、二〇二二年三月一七日午後六時四〇分、前年の夏から患っていた胆のうがんが進行し、拙宅で家族に見守られながら、眠るように息を引き取った。子どものいない夫婦だったが、近くに住む姪の私たちを小さい頃から映画に連れて行ってくれるなど、とても可愛がってくれた。

映画評論家として、また教育者として、一生を映画に捧げた伯父であったが、その活動を語るうえで、三年前に他界した伯母・久子の果たした役割についてふれないわけにはいかない。

伯母は伯父と共に世界中の映画祭をまわり、主にアジアを中心とした国々の数多くの素晴らしい映画を発掘し、それらを日本のみならず世界に広めてきた。伯父よりもはるかに社交性に富んでいた伯母は、海外の映画人と家族ぐるみで交流を深め、おもてなしの機会を設けるなど、伯父のサポートを積極的に行なってきた。二人は良きパートナーとして認め合いながら、二人三脚で映画人生を歩んできたのである。

本書は二〇一六年には、ほぼ書き終えられていたが、伯父の入退院とコロナ禍が続いたため、刊行までに時間を要することになった。もし伯母の生前に刊行されていたなら、伯父は自筆で日頃の感謝を綴った本書を、誰よりも先に伯母に贈っていたに違いない。今回は亡き伯父に代わり、今までの感謝と愛を込めて、私から伯母・久子に捧げたい。

最後に、本書の刊行にあたり、岩波書店の田中朋子氏、校正の神田彩子氏、そして編集の渡辺勝之氏にお世話になった。この場をお借りして感謝を申し上げるとともに、この本を手に取ってくださった読者の方々に心からのお礼を申し上げたい。

二〇二二年一一月一八日

林　友実子

ま　行

や　行

ら　行

わ　行

な　行

は　行

さ　行

た　行

作品名索引

あ　行

か　行

佐藤忠男

1930年新潟県生まれ．国鉄職員，電電公社員，「映画評論」「思想の科学」編集長を経て，映画評論家となり，幅広い分野の評論活動を展開する．1962年，映画評論家として独立，映画を中心に，演劇，文学，大衆文化，教育と幅広い分野にわたり執筆活動を展開．アジア，アフリカ，中東の国々との映画交流も続けたほか，日本映画大学学長として，後進の育成にも尽力した．2022年3月17日，胆のうがんのため死去，91歳．

著書に，『キネマと砲聲』，『見ることと見られること』(以上，岩波現代文庫)，『増補版 日本映画史 全4巻』，『シリーズ 日本のドキュメンタリー 全5巻』(以上，岩波書店)，『映画でわかる世界と日本』(キネマ旬報社)，『私はなぜアジアの映画を見つづけるか』(平凡社)，『映画で見えた世界』，『恋愛映画小史』(以上，中日映画社)，共著『教育者・今村昌平』(キネマ旬報社)ほか多数．

映画は子どもをどう描いてきたか

2022年12月16日　第1刷発行

著　者　佐藤忠男《さとうただお》

発行者　坂本政謙

発行所　株式会社 岩波書店
〒101-8002 東京都千代田区一ツ橋2-5-5
電話案内 03-5210-4000
https://www.iwanami.co.jp/

印刷・精興社　製本・松岳社

ISBN 978-4-00-022314-0　Printed in Japan